心理教育与训练研究

强春风 著

北京工业大学出版社

图书在版编目（CIP）数据

心理教育与训练研究 / 强春风著 . — 北京：北京工业大学出版社，2019.9（2021.5 重印）

ISBN 978-7-5639-6584-7

Ⅰ．①心… Ⅱ．①强… Ⅲ．①大学生－心理健康－健康教育 Ⅳ．① G444

中国版本图书馆 CIP 数据核字（2019）第 010421 号

心理教育与训练研究

著　　者：强春风
责任编辑：张　娇
封面设计：点墨轩阁
出版发行：北京工业大学出版社
　　　　　（北京市朝阳区平乐园 100 号　邮编：100124）
　　　　　010-67391722（传真）　bgdcbs@sina.com
经销单位：全国各地新华书店
承印单位：三河市明华印务有限公司
开　　本：710 毫米 ×1000 毫米　1/16
印　　张：13.75
字　　数：275 千字
版　　次：2019 年 9 月第 1 版
印　　次：2021 年 5 月第 2 次印刷
标准书号：ISBN 978-7-5639-6584-7
定　　价：59.80 元

版权所有　翻印必究

（如发现印装质量问题，请寄本社发行部调换 010-67391106）

前　言

心理教育是心理素质教育与心理健康教育的简称，它是教育者运用科学的方法，对教育对象心理的各层面施加积极的影响，以促进其心理发展与适应、维护其心理健康的教育实践活动。

当下，重视人才素质特别是人才心理素质的研究与培养，已经成为世界各国发展的重要任务。对未来研究极具权威性的罗马俱乐部总裁佩西在《未来的一百页》报告中指出："无论从哪个角度去揭示未来，有一点必须首肯，未来是以个人素质的全面发展为基础的社会。"心理学家、教育学博士赞可夫说："我们的时代不仅要求一个人具备广泛而深刻的知识，而且要求发展他的智慧、情感、意志、才能和禀赋。"

同时，健康是人一生幸福和成功的基础和前提，而心理健康是健康的重要组成部分。心理健康更是大学生成才和成功的通行证。心理学教授乔治·斯格密指出："如果说人生的成功是珍藏在宝塔顶层的桂冠，那么，健康的心理就是握在我们手中的一柄利剑。只有磨砺好这柄利剑，才能一路披荆斩棘，最终夺得成功的桂冠。"因此，大学生要善于维护心理健康、塑造健全人格、开发心理潜能、优化心理素质、促进人格成长，以强大的内心去面对生活中的坎坷，从而实现人生的价值。

全书共十二章。第一章为心理教育概述，主要阐述了心理健康教育概述、心理素质教育概述以及心理教育的功能与价值；第二章为心理健康教育研究与发展现状，主要阐述了心理健康教育研究状况及存在的问题和心理素质教育研究现状与发展趋势；第三章为自我意识教育与训练，主要阐述了自我意识概述、常见的自我意识问题及调适和自我意识培养能力训练；第四章为健康人格教育与训练，主要阐述了人格概述、常见的人格发展问题及调适和塑造健康人格能力训练；第五章为健康情绪教育与训练，主要阐述了情绪概述、常见的情绪问题及调适和情绪调节能力训练；第六章为人际交往教育与训练，主要阐述了人际交往概述、常见的人际交往问题及调适和人际交往能力训练；第七章为认知心理教育与训练，主要阐述了认知心理概述、常见的认知问题及调适和自我认知能力训练；第八章为学习心理教育与训练，主要阐述了学习概述、常见的学习心理问题及调适和学习能力提升训练；第九章为挫折应对教育与训练,主要阐述了挫折概述、常见的挫折心理问题及调适和挫折调适能力训练;第十章为恋爱心理教育与训练,主要阐述了恋爱概述、常见的恋爱心理问题及调适和恋爱能力提升训练;第十一章为心理危机教育与训练,主要阐述了心理危机概述、常见的心理危机问题及调适和心理危机教育训练;第十二章为就业心理教育与训练,主要阐述了就业与就业指导概述、常见的就业心理问题及调适和求职就业心理训练。

为了保证内容的丰富性与研究的多样性,作者在撰写本书的过程中参阅了很多心理教育训练研究方面的相关资料,在此对相关人员表示衷心的感谢。

由于作者水平有限,时间仓促,书中难免有疏漏和不妥之处,恳请读者批评指正。

作　者
2018 年 5 月

目 录

第一章 心理教育概述 ... 1
- 第一节 心理健康教育概述 ... 1
- 第二节 心理素质教育概述 ... 10
- 第三节 心理教育的功能与价值 ... 13

第二章 心理健康教育研究与发展现状 ... 15
- 第一节 心理健康教育研究状况及存在的问题 ... 15
- 第二节 心理素质教育研究现状与发展趋势 ... 21

第三章 自我意识教育与训练 ... 25
- 第一节 自我意识概述 ... 26
- 第二节 常见的自我意识问题及调适 ... 33
- 第三节 自我意识培养能力训练 ... 39

第四章 健康人格教育与训练 ... 43
- 第一节 人格概述 ... 43
- 第二节 常见的人格发展问题及调适 ... 56
- 第三节 塑造健康人格能力训练 ... 61

第五章 健康情绪教育与训练 ... 65
- 第一节 情绪概述 ... 66
- 第二节 常见的情绪问题及调适 ... 72
- 第三节 情绪调节能力训练 ... 79

第六章 人际交往教育与训练 ... 83
- 第一节 人际交往概述 ... 83
- 第二节 常见的人际交往问题及调适 ... 95
- 第三节 人际交往能力训练 ... 107

第七章　认知心理教育与训练
第一节　认知心理概述……………………………………111
第二节　常见的认知问题及调适…………………………121
第三节　自我认知能力训练………………………………126

第八章　学习心理教育与训练
第一节　学习概述…………………………………………130
第二节　常见的学习心理问题及调适……………………137
第三节　学习能力提升训练………………………………143

第九章　挫折应对教育与训练
第一节　挫折概述…………………………………………147
第二节　常见的挫折心理问题及调适……………………155
第三节　挫折调适能力训练………………………………159

第十章　恋爱心理教育与训练
第一节　恋爱概述…………………………………………164
第二节　常见的恋爱心理问题及调适……………………170
第三节　恋爱能力提升训练………………………………180

第十一章　心理危机教育与训练
第一节　心理危机概述……………………………………184
第二节　常见的心理危机问题及调适……………………185
第三节　心理危机教育训练………………………………188

第十二章　就业心理教育与训练
第一节　就业与就业指导概述……………………………194
第二节　常见的就业心理问题及调适……………………198
第三节　求职就业心理训练………………………………205

参考文献……………………………………………………211

第一章 心理教育概述

心理教育应有其自身的位置，它至少应该成为与德、智、体并列的基础教育。虽然心理教育曾被或仍然被包含在其他"三育"之中，但实际上心理教育的意义和作用是不能被全部替代的，唯有体系分明而独立的心理教育才能更好地适应现代社会的要求，也才能更好地适应现代教育的要求。本章主要从心理健康教育概述、心理素质教育概述以及心理教育的功能价值三个方面进行了研究。

第一节 心理健康教育概述

古希腊哲学家赫拉克利特曾指出："如果没有健康，智慧就难以表达，文化就无从施展，力量就不能战斗，财富变成废物，知识也无法利用。"阿拉伯也有句谚语："有了健康就有希望，有了希望就有一切。"因此，健康是人生的一大财富。

一、我国心理健康教育产生的背景

（一）社会发展的变迁

发展中国家在谋求实现社会现代化的进程中，大体上都经历了外来异质文化与本国传统文化之间的冲突和抗拒，这一问题的解决是艰难而痛苦的。20世纪70年代末随着我国实行对外开放政策，蜂拥而至的西方文化从物质层、制度层到观念层，由浅入深强烈地冲击着我国传统文化的根基，震撼着人们长期构筑的精神世界。正如托夫勒在《未来的震荡》一书中指出："未来的震荡是一种时间现象，它是社会变动急剧加速的产物，它是发源于依附在旧文化基础上的一种新文化的附加物，是人们在自己所生活的社会里所遇到的文化震荡。"这种文化震荡使得人们在一个极短的时间里承受过多的变化之后感到压力重重，晕头转向，不知所措。十多亿中国人在经历了过去长期的封闭、停滞乃至倒退后，又突然面临改革开放，面临着一个和中国完全不同的现代化的外部世界的"出现"与"移入"。对中国人来说，这种强烈的心理反差以及由此而出现的心理体验是一个极大的挑战。改革开放使中国的社会变迁明显加快，直接表现为社会结构的改变、社会流动的增加、社会角色的增多、人际交往的扩大、生活方式的更新。随着竞争机制被引入社会生活的各个领域，日益激烈的竞争在给人们机会充分展示自己的潜能、实现自我价值的同时，也给人们带来了很大的压力；社会的开放和多元化发展在给人们提供了更多自由选择余地的同时，也造成了个人选择时心理冲突的增加。

显然，社会与文化的变迁使人们对生存环境的不确定感增加，从而带来了适应上的压力与困难。潘允康和关颖分别于1985年和1988年对天津市城市居民所遇生活事件情况进行了问卷调查。结果发现，虽然两次调查仅隔了3年，但被调查者1988年所遇生活事件比1985年有了明显增加。在调查中所列的城市居民可能遇到的44项生活事件中，1988年所遇生活事件比1985年增加的有40项，占90.9%；比1985年减少的有3项，占6.8%；无变化的有1项，占2.3%。其中，1988年所遇生活事件比1985年增加量超过10%的项目有"争取升学"（14.8%）、"被人误会错怪"（13.9%）、"考试、就业失败"（13.7%）、"开始就业"（13.6%）、"受惊骇"（13.2%）、"家庭主要成员死亡"（11.9%）、"家庭成员不和"（11.6%）、"怀孕、家庭增加新成员"（11.2%）、"结婚"（11.0%）、"夫妻争吵不和"（10.7%）、"受人歧视冷遇"（10.7%）、"家庭主要成员病重"（10.5%）、"因生活琐事与人争吵"（10.2%）、"技术革新，个人有重大成就"（10.1%）等。这个结果明显地反映了20世纪80年代中后期我国城市居民在社会变迁当中的心理和生活变化。另外，改革开放也大大加速了中国从传统的农业社会向工业社会的转变。1964年，在伯尔尼举行的第14次"世界心理健康联合会"上，"工业化和心理健康"成为会议的中心议题。改革开放以后，中国人如何适应现代化的工业环境，缓解紧张的工作环境，提高人们的社会化程度，使人们在一种健康、和谐的环境中学习、生活和工作成为人们研究的重要课题。都市化的出现是现代工业社会发展的一个显著标志，而都市化发展的一个显著变化是原有的家庭结构发生了改变，即三口之家的"核心家庭"取代了传统家庭的"四世同堂"。这一变化无疑会使人们原有的心理结构、情感生活发生比较显著的变化。

因此，当社会发生剧烈变化之后，整个社会民众都受到了很大的影响。对于学生而言，诱发心理问题产生的外在社会环境因素已大大强化和凸显，在学校开展心理健康教育，促进学生心理健康发展，已经成为社会发展与文化变迁背景下学校教育的必然选择。这样，心理健康教育自然有了良好的社会基础与实际需求。换言之，青少年心理健康教育就是在这样的社会与文化变迁背景下发展起来的。

(二) 中国教育深入发展的需要

学校心理健康教育是教育改革运动中出现的概念，是现代心理学、教育学、精神医学、生理学、社会学等多学科理论与学校教育实践相结合的产物，也是教育深入发展的必然选择。我国教育的发展一直都带有应试的色彩，从20世纪80年代中期人们开始单纯关注和片面追求升学率的问题，到了20世纪90年代这种倾向日趋严重。在应试教育下，人才的培养模式与质量受到一定的影响，与社会发展的要求具有一定差距。20世纪90年代以来，教育界十分频繁地使用一个新的名词——素质教育。"素质教育"一词是直接针对应试教育提出的，它出现在《中国教育改革和发展纲要》（中共中央、国务院1993年2月13日印发）中，因此，这个文件成为素质教育的直接来源。该文件中清楚指出，学校要面向全体学生，全面提高学生的思想道德、文化科学、劳动技能和身体心理素质，促进学生生动活泼地发展。随着我国社会的不断进步，经济的不断发展，人们的心理问题特别是校园中诸多心理问题的出现，使人们逐步认识到要获得身心的和谐发展，仅凭传统教育是不够的。此时，人们已经看到，受"应试教育"的影响，家长、教师、学校和社会都热衷于追求升学率，学生学习负担过重给其身心健康造成了极大的危害。学生心理健康状况不断出现问题，使教育工作者不能再像以往一样仅仅关注学业了。素质教育的目标是培养学生的整体素质，包括生理素质、科学文化素质和思想道德素质。生理素质主要取决于先天遗传和后天生长发育的条件，科学文化素质主要靠学校文化科学教育，思想道德素质的培养主要由学校德育和社会教化来完成。心理素质作为学生整体素质的重要组成部分，它是通过什么途径来提高的呢？人们探讨的结论是学生心理素质培养的主要途径是心理健康教育。即通过学校心理健康教育培养学生健全的心理素质，而学生健全的心理素质是其心理健康的内在条件。心理素质是其他各种素质的载体和个人整体素质提高的基础。素质教育要求培养全面发展的人，那么一个全面发展的人当然需要有一个健康的心理了。大学素质教育反映了一种深刻的教育观念的转变，素质教育与传统教育的区别在于素质教育明确把学生人格的培养列为高校教育追求的目标。传统教育存在重工具理性、轻价值理性的弊端，在教育中常常见物不见人，功利思想、实用主义倾向强，忽视人的尊严和价值。而人格教育体现了现代教育以人为本的理念，凸显人的主体价值，强调人格对大学生的导向作用。心理健康教育是高校培养学生人格的一个主要渠道。因此，在素质教育提出后，心理健康教育就十分容易被人接受并能够引起重视。在20世纪80年代中期，我国的心理健康教育工作开始受到关注。从政府教育行政部门的正式文件到新闻媒体的热烈讨论，可以看出政府、教育界和社会都逐渐认识到心理健康教育的重要性和必要性，这从客观上增加了我国开展心理健康教育的迫切性。工作在教育实践第一线的教师最先自发地开展各种形式的心理健康教育活动，这是推进我国心理健康教育工作最为直接的动因。从某种意义来说，心理健康教育已经成为现代学校的一个重要标志，且心理健康教育已成为学校素质教育的重要组成部分。

（三）世界心理卫生运动的推动

世界心理卫生运动是从认识和对待精神病以及精神病患者开始的。1792年法国人皮内尔提出废除对精神病患者的约束被看作提倡心理健康的历史起点。1793年法国著名的精神科医生皮内尔在担任巴黎比萨托精神病院院长时，把医院中禁闭、封锁的精神病患者全部解放，并给以人道主义的治疗和对待。他的这一举动是人类历史上真正科学意义的精神医疗观念改革，具有划时代的意义。皮内尔也因此成为现代精神卫生最为著名的倡导者。而对现代心理卫生运动的兴起做出直接贡献的先驱者是美国人比尔斯。他因长期过度紧张和恐惧导致精神失常，在精神病院住院的三年经历使他亲身体验和感受了精神病患者遭受的苦闷和虐待。他也亲眼看见了精神病患者遭遇折磨的悲惨情境以及精神病患者愈后所受到的歧视，比尔斯的内心产生了强烈的震荡。为此，他决心致力于精神病患者的待遇改善和心理疾病的防治工作。1907年，他根据自己的亲身经历，在美国著名心理学家、哈佛大学心理学教授威廉·詹姆斯的帮助下，写了一本题为《一颗自我发现的心灵》的自传体著作。此书在1908年3月问世后，得到了当时美国著名心理学家詹姆斯和著名精神病学家迈耶的高度评价，针对书中涉及的心理卫生等内容给予了充分肯定，并决定积极支持比尔斯倡导的心理卫生运动。这场运动由最初的美国遍及世界各地。在得到各方面的赞助与支持后，比尔斯于1908年5月6日成立了康涅狄格州心理卫生协会，这是世界上第一个心理卫生组织。可以说，比尔斯对现代心理卫生运动的兴起及以后的发展做出了突出的贡献。在此运动的影响下，相继成立了一些国际性的心理卫生组织和机构。1930年5月5日，比尔斯等心理卫生的先行者在美国华盛顿召开了第一届国际心理卫生大会。本次大会的一个重要成果就是产生了一个永久性的国际心理卫生委员会。1948年4月7日，各国代表聚会美国纽约，向全世界宣告世界卫生组织（WHO）成立。1948年由联合国教科文组织主持建立了世界心理健康联合会。这些组织或机构的成立和富有成效的工作极大地推动了世界性的心理卫生运动的普及。心理卫生运动引起了全社会对人的心理健康的重视和关注，从而使得心理咨询与辅导活动成了学校心理健康教育的重要组成部分。同时，世界心理卫生运动的发展也影响和推动了中国心理卫生运动的发展。20世纪30年代，以著名教育家吴南轩先生为代表的许多有识之士大力呼吁并推广心理卫生工作。1930年，他率先在南京中央大学心理系开设心理卫生选修课，开创了国内高校心理健康教育的先河。此外，他还在中央大学《旁观》杂志上开辟了《心理卫生》专栏。1930年5月5日，在美国召开的第一届国际心理卫生大会上成立了国际心理卫生委员会，当时的发起人比尔斯任秘书长，中国的心理学家刘瑞恒参会并当选名誉副会长。受国际心理卫生运动的影响，1936年4月19日，我国的教育学、心理学、医学、社会学等228名有关专家代表聚集南京，正式成立"中国心理卫生协会"，从而拉开了中国心理卫生运动的序幕。心理卫生工作在抗日战争时期被迫中断，新中国成立后，又长期处于停滞状态。20世纪70年代末，改革开放以后，我国的心理卫生事业又开始新的发展，一些专家学者和研究机构对大学生进行了心理健康状况调查，使高校的教育工作者开始意识到大学生心理健康教育是一个值得关注的问题。心理卫生运动的发展不仅向人们普及了心理卫生知识，而且使人们对增进自身心理健康水平的认识得到不断提高，这也为后来心理健康教育在中国的兴起和发展起到了重要的推动作用。

（四）发达国家和地区的启示

改革开放后的中国逐步融入国际化轨道，参与全球化进程。在此过程中，发达国家和地区的心理健康教育和心理咨询工作为我国心理健康教育的兴起和发展提供了理论和实践参照。现代意义上的学校心理健康教育起源于美国，并在欧美国家率先发展起来。在20世纪四五十年代，欧美发达国家就已经在学校中开展心理辅导工作。目前多数发达国家和地区的各类学校都有专职或兼职的心理学工作者，他们从事心理健康教育或心理咨询工作。这些国家和地区日趋完善的心理教育体系，制度化的辅导计划，有力的组织保证，一定数量的专业师资队伍以及心理健康教育在学校教育中显示出的巨大作用，给了我们很多启示，为我国开展心理健康教育提供了良好的范例。20世纪中期以来，美国、日本、港台等国家和地区的大学普遍设立了心理健康教育机构。美国高校于20世纪40年代开始建立心理咨询机构；日本的心理咨询机构建于20世纪50年代初；中国香港大学的心理咨询机构成立于20世纪70年代初，现中国香港各大学均设有学生事务所或学生辅导处，开展心理咨询辅导是其重要的工作之一；台湾师范大学于1957年设立咨询、保健机构。1976年9月，台湾颁布了《专科以上学校设置学生辅导委员会暨学生辅导中心实施要点》及《专科以上学校设置学生心理卫生中心实施要求》两个文件，从行政制度上保证心理咨询工作的开展。目前，台湾各院校均已设立学生辅导中心或心理卫生中心。20世纪80年代，我国大陆地区的报纸杂志上会出现一些西方国家关注青少年心理健康的介绍性文章，如莫斯科开设的"为你解忧"热线电话24h帮助青少年解决心理困惑，德国心理咨询所重视中学生的精神保健，美国运用各种心理学方法帮助青少年解决心理问题等。教育工作者在与学生的接触过程中，发现学生的许多问题背后都有一定的心理原因。心理健康教育已经是现代学校教育的有机组成部分，是不容人们忽视的一个重点。因为社会发展到一定程度，必然会带来对学校心理教育的迫切需要，以便使学生能够成熟健康地面对未来社会的变化。教育工作者认为，要解决学生的心理问题，只采用个别谈心咨询的方式是不够的，而需要将心理健康教育放在学校中，对学生进行系统教育，并为他们提供多种服务。当教育工作者逐渐认识到学校心理健康教育的必要性和重要性而要对学生采取行动时，不得不承认一个事实，即我们国家对心理健康教育的研究几乎是一片空白。如何运用心理学帮助学生解决现实问题，如何把心理健康教育纳入学校系统，如何建构心理健康教育的理论实践体系，要想从头来解决这些问题无疑为时已晚。同这个时期的其他许多工作一样，在这紧要关头，选择借鉴西方已有的较为成熟的理论技术是最顺理成章、也最便捷的事情。于是从20世纪80年代起引进西方的书籍，20世纪80年代末期开始聘请海外人士回国进行心理学的培训。

（五）中国学校德育工作的改革

新中国成立后，中国共产党在新民主主义德育观的基础上，坚持为国家大政方针与建设事业服务的德育导向。随着1978年十一届三中全会的召开以及"改革开放"的提出，建立一种与转型社会相适应、与学生身心发展相协调的新德育理念是很有必要的。也就是说，学校德育的改革要逐步树立科学化、规范化和生活化的德育新观念。在正视和尊重多元文化的同时，坚持中国特色社会主义道德的标准与取向，注重吸收优秀的德育资源来追求社会发展的和谐与持续。传统德育的困境或危机在于德育理论经常无法解决现代学校的道德困境或危机。道德源于人类的生活实践。从个体道德的生成来看，道德的养成在于主体的感受，是主体在真实的生活和具体的情境中的经验、感受、体验和意义的不断生成。因而，在现实世界中，道德教育应引导人们在个人完整的全景式的生活经验中获得德行发展与完满，实现道德教育的目的。于是，一大批德育工作者开始深刻反省学校德育存在的思维局限，从根本上变革自身的思维方式（从传统的二元论思维方式转向主体的思维方式），促使德育在理论视野、研究主题、知识基础、研究方法和理论形态等方面进行变革，以找出超越困境、走出危机的可能途径。也就是说，改变传统的学校德育，使德育能够实现现代化。在构建现代化的德育体系（包括德育思想观念的现代化、德育目标的现代化、德育课程的现代化、德育内容的现代化、德育方式的现代化、德育队伍的现代化、德育评价的现代化）过程中，心理健康教育有了新的现实需求与推动力量，学校德育的发展与德育困境的解决迫切需要新的学科与新的理论介入，这种需求为心理健康教育在中国的发展打开了方便之门。而在20世纪80年代初，心理学还是鲜为人知的概念。当提到心理学时，通常人们不是想到伪科学，就是觉得这是研究人员从事的高深莫测的专业，是"象牙塔"里的奥秘，或枯燥无聊或神秘万分。人们不了解心理学，并不表示人们不需要心理学的帮助。处在青春期的学生正面临着前所未有的变化，巨大的心理反差使他们比以往更加需要心灵的慰藉、安抚和辅导。这也是学校德育工作面临的一大难题。学校和社会对心理健康教育并没有一个清晰、统一的认识，所有的工作完全是用思想政治教育来代替心理健康教育，教育工作者也在用德育的理论与方法去教育和解决学生的心理困惑与问题。不可否认，在心理健康教育未出现以前，依靠德育、政治教育的办法也解决了很多学生的心理问题。但随着社会发展带来的问题和矛盾越来越多，学生的心理问题也突显出来，这些心理问题并不能完全依靠思想教育加以解决。既然发现了问题的所在，许多教育工作者认为，如果像国外的辅导教师、心理学专家或社会学专家那样开设心理热线和咨询室等，就能及时听到孩子们的呼救，并给予有效的援助，结果就会大不一样。或许，这样能够改变一些学生的问题。于是，一些教育工作者的热情被点燃了，他们对于心理健康教育都有着心照不宣的认识，并开始有所行动。这样，选择一种新的理论与方法来改善德育乏力状况的探索行动便开始了。

总之，学校心理健康教育在中国的产生与发展是在中国改革开放的大背景下社会发展变迁影响的结果，是心理卫生运动推动的结果，也是发达国家和地区启发的结果，更是教育自身改革与深入发展的结果。

二、心理健康教育的内涵

心理健康的概念是由心理卫生的概念延伸过来的。心理健康通常是指一种积极的心理状态，心理卫生则是指一切维护心理健康的活动及研究心理健康的学问。

（一）心理健康的定义

戴尔·卡耐基认为，一个人事业上的成功只有15%是由于他们的学识和专业技术，而85%是靠良好的心理素质和善于处理人际关系。重视心理健康已成为当今世界的大趋势，什么是心理健康？一个人的心理达到什么标准才算是健康的？这是一个复杂的问题，不同学者从不同的角度有不同的论述。

1946年第三届国际心理卫生大会提出："心理健康是指在身体、智能以及情感上与他人心理健康不相矛盾的范围内，将个人心境发展到最佳状态。"

精神医学者孟尼格尔认为："心理健康是指人们对于环境及相互间具有高效率及快乐的适应情况，不只是要有效率，也不只是要能有满足感，或是能愉快地接受生活的规范，而是需要三者俱备。心理健康的人应能保持平静的情绪、敏锐的智能、适于社会环境的行为和愉快的气质。"

心理学家英格里斯认为："心理健康是指一种持续的心理情况，当事者在某种情况下能进行良好的适应，具有生命力，并能充分发展其身心的潜能。"

心理卫生学者阿可夫认为，心理健康是指具备"有价值心质"的人，即①有幸福感；②和谐（指在情绪平衡以及欲望与环境相协调）；③自尊感（包含自我了解、自我认同、自我接纳与自我评价）；④个人成长（潜能充分发展）；⑤个人成熟（个人发展达到该年龄应有的行为）；⑥个人统整性（能有效发挥其理智判断力及意识控制力，积极主动，能应变）；⑦保持与环境的良好接触；⑧从环境中自我独立（独立自主、自由而自律）；⑨有效适应环境。

（二）心理健康的标准

心理健康的标准是相对的，评价一个人的心理健康状况必须考虑年龄、性别、社会身份、情境等各种因素。某些行为发生在儿童身上是正常的，发生在成人身上则是异常的；某些行为发生在女性身上是可以接受的，发生在男性身上则被认为是病态的；某些行为在特定的社会背景和条件下是正常的，但在其他情况下出现则被视为病态。因此，大部分学者主张应该从不同的维度来评价个体的心理健康状况，其中一个重要的维度就是考察一个人的心理和行为表现是否与同等条件下大多数人的行为模式一致，即是否符合社会常模。根据偏离常模的情况，把个体的心理健康水平大致分为三个等级：①一般常态心理，表现为情绪经常保持愉快，适应能力强，善于与他人相处，能较好地完成与同龄人发展水平相适应的活动，具有调节情绪的能力；②轻度心理失调，表现为不具有同龄人应有的愉快感，与他人相处略感困难，生活能力相对较差，通过主动调节或心理辅导人员的专业帮助，这类人可以恢复常态；③严重心理失调，表现为严重的适应障碍，不能维持正常的生活、学习和工作，需要专业心理治疗的帮助。

1946年在第三届国际心理卫生大会上提出的心理健康标准是：①身体、智力以及情感十分调和；②适应环境；③有幸福感；④在工作中能发挥自己的能力，过着有效率的生活。

人本主义心理学家马斯洛提出了心理健康的十条标准：①有充分的自我安全感；②能充分了解自己，并能恰当地评价自己的能力；③能与周围环境保持良好的接触；④生活的理想切合实际；⑤能保持自身人格的完整与和谐；⑥善于从经验中学习；⑦能保持适当和良好的人际关系；⑧能适度地表达和控制自己的情绪；⑨能在不违背团体要求的前提下有限度地发挥个性；⑩能在不违背社会规范的前提下适度满足个人的基本需求。

台湾学者王沂钊历经多年的研究认识到，唯有健康的心理才会有健康的生活习惯与健康的身体，才能在社会上保持较高的效能。他提出了以下六项衡量个人心理是否健康的准则：①要有工作，而且乐于工作（这是人性最高的心理需求和快乐来源）；②要有朋友，而且乐于与他人交往（透过与人分享心情体会幸福感，且能够稳定情绪）；③要适当地了解自己并且悦纳自己；④能客观地评估他人与认可他人；⑤能与现实环境维持良好的接触；⑥经常保持满意的心情。

台湾学者黄坚厚在1982年提出了衡量心理健康的四条标准：①乐于工作，能在工作中发挥智慧和能力，以获取成就感和满足感；②乐于与人交往，能和他人建立良好的关系，与人相处时正面态度多于反面态度；③对自己有适当的了解和悦纳的态度；④能与环境保持良好的接触，并能运用有效的方法解决遇到的问题。

我国学者马建青在《心理卫生学》一书中提出了心理健康的七条标准：①智力正常；②善于协调和控制情绪，心境良好；③具有较强的意志品质；④个人关系和谐；⑤能动地适应和改造环境；⑥保持人格的完整和健康；⑦心理行为符合年龄特征。

以上关于心理健康的概念与判断心理健康的标准虽然角度有所不同，但基本理念是一致的。其实心理健康是一个相对概念，从不健康到健康只是程度不同而已，正常与异常是相对的，不像生理健康那样具有精确的、易于度量的指标。人的心理健康可以从相对不健康变得健康，也可以从相对健康变得不健康，因此，心理健康与否是一个动态的过程，不是固定不变的。

第二节　心理素质教育概述

近年来，心理素质教育的迅速兴起固然跟学生的心理问题日益增多密切相关，但更重要的是实施素质教育的必然要求。开展心理素质教育不只是消极、被动地防范学生出现心理问题和纠正心理偏差，更重要的是积极、主动地促进学生心理健康发展，全面提高学生的整体素质。

一、心理素质教育的兴起

心理素质教育也称为心理教育。早在古希腊时代，哲学家柏拉图把教育分为体育教育和音乐教育，体育教育是为了锻炼身体，音乐教育是为了陶冶心灵。他认为，人们如果受到合适的音乐教育，就可使情操受到陶冶，性格得以调和。旋律和曲调协调、庄严、优美，能使人精神和谐、举止有节、仪态优美。亚里士多德也非常重视音乐在心理教育中的作用。他认为，音乐包含三种功能，即娱乐、涵养理智、陶冶性情。音乐可以改变人的性格，音乐之所以感人至深，是因为它的曲调和节奏反映了性格的真相，如愤怒与和顺的形象、刚毅与节制的形象、正义与坚韧的形象等。当这些表现形象的音乐进入我们的听觉时，就能激荡我们的灵魂。乐调所表现的内容、性质能激起人们不同的心理感受和达到不同的教育效果。

在古希腊之后，历史上不同时期都有不少学者重视心理教育问题，但是，真正系统地进行心理教育是从20世纪50年代开始的。20世纪60年代，情绪心理学的发展有了长足的进步，形成了较为系统化的情绪理论，为情感教育的拓展和深化提供了理论依据和实践条件。在美国，20世纪60年代初克拉斯沃尔的情感教育目标、罗杰斯的情感教育理论和情感心理治疗等问世。20世纪70年代以后，人本主义心理学家强调人的高峰情绪体验和积极情感对人生的意义，大力倡导爱的教育。在瑞士，情感教育也日益得到许多有识之士的重视，如20世纪70年代末日内瓦新皮亚杰学派提出了人格发展整合模式教育理论。在日本，心理学家主张以东西文化传统的结合来确立情操教育的价值体系。在法国，心理学家提出建立教育心理生态学，通过情感教育使人的情感与理智得以协调发展。经过三四十年的探索与实践，心理教育已从学校发展到社会，现代技术手段在心理教育工作中得到了广泛的运用。

心理教育在我国也有数千年的历史。孔子在其教育实践中，非常重视对学生兴趣、情感、性格、意志等方面的培养。例如，在兴趣教育方面，他提出了"知之者不如好之者，好之者不如乐之者"，即了解怎么学习的人不如爱好学习的人，爱好学习的人不如以学习为乐的人。孔子阐述了兴趣对于学习的重要性。孔子在性格教育方面提出过"四毋"——毋意、毋必、毋固、毋我,即教人勿妄自臆度,勿独断,勿自以为是。孔子之后,历代许多学者的著述中,也都蕴含着丰富的心理教育思想。但我国学者自觉地重视心理教育,却是从近代王国维开始的。王国维在《论教育之宗旨》一文中首次提出了"心育"的概念。蔡元培先生也非常重视并积极实践"心育"。新中国成立后,由于种种原因,心理教育未受到应有的重视。改革开放以来,受国际教育改革潮流的影响,我国教育界由片面强调知识传授转向发展智力,先后提出了加强心理教育、培养智力因素和非智力因素等问题,素质教育开始由学校教育扩展到全民和社会教育,心理咨询、心理辅导热线覆盖了各个年龄层的人群,架起了一座座沟通心灵的桥梁。在十多年时间内,心理教育在我国获得了较大的发展。

二、心理素质教育的内涵

心理素质教育或心理教育是培养人的心理品质的过程。心理品质直接主导人的生理活动,调节活动能量的释放,改善人的生理机能。同时,良好的心理素质又是内化社会文化成果的必要主观条件,尤其是感情培养在素质教育中占有重要位置。

心理素质教育的根本目的和任务是提高全体国民的心理素质,这可以从纵横两方面来理解。在纵向上,它包括两个层次:一是消除心理障碍,增进心理健康,增强心理适应能力;二是开发心理潜能,提高心理发展水平。在横向上,它包括如下内容:形成积极的个性倾向、发展正常的智能、培养良好的性格、提高自我发展和自我完善能力。所以,在心理卫生学中,"心理素质教育"这一概念就是专指心理卫生教育。而我们所说的学校心理素质教育不仅包括心理学、心理卫生知识等方面的教育,而且更重要的是着眼于开发学生的心理潜能,培养良好的心理素质,促进他们整体素质的提高和个性发展。因此,学校心理素质教育是指教育者运用心理学、教育学、社会学、行为科学乃至精神医学等各种学科的理论和技术,有计划有目的地对学生心理施加直接或间接影响,使学生保持积极健康的心理状态,从而充分开发自身潜能,促进其心理健康与人格和谐发展的一种教育活动。

从这个表述可以得到以下几种含义:

第一,学校心理素质教育的直接目标是提高全体学生心理素质,最终目标是促进学生人格的健全发展。

第二,学校心理素质教育是帮助学生开发自身潜能,促进其成长发展的自我教育活动。这种自我教育活动包括两方面,一是以积极的人的发展观为理念，通过自我教育，不断地完善自身，达到自我实现；二是以学生的成长、发展为中心，帮助学生解决成长过程中遇到的一系列问题。

第三，学校心理素质教育以咨询心理学为主，以多学科综合的教育方法作为技术手段。

三、心理素质教育的特征

（一）发展性特征

学生的心理处于迅速发展和形成的时期。他们出现的心理问题一般说来属于发展过程中出现的暂时性问题，可以通过促进心理健康发展加以纠正。对于尚未出现心理问题的学生，也需要有正确的指导与教育，防止出现偏差，维护心理健康发展。

（二）主动性特征

通常，学生难以认识到自己是否存在心理问题，难以确定自身是否需要心理指导与教育。因此，心理素质教育应主动地根据学生的心理特征和心理发展的内在需要，有目的、有计划、有组织地面向学生提供发展健康心理的指导与教育。

（三）活动性特征

心理素质教育要求外在的教育内化为学生的心理素质。要达到内化这一要求，必须通过学生亲身参与教育活动，在活动中理解、体验、逐步产生心理定式，才能形成心理素质。心理素质教育不能只凭讲解、灌输，要通过教学活动、班集体和团队活动及其他各种活动让学生主动参与，大胆表现自我，不断加深理解和体验，从而达到将外在的教育内化为心理素质这一目的。

（四）整体性特征

心理素质教育应纳入学校整体运作机制之中。学校的全部教育活动和教师的教育态度与方式对学生的心理状态均有明显或潜在的影响。因此，应根据学校心理素质教育的目标和要求，对学生进行协调一致的教育。在学校教育整体运作之中，每一位教师都应成为心理素质教育者。

四、学校教育中心理素质培养的主要途径

在学校教育中，学生良好的心理品质的形成和发展并非一日之功，需通过多种途径和多方面的教育，才能在被教育者身上塑造出良好的品质，具体涉及以下几方面：

（一）建立健全学校心理教育的目标体系

为建立学校心理教育的目标体系，首先应当把它看作学校教育整体目标系统中的一个子系统。从纵向来看，要建立一套根据学生心理发展规律、特点及与教育要求相适应的目标，该目标要体现出心理教育和心理发展的层次性、阶段性。从横向来看，既要考虑学生一般的、基本的心理素质的培养目标，又要考虑渗透在各育（德、智、体）、各科教学中具体的特殊的心理教育目标；既要体现出心理素质培养的共性与个性，又要体现出心理教育目标各方面以及其他各育、各科教学目标相互结合的整体性、协同性。

（二）重视对学生心理素质的测试与分析

学校心理教育一方面要以心理教育目标为依据，另一方面又必须建立在对学生心理素质、心理特点、心理状态发展倾向的科学测定和综合分析的基础上。因此，应当逐步积累每一个学生心理素质发展状况的各种数据、资料，有条件的学校可以运用电脑建立学生心理档案。学校在教育管理中，应建立以班主任牵头的，有心理教育专职教师、班级任课教师参加的班级教育会诊制度，定期对学生进行教育心理分析，使学生心理素质的发展自始至终置于学校的管理之中。

（三）实施心理素质教育

学校实施心理素质教育的途径有两种观点：一种强调教学，主张心理教育课程化，从提高学生的认识出发，以开课的形式向学生传授心理学知识，结合心理知识开展辅导与训练；另一种强调活动，认为不宜过于注重心理学知识的传授，因为学生掌握了有关心理学知识并不一定能提高心理素质，过于注重心理学知识的传授可能使心理教育丧失其本身固有的某些优点。

第三节　心理教育的功能与价值

一、促进学生心理发展

心理教育作为学校教育的三大支柱之一，有着和其他两大支柱相并行而独立的工作领域，即促进学生心理发展，建立和健全一个多维度的人格体系构架。在学校教育体系中，设立配备专门专业的心理教育的机构和人员，这是非常有必要的，因为这是一个重要而独立的教育工作任务。

二、促进学生能力提升

心理教育工作者需要和从事其他学科教育的教师之间有一个协作的任

务，这个任务就是促进学生能力的提升，包括学生学习能力、与人交往能力、个体独立生活和生存能力等的提升。

三、开发学生潜能

学校教育的使命就是培养人才。教育工作者要善用自己的实践经验和知识积累，去发现和培养学生的潜力，并且指导学生发展自己的特长。同时，心理教育工作者要善于运用心理学的理论指导和提高自己的教育实践效果。

第二章 心理健康教育研究与发展现状

近年来，心理健康运动正在全球悄然兴起。兴起的原因主要是越来越多的人已经认识到健康长寿光靠大量的户外运动和节食等措施是远远不够的，还需要通过修身养性，使人在紧张的现代生活中始终保持轻松愉快的良好心理状态。心理素质是素质教育实验研究中提出的一个新概念，也是现代心理学的一个新概念。本章主要对心理健康教育研究状况及存在的问题和心理素质教育研究现状与发展趋势进行了研究。

第一节 心理健康教育研究状况及存在的问题

一、国内外心理健康教育研究状况

（一）国内研究状况

我国是有数千年历史的文明古国，有着十分丰富的心理健康教育思想。这种思想在《尚书》《周易》《诗经》中都有提及。同样有许多思想家、政治家对心理健康问题提出过自己的看法。早在春秋时期，著名思想家、政治家管仲将人的心理分为善心、定心、全心、大心等不同层次，并提出"正静""平正""守一"的养心之术。我国古代伟大的教育家、思想家孔子十分注重诗歌、音乐等对人的心理保健作用，提出"兴于《诗》，立于礼，成于乐"的观点。道家的创始人老子也有许多有关心理健康的论述。老子主张"怡淡""素朴""清静""知足"为养心之根本。在此之后，历代许多学者的著作中，都蕴含了丰富的心理健康教育思想。如西汉淮南王刘安编写的《淮南子》中，提出"同师而超群者，必其乐之者"。而自觉地重视心理健康教育却是从王国维开始的。他在《论教育之宗旨》中强调："教育之宗旨何在？在使人为完全之人物而已。何谓完全之人物？谓人之能力无不发达且调和是也。人之能力分为内外二者：一曰身体之能力，一曰精神之能力。完全之人物，精神与身体必不可不为调和之发达。"我国现代心理健康教育的发展可以划分为新中国成立前和成立后两个阶段。新中国成立前，我国的心理健康教育主要受国外的影响。当时我国马克思主义理论教育家、杰出的青年运动领导人杨贤江就是一位积极学习、介绍西方心理学的学者。他在1915年就曾提出："就健康言之，则有身体和精神的两种。"他认为身体健康是心理健康的基础。在此基础上，针对大学生心理问题的研究和心理健康的指导提出，关心学生的全面成长、对学生真诚信任和耐心细致地做学生的心理教育工作。这些精辟的论述，对当前学校心理咨询和心理健康教育工作的开展具有重要的指导意义。新中国成立后，心理健康教育得到蓬勃发展。尤其是20世纪80年代，我国一些留学人员归国后，在大学生中发起心理咨询活动。其内容与形式各具特色，如开展心理咨询，建立学生心理档案，开设适合学生需要的心理学课程，组织心理健康教育专门活动等。1985年6月，北京师范大学成立了全国第一家心理测量与服务中心，首开高校心理咨询的先河。之后，清华大学、同济大学等高校先后成立了心理咨询中心。当前，我国解决学校心理健康教育的师资问题主要有两条途径：一是引进心理学系或相关系科毕业生，二是对从事此项工作的教师进行短期培训。随着社会的不断进步、物质文明的迅速提高和科学技术的高速发展，生活节奏更加紧张，竞争日益激烈，威胁人们心理健康的因素也越来越多，尤其是处于变革之中的大学生既要承受学业、就业、经济和社会等外在压力，又要面对个人成长的烦恼和感情的压力，许多学生表现出不适应，甚至出现心理障碍等问题，严重影响生活、学习和个人发展。这一情况引起了社会各界的重视，2001年教育部印发了《教育部关于加强普通高等学校大学生心理健康教育工作的意见》，提出加强大学生心理健康工作是新形势下全面贯彻党的教育方针、实施素质教育的重要举措，是促进大学生全面发展的重要途径，是高等学校德育工作的重要组成部分。从以上发展状况我们完全可以预测，加强大学生心理健康教育将成为21世纪中国高等教育工作发展的一大趋势。

（二）国外研究状况

学校心理辅导始于20世纪早期的职业辅导运动。当时，由于美国受工业革命的影响和大量移民的涌入，社会问题变得越来越复杂，尤其是在学校学生的各种问题与日俱增。在这种背景下，心理辅导工作应运而生。1907年，美国的公立学校在戴维斯的倡导下给学生开设每周一次的辅导课程，帮助学生塑造自己良好的个性和防止问题行为的发生。1908年，帕森斯在波士顿创设了职业局，专门辅导青年认识自己的能力和兴趣，以便寻求合适的工作，他也因此获得了"辅导之父"的美称。同时，由于大工业的发展和社会的巨变，导致心理疾病大量发生，通过有效途径预防心理疾病的发生，成为当时社会的需要。美国人比尔斯根据自己的患病经历，出版了一本《一颗自我发现的心》，引起了极大轰动，从此心理健康运动在美国蓬勃开展。二战后，美国退伍军人管理委员会通过提供奖学金的方式，鼓励更多的学生接受心理辅导和心理学培训，并对辅助者的专业角色进行重新定义，创造了"咨询心理学家"这一名词。后来，美国有针对性地颁布了《国防教育法》，指定学校要推行心理辅导训练课程，并给辅导工作提供经费。这一法案极大地刺激了学校心理辅导工作的开展。心理辅导也叫心理咨询，在发达国家的开展已有60多年的历史了，它的主要任务是提高学生的自我意识水平和自助能力，解决学生遇到的各种心理问题，促进学生在思想上和心理上的成熟，健全人格。20世纪末，世界各国都在调整学校心理教育的发展规则，以使学校心理教育在21世纪获得更大发展。美国大学生心理咨询工作起源于1940年前后。在美国，扶持心理健康教育的主要力量是政府的教育部门，主要采用州立法的形式来支持这项教育。所以美国几乎所有的大学都设有心理保健、心理咨询机构，并配有专职人员。这些咨询机构除了开展日常的心理咨询和心理教育工作外，还十分注重开展各种形式的团体心理训练活动，如交朋友小组、敏感性训练小组、心理治疗法等。而日本大学生的心理咨询活动于20世纪50年代兴起，其特点是咨询机构普及，开展了多方面的活动，成为学校教育的组成部分，形成了具有日本自身特色的咨询理论和方法，学生管理部门对推动日本大学生心理咨询工作起了重要的作用。心理健康临床工作是一种专业性很强的工作，这在国外早已经达成共识。一个专业系统的培训主要包括以下四个方面：一是理论学习，作为一名专业工作者，必须清楚并且能够解释他操作行为背景后的理念；二是从业人员本身的素质和修养；三是方法和技巧的训练；四是实习。在现今世界，主要有两种比较成熟的心理学应用人才培养模式：一种被称为博尔德模式，即"科学家型从业者"模式；另一种是心理学博士模式。在美国，要成为一名心理咨询师，必须达到由美国心理学会和全美学校心理学家学会制定的专业标准，参加这两个机构审批认可的培训并取得硕士、博士学位，在其可以独立开业以前，一般都有很长一段由导师督导的临床实践经历，并有严格的资格认证过程。在现代西方社会，心理健康教育、心理咨询和心理治疗机构健全、发达，已经初步形成了较为完善的国家心理健康维护系统。而在这个系统中，人的精神和信仰等文化因素受到了极大的关注。正如美国著名心理学家埃里斯在回顾西方国家20世纪心理治疗的发展时说："尽管宗教和精神信仰方面的问题在20世纪早期被心理治疗严重地忽略了，但最近的研究表明它们在人类的生活中有重要的作用，而且它们可能在帮助人们消除困扰方面发挥重要的作用。"

二、心理健康教育存在的问题

目前，许多学校开展了心理健康教育活动，通过专题心理素质训练、学科教学渗透、心理咨询和辅导等形式对学生进行心理健康教育。然而，心理健康教育在我国还是一项新的教育活动。现行的教育体制导致主管教育的地方官员、学校领导、心理健康教育研究者缺乏指导学校心理健康教育工作长远规划的动力，心理健康教育中存在不少形象工程和短、平、快项目，教育工作目标随意性很大，影响了学校心理健康教育工作的阶段性分工和持续性衔接。另外，师资储备严重不足，分布配置不合理，造成在教育过程中不能充分调动和协调各方面的教育力量，学生心理健康状况与现实要求差距过大，学校心理健康教育工作不科学、无实效。要保证心理健康教育工作的进一步开展和质量的提高，有赖于心理健康与教育方面的科学研究和理论指导。目前学校心理健康教育指导大多处于自发状态，一般是学校根据临时需要聘请专家进行一般性指导，这对学校心理健康教育虽有积极的促进作用，但也存在针对性和实效性不强等问题，导致当前学校心理健康教育效果不如预期。

学校心理健康教育指导中存在的主要问题是科学性、针对性和实效性不强，具体表现在如下几个方面：

（一）指导目标偏离

学校心理健康教育指导目标偏离的主要表现如下：

1. 科研目标代替教学目标

心理健康教育指导的根本目的是保证学校心理健康教育科学、持久、有效地开展。目前学校心理健康教育工作的指导者主要是科研机构和高校的专家，由于他们长期从事理论研究工作，对学校的具体教学实践和学生的情况缺乏深入的了解。在具体指导工作中倾向于用心理健康教育研究目标代替心理健康教育目标。在形式上过分强调规范，在内容上强调新、奇、难，在方法上强调程序化，忽视学校和学生的实际，造成了学校心理健康教育目标的偏离。

2. 注重短期效应，忽视教育目标

一些专家学者、学校、心理健康教育教师对学校心理健康教育工作的回报率要求过高，在心理健康教育实施过程中偏离了学校心理健康教育本身的目标。具体表现为：有的专家在指导学校心理健康教育的过程中，忙于完成自己的科研项目，忽视了学校教育工作的实际需求；有的学校为了跟上"教改步伐"，短期内能出成果，引起传媒或高级部门的注意，临时邀请专家到校进行指导，而学校并无明确的心理健康教育的近期与远期目标；心理健康教育教师忙于应付各种教学任务和评比，部分教师过分专注于提升自身的专业水平和发表科研成果，忽视提高学生健全心理素质这一学校心理健康教育的根本目标。

（二）指导的针对性不强

学校心理健康教育指导的针对性不强的主要原因如下：

1. 指导方式单一

目前学校心理健康教育指导一般倾向于采取讲座式、培训式或课题式中的一种。讲座式是学校或指导者就学校心理健康教育的理论或方法问题，用开办讲座的方式对教师和管理者的指导；培训式是由学校或专门机构组织的心理健康教育培训，如"心理咨询师"培训、中小学心理健康教育师资培训等；课题式是指以自己或他人的某一相关课题为主旨，结合相关心理健康教育的理论和实践进行的培训。上述培训虽然对学校心理健康教育有一定的指导作用，但均因这些指导无法针对各级各类学校的实际，其指导效果大打折扣。

2. 忽视责任的区分

心理健康教育工作是由学校每个教育工作者在其日常的教育过程中共同完成的，心理健康教育不仅是心理辅导教师和班主任的工作，也是每一位教育工作者的职责。心理健康教育教师负责学校心理健康教育工作的规划、组织和实施，班主任和各科教师负责在德、智、体、美、劳各育中渗透心理健康教育，行政管理人员在管理和后勤工作中对学生进行心理健康教育。各类人员在心理健康教育中承担的职责不同，发挥的作用不一样，心理健康教育工作的具体内容和方法也不同，需要具体而有针对性的指导，目前的指导并没有针对他们的具体工作职责区别对待。由于职责分不清必定造成专职教师与非专职教师、教师与行政管理人员在学校心理健康教育工作中既不能发挥自身的主动性又不能互相配合，形成各行其是、各自为战的无序局面。

3. 忽视对象的差异性

学生的心理素质是一个动态发展的过程。由于所处环境的影响，不同的学生存在民族、地域、文化背景、家庭环境、年龄等差异，这些差异直接影响学生的心理活动，导致不同的学生在成长过程中有不同的心理困惑与烦恼。目前的心理健康教育指导主要是根据教育对象共同的心理状态与特点、学校与家庭、社会的影响、未来社会对人的总体要求进行整体设计，对于某一阶段心理发展中普遍出现的心理倾向给予统一的指导与教育，缺乏针对学生个体差异进行的个性化的心理健康教育指导。

4. 忽视学校的实际情况

每个学校都因地理位置(城市、农村)、社区环境、生源结构、学校文化传统等因素不同而具有自己独特的特点，它们都是影响学校心理健康教育的重要因素。学校的心理健康教育指导必须根据这些具体情况，因地制宜，制定适合本校实际的教育方案，才能保证每一所学校的心理健康教育工作落到实处、收到实效。目前往往是一个专家指导多个学校的心理健康教育工作，由于种种原因，专家不可能对每个学校的具体情况一一把握，因此，其指导内容方式在一定程度上脱离了各个学校心理健康教育实践的具体需求，很难针对各校心理健康教育的迫切需要和存在的实际问题提供切实有效的指导与服务。

（三）指导的实效性不高

导致学校心理健康教育指导的实效性不高的主要原因如下：

1. 调动广大教师参与程度不够

在心理健康教育指导中，教师的参与程度不够，具体表现在以下两个方面：

（1）过分依赖，缺乏主动性

目前的心理健康教育指导中，从心理健康教育目标的制定、理论基础的构建、实际操作过程的设计都是由负责指导的专家确定的。作为被指导者的一线教师在其中只扮演"操作工"的角色，他们按部就班地实施专家制订的计划，这造成了教师过分依赖专家的指导，不能主动搜集学生心理健康状况的相关信息，不能充分发挥自身优势，积极探索新方法、解决新问题。

（2）缺乏由非专职人员向专职人员转化的意识

多数教师和管理者对心理健康教育认识不足，对自己在学校心理健康教育工作中的重要地位和作用缺乏自信，"临时工"思想突出，不能主动参与和配合心理健康教育工作，提高自己从事心理健康教育工作的能力。因此，如何调动教师积极参与心理健康教育工作，如何通过指导提高专业教师的水平也是亟待解决的问题。

2. 心理健康教育实施渠道指导不全面

心理健康教育与德、智、体、美、劳五育一样，既有自己专门的实施渠道，也渗透于学校的一切工作和活动之中，二者既存在本质的区别但又不是截然分开的，学校的各科教学活动、管理活动和后勤服务活动都有保护学生心理健康、发展学生心理素质的任务。相比较而言，在各科教学和各种活动中培养学生的良好心理素质是一项更为基础的工作，在很大程度上决定学生心理素质的基本水平。目前的心理健康教育指导只注意对心理健康教育的专门实施渠道进行指导，对其他实施渠道的指导不够，不能充分调动各方面的积极性来开展心理健康教育。另外，心理健康教育的基础性工作做得不好，一边开展心理健康教育活动，一边损害学生心理健康的现象比比皆是，抵消了心理健康教育专项活动的作用，甚至使心理健康教育陷入"拆东墙补西墙"的被动局面，以至于心理健康教育的作用不能充分发挥。

3. 专家的理论研究与学校教学实践需求脱节

由于科研机构和高校的专家过于注重研究新问题、探索新领域、摸索新方法，对学校现实的教育教学实践活动进度缺乏深入细致的研究和把握，指导目标、内容、方法等的确立远远超前于学校心理健康教育的实际开展情况，使高校专家对学校心理健康教育的指导作用不能充分发挥，指导的效率不高。

第二节 心理素质教育研究现状与发展趋势

一、心理素质教育研究现状

（一）过于偏重心理治疗与危机应对

困扰大学生的心理问题大多是发展性问题，即大学生在学习和生活过程中遇到的正常的麻烦和困扰，经过合理的疏导都会很快得到解决。另外，实施心理素质教育的根本任务在于培养和发展学生的心理素质。大学生心理素质教育的对象应该是所有的大学生，而不仅仅是少数有严重心理问题和处于危机状态的学生。随着精神卫生法的逐步完善，学校心理咨询的功能和服务范围逐渐清晰。对于极少数有特别严重精神问题的学生，学校心理咨询机构应及时把来访者转介给其他合适的精神卫生机构。然而，在我国大学的心理素质教育中，大多以心理咨询这种形式代替心理素质教育，结果就造成了大学心理健康教育的普及面很窄（只限于部分主动去求助的学生以及被其他人介绍到那里的学生）；在发展方向上，重视对心理问题的治疗和心理危机的干预，忽视对健康、卓越的心理能力的培养。

（二）对心理素质教育认识误区尚待厘清

目前，大多数高校都意识到了心理素质教育的重要性，也开设了大学生心理健康教育课程，并相继成立了大学生心理健康与咨询中心。然而，很多高校在心理素质教育的认知上还存在很多误区。第一，认为心理素质教育与思想政治教育不相干，或认为心理素质教育就是思想政治教育。这实质上是如何看待心理素质教育与思想政治教育的关系问题。比较合理的看法是将心理素质教育与思想政治教育视作交叉关系，心理素质教育与思想政治教育互为补充、相互促进。第二，在心理素质教育具体实施过程中，还存在"重心理治疗，轻能力培养"等问题。很多承担高校心理素质教育工作的大学生心理健康与咨询中心，除了开设大学生心理健康教育课程之外，绝大多数的教育资源都用在心理咨询工作上，而心理咨询的对象也仅限于那些主动求助的学生，以及被其他人介绍来咨询的学生（尤其是极少数有特别严重心理问题的学生）。这使得心理素质教育处于一种消极应对的状态中，其能力培养的功能未能充分发挥。学校心理咨询的功能是有限的，对寻求帮助的学生，自然应当积极疏导与解决。大学生心理素质教育功能除了协助学生排解心理问题之外，更重要的是培养所有学生的心理自我调节能力，以及增强学生的心理素质。大学生心理健康与咨询机构更应该关注大学生心理健康课程的开设、学生心理健康互助组织的建设、心理素质教育活动的举办等。

（三）从事心理素质教育的专业力量薄弱

以广东省为例，抽查的30所高等院校中设置专职人员的高校有15所，只有兼职人员的有13所，只有志愿者的有2所，设有专职人员的高校数目仅占被抽查学校总数的50%。在美国，每所大学有6～7名专职的心理咨询人员。按照这个标准，我国大学中从事心理健康教育工作的人是远远不够的。专业力量薄弱不仅是数量上的缺乏，也体现在心理素质教育队伍的专业化水平不高上。心理素质教育是对专业性和技术性要求都较高的工作，它要求从业人员具有较高的理论水平和实践经验，然而我国高校中普遍存在高素质、专业化的研究人员缺乏的问题。目前在我国高校中从事心理素质教育的人员有的是大学的行政或德育工作者，有的是医务工作者，有的是从事生理学研究的工作者，还有一些是大学里的心理学教师以及其他一些工作人员。这些工作人员大多没有经过专门培训，缺乏专业的心理咨询和心理素质教育的知识，从事学校的心理素质教育工作仅仅是由于爱好或者是上级领导的安排。

（四）心理素质教育缺乏系统的理论指导

心理素质教育是我国素质教育中提出的一个本土化的概念，目前心理素质教育的研究尚处于起步阶段，关于心理素质的概念界定、结构分析、测量量表的研制和心理素质教育理论和实践问题还有待进一步研究。另外，目前我国有关心理素质教育的研究大多是关于中小学生的，专门针对大学生的理论和实践研究比较少。然而，大学生的生活方式与中小学生有很大的差别，因此，大学生心理素质教育无论是目标、内容还是模式都应该和中小学心理素质教育有一定的不同。然而，查阅大学生心理素质教育的教材几乎都是直接搬用普通心理学的内容架构。目前我国高校的心理素质教育缺乏系统、专业的理论指导，这是阻碍大学生心理素质教育发展的一大问题。

（五）心理素质教育的工作机制不够健全

目前，我国高校的心理素质教育大多以学校心理咨询为载体，学校心理咨询机构的地位和所属部门各不相同，有的挂靠在学生处，有的挂靠在校团委，有的挂靠在大学的教育系或者心理系，有的挂靠在思想政治教育室等，这种所属不一的现象给管理造成了巨大的困难。所以，大学的心理咨询机构一般没有严格的规章制度，没有合适的考评制度和监督机制，没有完善的培训制度，许多学校甚至没有专职的工作人员。因为没有可靠的制度保证，大学的心理咨询机构往往经费不足，设备不完善，这在很大程度上限制了大学心理咨询机构功能的发挥。因此，如不解决这些问题，学校心理健康教育就很难真正成为学校教育的重要组成部分，就难以达成促进学生健全发展的目标。

二、心理素质教育发展趋势

（一）强调发展性教育目标

发展性作为学校心理素质教育的目标已成为广大心理学家和教育工作者的共识。大学生心理素质教育的最终目标也是为了促进大学生良好心理素质的发展。以单纯的矫正和治疗为目标和手段的大学生心理素质教育越来越不适应现实发展的需要，满足不了广大大学生心理发展的需求，满足不了社会对大学生心理发展的需求。以发展为目标的大学生心理素质教育必将成为未来心理素质教育的基本方向。

（二）教育对象面向全体学生

发展性教育目标的确立必然导致心理素质教育对象的变化。以发展为目标的心理素质教育立足于大学生的健全发展，其目的是提高所有大学生的认知、个性和适应性的发展，而不是仅仅治疗少部分有心理问题和障碍的学生。所以，随着大学心理素质教育理论和实践研究的发展，心理素质教育专业人员的增多以及专门用于心理素质教育的资金的增加，大学生心理素质教育必将逐步地普及，让所有学生都可以得到心理辅导和帮助，获得整体心理素质的全面、和谐发展。正是基于以上原因，有研究者提出心理健康工作要从过去的指导型转变为服务型，把工作的重点放在对全体学生的心理健康服务上，把每一位大学生都作为心理健康援助的对象。根据他们在大学期间面临的不同问题，分清层次，提供全方位、多形式的心理援助，完善心理健康援助支持系统。

（三）教育研究与实践注重实效性

大学生心理素质教育研究最终是为了促进大学生心理素质结构的优化和心理素质水平的提高。大学生心理素质教育是心理素质研究的目的和归宿，因此，今后的研究会更注重实效性。这既表现在研究内容更加贴近高等教育的实际问题和大学生实际面临的心理困难，又表现在研究方法上更注重科学性及成果的应用价值。

（四）实践形式注重多样性和专业化

心理素质教育的形式越来越呈现出多样性。心理咨询、网络心理咨询以及心理健康知识传播、心理课程、心理讲座、团体心理辅导、就业辅导以及校园文化建设等形式将组成立体式的心理素质教育网络，覆盖面越来越广。随着心理咨询和心理研究的发展，家庭治疗、艺术治疗、阅读治疗、箱庭治疗、行为治疗等新的心理咨询与治疗技术逐渐在大学生和辅导员群体中普及和推广，使心理素质教育的专业化水平不断提升。

（五）教育实践注重全员化和重心下移

当今高校在心理健康教育中普遍面临的一个突出困境是专业力量与现实需求之间有差距。首先，越来越多的高校意识到院系教师、大学生都是可以发挥心理健康教育功能的资源，在院系设置了生活指导室、发展指导室，请院系受大学生尊敬的教师、辅导员与身处困扰中的大学生进行交流、谈心。其次，在大学生中招募一些心态积极、乐于助人的志愿者，经过较为系统的培训之后，对大学生心理健康教育发挥了不可忽视的作用。朋辈辅导的引入既缓解了高校工作的现实压力，也充分发挥了大学生的主体性，为高校探索大学生心理健康教育开辟了新途径。

第三章　自我意识教育与训练

对于自我意识，社会上往往存在一些误解与偏见，认为"自我意识"含有唯心主义色彩，或者就是个人主义；一听到"自我实现""自我价值"等词汇就认为宣扬"我"，宣扬"个性解放""不顾社会要求"等，所以在我国对此还缺乏深入的研究。本章主要从自我意识概述、常见的自我意识问题及调适和自我意识培养能力训练三个方面进行了研究。

案例导入：赵某是一名大二学生，他外表俊朗，衣着时尚，然而他内心深处却有着强烈的自卑感。他平时做什么事都没信心，觉得自己一无是处，总是消极地看待问题、看待人生。

他非常在意他人对自己的评价，渴望自己成为优秀的人，能受人欢迎，却不知如何去做。因此，他抑郁、消沉，觉得自己做人很失败，没有一点儿值得他人赞许的地方。心理咨询师让他在纸上列出自己的优点，他想了十几分钟，纸上仍是一片空白。他说自己没什么优点，他曾想到一些优点，但很快又排除了，因为他又把每一项优点毫不留情地列为缺点。

心理咨询师要求赵某列出自己的缺点，他一下子就写满了整张纸。咨询师要他观察镜子里的自己，他说看到自己是单眼皮，五官还算端正，但根本算不上帅。赵某说他自己对别人很热情，但别人却认为他不真诚。他做事很努力，是因为他认为自己笨。

心理咨询师改变策略，要求赵某列出自己的特点，无论是优点还是缺点。目的是让他积极地看待自己的优点和缺点，因为这些都是他的特点，都是独一无二的。心理咨询师告诉赵某，除了他本人，世界上没有第二个人和他一样。这使赵某在自我认识上懂得每个人都有自己的特点，无论是优点还是缺点，没有高低之分，要学会接纳自己。最后，心理咨询师要他反复在心中默念："我很特别，因为我是独一无二的。"

经过几次心理咨询，赵某对自我有了新的认识，觉得做人、做事其实不用太在意别人怎么看，只要自己开心就好，要做自己的主人，支配自己的命运。赵某慢慢地学会了接纳自己，重视自己内心的感受。

分析：案例中赵某对心理咨询师说的话反映出他对自己的看法和评价，也就是他的自我意识。自我意识就是要弄清楚"我是谁，我是一个怎样的人"。在希腊的奥林匹斯山上有一座特尔菲神殿，神殿里有一块石碑，上面刻着"人，认识你自己"。千百年来，它一直是人类不断探寻和求索的永恒话题。中国古语云"人贵有自知之明"，说明在人生的成长过程中我们可以不断认知天地万物，增长知识经验，但唯独难以认清自己。认识自我是伴随每个人一生的功课。正确认识自己、客观看待自己必将终身受益。

第一节 自我意识概述

一、自我意识的内涵

个体对自己和对周围世界关系的认识在心理学上被称为自我意识。自我意识不是单一的，而是一种多维度、多层次的复杂心理系统。我们可以从形式、内容、自我观念三个维度对自我意识进行多层次的解读。

（一）自我意识的形式

自我意识具有认知、情绪和意志三种形式，分别称为自我认识、自我调节和自我体验。

1. 自我认识

它是自我意识的首要成分，也是自我调节控制的心理基础。它包括自我感觉、自我概念、自我观察、自我分析和自我评价。自我分析是在自我观察的基础上对自身状况的反思；自我评价是对自己能力、品德、行为等的社会价值的评估，它最能代表一个人自我认识的水平。

2. 自我调节

自我调节主要表现为个人对自己的行为、活动和态度的调控。它包括自我检查、自我监督、自我控制等。其中，自我检查是主体在头脑中将自己的活动结果与活动目的加以比较、对照的过程；自我监督是一个人以其良心或内在的行为准则对自己的言行实行监督的过程，自我控制是主体对自身心理与行为的主动掌握。自我调节是自我意识中直接作用于个体行为的环节，它是一个人自我教育、自我发展的重要机制。自我调节的实现是自我意识能动性的表现。自我意识调节的作用表现为启动或制止行为、心理活动的转移或心理过程的加速或减速、积极性的加强或减弱、动机的协调、根据所拟订的计划监督检查行动、动作的协调一致等。

3. 自我体验

自尊心、自信心是自我体验的具体内容。自尊心是指个体在社会比较过程中所获得的有关自我价值的积极的评价与体验。自信心是对自己的能力是否适合所承担的任务而产生的自我体验。自信心与自尊心都是与自我评价紧密联系在一起的。

（二）自我意识的内容

自我意识分为生理自我、社会自我和心理自我三个方面。

1. 生理自我

它是指个体对自己的生理属性的意识，包括对自己的身体、体能、容貌以及温饱感、舒适感、病痛等生理方面的意识。它是自我意识的最初形态，这种生理自我并非是与生俱来的，而是从婴儿出生以后第 8 个月开始，到 3 岁左右基本成熟。

2. 社会自我

它是指对自己思维、情感、意志等心理活动的认识。它包括个体对周围客观环境和人的影响、作用的认识和体验，也包括对自身在客观世界中的地位、责任、力量的认识和体验，也就是对社会方面的自我认识。

学校中的社会化是建立社会自我的重要环节。学生在学习过程中容易获得成就动机，产生自我实现的需要和欲望。学生对学习成就动机的发展是自我意识最重要的特征。学生具有成就动机后，往往会随之产生一种担心失败的不安全感，即担心自己会失败、会落后于同伴，于是这种成就动机会鼓励自己努力，以获得自我满足，进而要求自己表现出符合社会要求的行为，以实现社会自我。社会自我的另一个突出表现是自我控制。自我控制包含坚持性和自制力，自我控制能力随着年龄的增长而加强。

3. 心理自我

它是对自己心理活动状态的认识，如对智慧、能力、性格、气质、兴趣、爱好、意志等的认识和体验。心理自我的发展同个体的生理、情绪、思维（包括性成熟、想象力丰富、逻辑思维能力）的发展相联系，主要表现在自我体验、成人感性意识、自我反省和自我意识的矛盾性等方面。大学生的心理自我的突出表现之一是自我意识的矛盾性。这种矛盾性主要表现在两个方面：①"理想的我"与"现实的我"的矛盾，这种矛盾集中体现为理想与现实的矛盾；②"主体的我"与"社会的我"的矛盾，这种矛盾集中体现在同学之间理解与不理解的矛盾、尊重与不尊重的矛盾。此类矛盾常常使得大学生感到苦恼，然而面对这种矛盾，大多数人还是能够按照社会的要求不断地完善自己，使自己向积极方面转化，成为自我肯定的人。

生理自我、社会自我和心理自我三者并不是彼此孤立的。詹姆斯认为，人最先是从自己的身体知道自己的存在，即生理自我；而后与人交往，从他人对自己的反应以及自己的社会角色中体验出自己的社会自我；最后，从生活的成败得失经验以及心理的发展中逐渐形成心理自我。因此，这三者是相辅相成的。

（三）自我意识的观念

自我意识可以分为现实自我、投射自我和理想自我。

1. 现实自我

它指个体对自己受环境熏陶获得的、在与环境相互作用中所表现出的综合的现实状况和实际行为的意识。它是自我现实的、社会存在的真实反映。

2. 投射自我

它是他人对自己的看法和评价。它与现实自我可能存在差距，即自己对自己的看法和别人对自己的看法往往是有差距的。但是，投射自我对于现实自我的形成起着重要的作用，人们总是把他人对自己的看法和评价作为重要参考来形成自我概念。

3. 理想自我

它指个体经由理想或为满足内心需要而在意念中建立起来的有关自己的理想化形象。理想自我的内容尽管也是客观社会的现实反映，包括对来自他人和社会规范要求以及它们是否满足个体需要的反映，但这些内容整合而成的理想自我却是观念的、非实际存在的自我。现实自我和理想自我的形成与社会环境的影响密切相关。现实自我产生于自我同社会环境的相互作用，理想自我则产生于这种相互作用中他人和社会广泛的要求内化后在个体头脑中整合形成的自我理想形象。

由于人们总是按照理想自我来塑造自己，所以理想自我是现实自我努力的方向。一般人特别是青年人往往以为理想中的自己就是现实的自己。因此，现实自我总是带有理想自我的痕迹。在正常情况下，当理想自我的形成建立在理性认识或对他人评价和社会规范的自觉内化之上时，理想自我可以在现实自我和社会环境之间起积极的调节作用，指导现实自我积极地适应社会环境。这时，理想自我、现实自我和社会环境的要求可以在新的水平和方向上达到协调一致，使自我得到健康发展。

二、自我意识的理论与形成

(一)自我意识理论

1. 弗洛伊德——人格三分结构论

奥地利著名心理学家弗洛伊德的人格结构理论和人格发展理论都强调了自我意识的健康发展是心理健康的关键,认为人格由本我、自我和超我三部分构成。人出生时有一个本能的我,即本我,它由先天的本能、原始的欲望构成,处于最底层,只知道满足和释放而不知道约束自己,其遵循的原则是快乐。它像一个幼儿,容不得紧张、容不得希望得不到满足、易冲动、无组织、非理性。自我是本我在与现实打交道的过程中分化出来的。因为本我是一种原始的快乐欲望,在现实生活中是行不通的,所以经过大脑思考就产生了一种自我意识,让它来解决本我与现实的矛盾和冲突,这就是自我。它遵循现实原则,以适应环境中的一些条件和限制。它是人与外部世界交往的媒介,是一个人具有的符合现实生活的理智思维。超我是人格中最文明、最有道德的部分,它是社会道德的化身,按照道德原则行事。

2. 艾里克森——自我发展渐成学说

美国著名的精神病医师、新精神分析学派的代表人物艾里克森认为,人的自我意识发展持续一生,但要经历不同的发展阶段,每个阶段都有一个核心课题。他把自我意识的形成和发展过程划分为八个阶段(见表1),认为在每一阶段都存在一种"危机"或矛盾冲突,对危机的积极解决有利于自我力量的增强,有利于个人适应环境。

表1 艾里克森的自我意识发展阶段和相应的品质

年龄段	社会转变期的心理冲突	相应获得的品质	
		积极的	消极的
婴儿期(0~1.5岁)	信任感—怀疑感	希望、信任	恐惧、不信任
儿童早期(1.5~3岁)	自主感—羞怯感	意志(自制力)	自我怀疑
学步期(3~5岁)	主动感—内疚感	自主和价值感	无价值感
学龄初期(6~12岁)	勤奋感—自卑感	能力、勤奋	无能
青春期(12~18岁)	自我同一性—角色混乱	忠诚、自信	不确定感
成年早期(18~25岁)	亲密感—孤独感	爱和友谊	泛爱(杂乱)
成年期(25~65岁)	创造力—自我专注	关心他人和创新	自私自利
成熟期(65岁以上)	完美感—绝望感	智慧	绝望和无意义感

艾里克森认为，人的自我意识必须经历这八个阶段，每个阶段都不可逾越，但对于早晚因人而异。自我在人生经历中不断获得或失去力量，以保证个人适应环境，健康成长。

（二）自我意识形成的主要阶段

1. 萌芽阶段

刚出生的婴儿并没有意识，也没有自我意识，只有一些简单、片段的感觉、动作和本能的反射，因而和一般的小动物没有多大区别。他们认识不到自己的存在，分不清自己的身体与外界有什么区别，他们认为吮吸自己的指头和吮吸母亲为乳头一样。

婴儿一般在8个月时产生"生理自我"，在1岁左右产生自我感觉，这是自我意识最原始、最初级的形态。这时，儿童才开始区分自己的动作与动作的对象，之后把自己这个主体与自己的动作区分开来，有了自我意识萌芽。例如，儿童发现咬自己的手和脚与咬别的东西（玩具、饼干等）感觉不一样；儿童可以将拿着玩具的手同玩具区分开来，不会再认为玩具是手的一部分等。儿童开始认识到自身是一个独立的实体，是动作的主体，体验到了自我的存在和力量，产生了最初的自豪感和自信心，从而形成了自我感觉。但这个时期的儿童是将"自己"当客体来认识的，最有代表性的表现是用自己的名字来称呼自己，如"小红要吃饭""小红要玩玩具"等。他们还不会用"我"来称呼自己。

2岁以后，儿童学会使用人称代词"我"，开始从把自己当作一个主体的人来认识。

对于3岁左右的儿童，"我"的使用频率增加，并产生了一些较为极端的"自我独立"的要求。在成人眼中，这时的孩子常常与父母"闹别扭"，原来顺从又可爱的孩子变得很有"主见"，总想按照自己的方式去处理问题，达到自己的目的。事实上，他们根本做不到。他们开始出现羞耻感、自主性和占有欲。例如，看到母亲喜欢其他的孩子时，他会生气、嫉妒，甚至动手打那个孩子。这一时期儿童的行为是一种以自我为中心的行为，即以自己的想法解释外部世界，并把自己的想法和情感世界投射到外界事物上去。这一时期又被称为生理自我时期或自我中心期，是儿童自我意识的萌芽阶段。

2. 发展阶段

这一时期是个体接受社会化影响最深刻的时期。从幼儿园、小学、中学到大学，他们经历了人生成长最为关键的时期，个体在游戏、学习、劳动、生活中，通过模仿、认同、练习等方式，逐步形成各种角色观念，建立角色意识，开始能意识到自己在人际关系、社会关系中的地位和作用，意识到自己所承担的社会责任与享有的社会权利。

幼儿期自我意识的特点是：完全依照成人的影响来认同自己、他人以及自己与他人的关系，几乎是从他人那里获得"肤浅"的自我评价与自我认识。他们没有困惑、烦恼与忧愁，单纯而快乐。

童年期自我意识的特点是：模糊、不大自觉、被动，心理活动主要指向外部世界，对自己的内心世界没有多少认识。如果问"你是一个什么样的人"许多小学生答不上来，说没有想过。即使回答，也往往是对自己一些外部特点的描述，如"我是一个爱画画的人""我是一个守纪律的人""我是一个喜欢猫的人"等，或者是转达教师、家长或其他成人对他的评价。他们也意识不到自己所面临的各种矛盾，因而内心世界很平静。小学生已经能够对自己的行为及与行为相联系的一些品质进行评价，并能初步有意识地调节和控制自己的行动。

少年期自我意识的发展有了质的变化，独立性、自觉性和自律性都有了迅速发展，并能够深入自己的内心世界，意识到自己的个性品质，但水平还比较肤浅，不够清晰全面。在少年期，他们开始意识到自己与他人、与集体的关系，意识到自己的内心活动，开始想到自己，开始"发现"自己，开始关心自己的发展，开始根据自己的喜好规划自己的人生，出现了有一定现实基础的理想，有了较稳定的兴趣爱好，同时还有了许多内心的"小秘密"。他们开始对周围人们的精神世界、个性品质等感兴趣，开始关注周围人的内心体验、动机、想法、个性特点等。但这时他们的自我意识水平还不高，对自己内心世界的了解也不深，并且生理发育的加快，使他们面对的压力增加，心理矛盾也开始变得日益突出。

青年初期是自我意识发展的关键时期。这一时期自我意识经过分化、整合而接近成熟，从而逐渐清晰地意识到自己的内心活动，全面认识自己的心理品质，正确地感知自己的社会角色并能主动地根据社会要求去认识和发展自己。该阶段他们自我意识的显著特征是把原来主要朝向外部的认识活动转向自己的内心世界，探索自己的内心活动。例如，这一时期的学生会提出一系列问题要自己回答：我是一个什么样的人？我要成为一个什么样的人？我的长相如何？我的脾气、性格怎样？我有什么样的特长和才能？我能成就什么样的事业？我在别人心目中的形象如何？我怎样走人生之路……这些都是由于个体生理和心理日趋成熟、社会角色逐步确定而促进自我意识发展的具体表现。

青年期自我意识发展中的一个突出特征是自我意识的分化与统一。自我意识的分化就是自我意识在青年期由一个完整的自我一分为二，成为两个不同的"我"，一个是"理想的我"，即关于自己未来的总观点和总设想；另一个是"现实的我"，即当前的形象和实际水平。或者说，将自我分化成"主体的我"和"客体的我"。这样，一个人既是自我的观察者，又是被观察的对象。处在观察者地位的是"主体的我"，被自己观察的是"客体的我"。这就为学生客观地评价自己和他人，合理调节自身的行为和活动奠定了基础。所以，自我意识的分化是自我意识开始走向成熟的标志。

由于人不断地进行自我观察、自我分析、自我评价，把"现实的我"与"理想的我"加以比较，而在青年时期，现实的我往往落后于理想的我，两者之间的矛盾和距离会使他们感到很痛苦，并产生强烈的内心体验，从此进入一个内心动荡不安、情绪体验错综复杂的时期。该时期学生的情绪波动有很大一部分是自我意识矛盾带来的。

3. 完善阶段

如果说前一阶段是自我意识迅速发展并趋向成熟的阶段，那么，从青年中期开始，个体的自我意识便开始进入完善与提高阶段，这一阶段一直持续到人生的终结。也就是说，自我意识的完善与提高是个体毕生的任务。

大学生处于青年中期，是自我意识完善的关键时期。他们的自我意识发展正经历着一个特别明显的分化—冲突—统一的过程。这时，原本"笼统的我"被打破了，出现了"主观我"与"客观我""理想我"与"现实我"的分化。这种分化标志着大学生自我意识开始走向成熟，这也是他们自我意识发展的最重要的过程。这种分化过程促进了大学生思维和行为主体的形成，从而为客观地评价自己或他人、合理地调节自己的言行奠定了基础。

三、自我意识的作用

（一）目标导向作用

目标是个体发展的导航机制，一个人要想成就一番事业，就必须从自身实际出发，制定明确的目标。只有这样才能调动自身的潜能，激发强大的动力。人通过正确的自我认识确立较为合理的"理想自我"内容，为个人将来的发展确定了目标，对个人的认知、情感、意志、行动会产生很大影响，是个体活动的动力。自我意识健全的个体在从事一项活动之前，活动的目的和结果就以观念的形式存在于头脑之中了，并依此做出计划，指导自己的活动，从而达到预期的目标。

（二）自我控制作用

一个人要获得发展、取得成就，光有目标是不行的，还必须具备自我控制的意识，即对自己的情感、行动加以调节和控制。自我意识健全的个体在对自我做出正确认识、合理规划的基础上，能够对自己的注意力、情感、行为等加以控制，以实现自己的目标。很多人并不缺乏机会和才华，而是缺乏自控的意识和能力，故而与成功失之交臂。自我控制是自我意识发挥能动作用的一个重要方面，它是目标的守护神，是成功的卫士。缺乏自我控制意识的人可能是一个情绪化的人、一个缺乏毅力的人，终将一事无成。

（三）内省作用

自我意识健全的个体不仅能够确立"理想自我"的内容，为自己将来的发展做出规划，而且能够通过自我控制来实现预期目标。此外，由于主客观条件的制约，"理想自我"的实现常常会遇到各种障碍，致使个体产生不同程度的挫折感。这时，自我意识就会对自己的认识、情感、意志、行为等进行反省，找到受挫的主客观原因，并重新调整认识，形成新的"理想自我"，使其与"现实自我"趋于统一。内省可谓个体成长中所进行的自我监督和自我教育，每个人要想使自己的天赋和才能得到充分的开发和利用而成为自我实现的人，就需要有积极的自我意识，随时对自我的认识、情感、意志和行为加以反省和审查。

（四）激励作用

正确的自我意识可以帮助个体形成准确的自我认知与评价，并在此基础上建立自立、自主、自信的良好心理品质，激励个体去大胆尝试、积极进取，最大限度地调动个体的潜能，激发个体思维活动，最终获得成功。在这一过程中，个体将会不断克服负性的自我意识，强化正性的自我意识，形成个体自我意识的良性循环。因此，自我意识越健康、越积极的人就越能获得成功，而不断取得的成就又反过来进一步促使健康自我意识的形成。

第二节 常见的自我意识问题及调适

一、常见的自我意识问题

在自我意识的发展过程中，个体由于心理尚未成熟，自我意识还在不断发展中，因而容易出现各种偏差，引起自我意识缺陷。具体表现在以下几方面：

（一）自我接受和自我拒绝过度

自我接受亦称自我认可，是指喜欢自己的个性，肯定自己的能力，对自己的才能和局限、长处和短处均能客观评价，不会过多地抱怨和谴责自己。而过度自我接受是把自我接受推向了极端，它主要是由高估自我引起的。有些大学生在对自我的肯定评价中往往有过之而无不及，仿佛通过放大镜看自己的长处，甚至视缺点为优点。另外，他们看不起别人，不喜欢别人，拿放大镜看别人的短处。

自我拒绝亦称自我否定，指不赞成自己，不喜欢自己，不能容忍自己的缺点和弱点，抱怨和指责自己。不同程度的自我拒绝在许多个体身上都会出现，那些自卑感强、挫折感强的人则更为明显。而过度的自我拒绝则是严重的、经常的、多方面的自我否定，主要是由严重低估自我引起的。过度自我拒绝者有可能由自我否定发展为自我厌弃，甚至走向自我毁灭。

所以，过度自我接受与过度自我拒绝是自我评价不当引起的两个极端。调整这两方面的缺陷可以从以下几点来进行。一是要树立正确的认知观点，即人有所长亦有所短，人既不会事事行，也不会事事不行；一事行不能说事事行，一事不行也不能说事事不行。二是确立合理的评价参照系和立足点，若以弱者为参照则会自大，若以强者为标准则可能会自卑，因而寻找适合自己的评价标准就显得很重要。人应多立足于自己的长处、自己拥有的一切，建立起自己的信心，但亦应明了自己的不足。人在困难时应多看到成绩和进步，以提高勇气；在成功时则应多发现缺点，再接再厉。三是培养健康的人格品质，如自信而不狂妄、谦虚而不自卑、乐观但不盲目、克己但不过分等。

（二）自我为中心和从众心理过度

随着自我意识的发展，个体越来越感到自己的内心世界千变万化、独一无二，他们越来越多地把关注的重心投向自我，因而会比较多地从自身的角度考虑问题，尤其是青少年有较强的自信心、自尊心、优越感和独立感，就比较容易出现以自我为中心的倾向。当这种倾向与某些不健康的思想意识（如个人主义、自私自利思想等）结合时，就会表现出过分的、扭曲的以自我为中心。而过分以自我为中心的人往往以自我为核心，想问题和做事情都从"我"出发，不能设身处地进行客观思考，盛气凌人。这种人往往有好处上，有困难让，有错误推，总认为自己对而别人错。

与过分自我为中心相反，少数大学生有过强的从众心理，从众心理人皆有之，但过强则会有碍心理健康，导致缺乏主见和独立意向，常人云亦云，随大流，自己不愿思考或懒于思考，遇到问题束手无策。

要克服过分自我为中心的途径有：第一，树立健康的人生观，自觉地把自己和他人、集体结合起来，走出自我的小天地；第二，恰如其分地评价自己，既不低估也不高估，既不妄自菲薄也不妄自尊大；第三，尊重他人，只有尊重和信任他人才能获得他人的尊重和信任；第四，设身处地从他人的角度思考问题，关心他人，做到"我爱人人，人人爱我"。

而要克服过强的从众心理则应培养和建立自信心，培养独立思考问题的能力，勇于创新，敢于与众不同；加强自我意识，同时确立健康的团体意识，不人云亦云，保持自己的独立性和个性。

（三）独立意向和逆反心理过分

独立意向是个体自我意识发展的显著标志之一。然而，个体在摆脱依赖、走向独立的过程中，有时会"矫枉过正"，表现出过分的独立意向和逆反心理。

大学生从家庭来到了学校，经历着心理上的"断乳"，出现了"第二反抗期"，逆反心理便是这时期对家长、学校和社会的一种抵触情绪。但逆反心理并不是一种盲目的情绪，而是表现他们矛盾心理的一种形式，其实质是为了寻求独立，寻求自我肯定。

逆反心理就其本身而言，具有两重性：一方面，表明个体的批判精神和独立意识，但这种反叛精神有时会显得不够成熟；另一方面，不少人还不善于确切地把握反抗，即表现出过分的逆反心理，如在内容上一概排斥正确与错误、精华与糟粕，手段上往往采取粗劣的对抗、简单的排斥，情绪成分大，有时只是为了反抗而反抗，从而会给个体的健康成长带来消极影响。

为了发挥独立性本身的积极作用，就需要正确地理解独立的含义，做到自主、自立、自尊、自爱、自信和自律，多学多思，提高识别正确与错误的能力，敢于反抗，善于反抗，客观、正确地对待自己、他人和社会，加速自我的社会化和人格成熟。

应该看到，个体自我意识发展过程中所出现的种种失误、偏离、缺陷，是其心理发展还不成熟的表现，这是由他们的身心发展状况和时代特点决定的，从这个意义上来说，这是正常的。然而，尽管是正常的、普遍的，却又必须加以调整。因为只有这样，才能促进个体心理的发展和成熟，达到自我意识的积极统一。

（四）自尊心、自卑感和虚荣心过强

自尊心、自卑感以及虚荣心普遍存在于每一个个体身上，这是正常的，自卑感和虚荣心是难以完全消除的，有时它们也会成为促进人前进的动力。但这种心理一旦过分，则会有害无益。

自尊心强的人不是认为自己比别人优越，而只是对自己有信心，相信自己能够克服自己的缺点。而自尊心过强的人恰恰认为自己比别人优越、骄傲、自大，缺乏自我批评，而且不允许别人批评，唯我独尊、以自我为中心。这样的人很容易回避缺点，缺乏自知，易与人发生冲突。

自卑感是对自己不满、鄙视、否定的情感，它往往是自尊心屡屡受挫的结果，没有自尊心也不会有自卑感，正是因为自尊心的作用，人才会有羞愧、不满、谴责。然而过强的自卑感又往往以过强的自尊心表现出来。虚荣心也一样，没有自尊心就没有虚荣心，而没有自卑感，也就不必用虚荣心来表现自尊心，虚荣心是自尊心和自卑感的混合物。而虚荣心和自卑感都是自尊心发展不良的结果。

现实中，过强的自尊心、过重的自卑感与过分的虚荣心三者是密切相关、相互纠缠的。那些自尊心表现得越外显、强烈的人，往往自卑感越强，虚荣心亦明显。这样的人一般性格内向，情感脆弱，多愁善感，虽然自惭形秽，却又害怕别人伤害自己的尊严，过分介意他人的评价，与人交往时总存有一种防御心理，且常会千方百计地抬高自己的形象。他们捍卫的往往是虚假的、脆弱的、不健康的自我，并为此消耗了大量的能量，以致无暇丰富、壮大真实的自我。

过强的自尊心、自卑感和虚荣心都是不健康的心理，会影响大学生的心理发展和人格成熟。为了改变这些不良的心理特点，首先，必须对其危害有清醒的认识，有勇气有决心改变自己；其次，应当全面认识自己，了解自己的长处与短处，扬长避短，并对自己有正确的评价；再次，树立自信和健康的荣誉心，正确地表现自己，不卑不亢；最后，不被外界的议论所左右，正确对待得失，勇于坚持正确的观点，改正错误。

二、常见自我意识问题的调适

塑造健全的自我意识需要从以下几方面入手：

（一）正确地认识自我

老子曰："知人者智，自知者明。"现代人虽有很多文化经验、科学知识，但对于自我却知之不多。这是因为人对自己的心理不能像测量血压、身高一样有一个客观尺度，即使是心理测量，一般人也较难掌握；人对自身的认识往往缺乏一定的积极性和坚持性，容易产生"当事者迷"的情况。下述三种关系的处理可以为大学生正确地认识自我提供参考。

1. 我与人的关系

他人是反映自我的镜子，与他人交往是个人获得自我观念的主要来源。

从小家庭中的感情扩展到社会大家庭的友爱关系，可使人体验到人与人之间的利害关系。有自知之明的人能从这些关系中虚心向别人学习，获得足够的经验，然后根据需要去规划自己的人生。但是通过与别人比较认识自己的过程中，应该注意比较的参照系。第一，跟别人比较的是行动前的条件，还是行为后的结果？大学生如果认为自己来自农村，条件不如别人，从一开始就置自己于次等地位，自然影响心态和情绪。只有比较大学毕业后的成绩才有意义。第二，跟别人比较的标准是相对标准还是绝对标准？是可变标准还是不可变标准？有的大学生与人比较的是身材、家世等不能改变的条件，由此产生自卑感，这种比较没有实际意义。第三，比较的对象是与自己条件相类似的人，或者是个人心目中的偶像，还是不如自己的人？与不同的对象进行比较，会产生不同的心理体验和行为反应。所以，确立合理的参照系和立足点对自我的认识尤为重要。

2. 我与事的关系

从我与事的关系认识自我，即从做事的经验中了解自己。一般而言，人是通过自己所取得的成果、成就及社会效果来分析自己，但却常常受到成败经验的限制。其实任何一种活动都是一种学习，不经一事，不长一智。成败得失的经验价值因人而异。对于聪明又善用智慧的人来说，成功、失败的经验都可以促进再成功，因为他们了解自己，有坚强的人格特征，善于学习，因而可以避免重蹈覆辙；对于某些脆弱的人来说，失败的经验会导致再次失败，因为他们不能从失败中吸取教训，改变策略，追求成功，而是在失败后形成恐惧心理，不敢面对现实，甚至失去许多良机；对于那些自傲自大的人而言，成功反而可能成为失败之源，因为胜利使他们骄傲自大，这很容易导致失败。因此，大学生从成败中获得自我意识时要仔细分析和甄别。

3. 我与己的关系

从我与己的关系中认识自我看似容易实则很难。我们大概可以从以下几个"我"中去认识自己：一是自己眼中的我，即个人实际观察到的客观的我。不同关系的人对自己的反应和评价不同，它是多个个体从多方面对自己进行的归纳总结。二是自己心中的我，是指自己对自己的期望，即理想我。对于现代大学生而言，虽然有多个"我"可供认识，但形成统一的自我观念比较困难。现代社会的急剧变化和改革开放后的多元价值观等增加了大学生自我认识的难度。

（二）积极地悦纳自我

每个人都知道"自我"是最重要的，可总有些人并不真正地尊重自己、爱惜自己。他们喜欢朋友，喜欢知识，喜欢自然，却不喜欢自己。悦纳自我就是要坦然地接受自己的一切，并且要培养对自己的价值感、自豪感、愉快感和满足感。学会悦纳自我应注意以下几点：

①在肯定性与否定性自我体验方面，应以肯定性自我体验为主，如比较喜欢自己、满意自己，有自豪感、成功感、愉快感等。

②在积极与消极的自我体验方面，应以积极的自我体验为主，如开朗、乐观，对生活充满乐趣，对未来充满憧憬等。

③在紧张与轻松的自我体验方面，应保持适度紧张和适度轻松。

④在敏感性自我体验方面，应保持一定的敏感性，然而又不过分敏感；能够做到冷静而理智地对待自己的得与失；以愉快的心情接受自己的长处，发扬自己的长处，满怀希望地憧憬自己的未来；既不以虚幻的自我来补偿内心的空虚，又不消极地回避、漠视自己的现实，更不以哀怨、忧愁以及厌恶来否定自己。

（三）有效地控制自我

自我控制是人主动地改变自己的心理品质、特征及行为的心理过程。它是大学生健全自我意识、完善自我的根本途径。很多大学生对自我抱有很高的期望，但因为没有足够的自制能力和意志，经受不住挫折和打击，无法实现自我理想。而那些自卑自怨、自暴自弃的大学生因为无法控制自我的不良情绪使自己偏离了健全的自我意识的轨道。要做到有效地控制自我应注意以下三点：

1. 目标确立要适宜

当代大学生应该有崇高而远大的目标，把自己的人生追求与祖国的发展目标联系起来。但是，远大的目标并不是好高骛远，而应该把它建立在一个个小目标的基础之上，通过实现一个又一个小而具体的目标，由近及远，由低到高，逐步实现人生的崇高理想。

2. 目标实现要有恒心和信心

任何一个目标的实现都需要以坚强的毅力做保证，如对目标认识的自觉性和主动性，实现目标的恒心和毅力，克服困难的信心和决心，对成功的正确态度和较强的挫折耐受性等。大学生的这些心理品质都处在发展过程中，要特别注意增强自我控制的自觉性、主动性，将社会的需要转化为主观上实现理想自我的内部动机。

3. 不断完善自我、超越自我

加强自我修养，不断进行自我塑造，达到完善自我、超越自我的境界是健全自我意识的终极目标。健全自我的过程也是一个塑造自我、超越自我的过程。

第三节　自我意识培养能力训练

"了解自我"是人类永恒的话题，然而"自我"至今仍然处于探索之中。所以，"超越自我"对每个人来说都是一个非常艰难但又迫切需要面对的课题。

关注自己的自我意识就是关注自己的成长，关注自己的未来。有人说，人生最大的敌人就是自我。因为自我最容易蒙蔽自我，且最难战胜。所以，一个人要有所成就，就必须懂得如何突破自我，走出自我。因此，本节的心理训练就是让个体去感受在团队训练中，如何促进团体成员的自我探索能力，深化自我认识，勇敢、开放地表达自己，以形成健康的自我形象，增强自觉能力。

一、训练设计

① 20个我是谁；
②谁塑造了我；
③自画像。

二、具体训练方法

（一）20个我是谁

【目的】认识并接纳自我。

【时间】约50分钟。

【准备】一张白纸，一支笔。

【操作】指导者可以先找出一个成员示范，连续让他回答"我是谁？"当他说出一些众所周知的特征时，如"我是男人"，指导者告诉大家，这种回答不反映个人特征，应尽量选择一些能反映个人风格的语句。然后指导者让大家开始边思考边回答"我是谁"这个问题，至少写出20个。当指导者看到最后一位成员放下笔时，请团体成员在小组（5~6人）内交流。任何人都抱着理解他人的心情，去认识团队内的每一个人。最后指导者请每个小组代表发言，交流活动的感受。

这个训练让每个学员体验：在自我认识过程中，如何客观地观察自己、分析自己、发现自己。同时在其他人的帮助下，了解自我。

（二）谁塑造了我

【目的】对过去的我、现在的我、未来的我做出评估和展望。

【时间】约60分钟。

【准备】准备好每人一张自制表，一支笔。

【操作】指导者先说明活动内容，然后让团队成员自行填写自制的表格，填写的过程会反映出不同的心态。有些人再一次肯定积极而可爱的自我，但有些人却引发一些长期压抑的感受。指导者要特别注意，填写完后大家一起分享交流。小组交流过程中，每个人都拿出自己填写的表格给其他人看，边展示边说明，注意自己与他人内心的反应。

1. 追寻自己自我意识的发展历程

自制第一个表格，包括以下内容：

①父母眼中的我。

②亲戚、长辈眼中的我。

③老师眼中的我。

④同学朋友眼中的我。

⑤自己理想中的我。

⑥现实生活中的我。

2. 进一步认识自我、评价自我

自制第二个表格，包括以下内容：

①身心的我。描述你喜欢自己身心的一面有哪些，再描述你不喜欢自己身心的一面有哪些。其中，心理的自我描述是否深刻，要靠自我负责的态度才能有效。

②现实的我。描述现实生活中自己的表现和感受，以及从别人眼中所反映出来的你。

③理想中的我。全方位地描述你希望自己成为一个什么样的人。

3. 我是一个独特的人，一个与众不同的人

自制第三个表格，包括以下内容：

①我的长处，它是怎么来的。把自己的长处一一列出，并写明每一条长处是怎么来的，主要是受了谁的影响。

②我的欠缺及不足，它是怎么来的。把自己的不足之处一一写出来，并写明每一条不足是怎么来的，主要受了谁的影响。

4. 承认自我、接纳自我

自制第四个表格，包括以下内容：

①把自己的长处再次一一列出来，并说明这些长处对自己今后发展的好处。

②把自己的不足也再次一一列出来，并说明这些不足会对今后自己的发展造成什么样的障碍和限制。

这个训练让每个学员体验：你对表中哪一类人的看法最重视？为什么？最难填写的是什么？为什么有时填不出来？你填的内容多是正面的还是负面的？另外，还可以从多个角度来认识自己，也可以在他人的鼓励下做更深入的自我探索。

（三）自画像

【目的】强化团队成员自我认识，促进自我觉悟。

【时间】50～60分钟。

【准备】画纸，彩色水笔或油画棒。

【操作】指导者给每位成员发一张画纸，每人或几个人合用一盒彩笔，然后请成员画出自己。画像可以有标题，也可以无标题。标题可以是"大学生活中的我""我的梦"等。画像可以用任何形式来表达自己，如抽象的、形象的、写实的等。总之，把自己心目中最能代表自己的东西画出来。这种方法可以使成员发现隐藏在潜意识层面的自我，不知不觉之中对自己做出评估和内省。画完后挂在墙上，让团体成员自由观看他人的画，不加评论。欣赏完毕，请每一位成员对他的画像进行解释并答疑。

这个训练让每个学员体验：自画像用非语言的方法将画者的内心投射出来，是一种独特的自我探索、自我分析、自我展示的方法。通过团体内的交流，还可以深化自我认识，加深对他人的认识和理解。

第四章 健康人格教育与训练

人格是一个有多种不同含义和多种属性的模糊概念。人们在日常生活中经常使用"人格"这个词,许多学科的学者也都在使用这个词,但是其含义往往很不相同。在心理学界,似乎每一位心理学家对人格都有不同的定义。心理学家对人格研究的重要领域是人格结构、人格动力、人格发展、人格适应以及人格研究和评鉴。本章主要从人格概述、常见的人格发展问题及调试和塑造健康人格能力训练三个方面进行了深入研究。

案例导入:张某,男,大二学生,性格固执、多疑、情绪不稳、心胸狭窄,自我评价高,不愿接受不同意见。他在日常生活和学习过程中遇到挫折总是责备同学,办了错事常把责任推给别人。他常常把同学提出的中性甚至是友好的建议看作敌视或蔑视的行为,常与人发生摩擦,几乎与同寝室的同学都吵过架。另外,他学习成绩和组织能力一般,缺乏自知之明,认为教师和同学不信任他。一次,他的一本复习资料丢失了,认为是同寝室的同学联合起来整他,想让他考试不及格,与寝室长及其他同学多次发生争执,并要求班主任调换寝室。由于他性格多疑且敏感,同学间人际关系紧张,因此,其他寝室同学都不愿意接纳他。

分析:偏执型人格障碍的典型特征是过分猜疑和偏执,特点是主观、固执、敏感、多疑、心胸狭隘、报复心强。一方面,骄傲自大,自命不凡,总以为自己怀才不遇,自我评价甚高;另一方面,在遇到挫折失败时,又过分敏感,怪罪他人,很容易与他人发生冲突与争执。他们把生活中本来与自己无关的事件都认为是针对自己的,对现实生活中或想象中的耻辱特别敏感多疑。

第一节 人格概述

在日常生活中,人们对于"人格、个性、气质、性格"等词是非常熟悉的。我们常听说某人人格高尚,令人肃然起敬;某人人格卑鄙,使人鄙夷不屑。我们之所以能把不同的人区分开,都是因为不同的人具有不同个性的缘故。

一、人格

人格是一个极为抽象的概念，也是一个含义极为丰富的概念。我们常听人说张三的人格高尚，李四的人格卑鄙，这是从道德或伦理上给人的一种评价。又有人说某人对其妻野蛮残暴，虐待欺凌，污辱人格，这是从法律的角度说明某人侵犯他人的尊严和人身自由的问题。在这里，我们将对"人格"一词的来源、人格的含义、人格的基本特征进行分析，以阐述人格的内涵。

（一）"人格"一词的来源

从字源上看，我国古代汉语中没有"人格"这个词，但是有"人性""人品""品格"等词。例如，最早讲到"人性"的孔子曾说过"性相近也，习相远也"（《论语·阳货》），他认为个体差异来自环境和教育。"人性、人品、品格"等词虽然与"人格"一词在内容上有联系，但它们毕竟是不同的术语。中文中的"人格"这个术语是从日文中引入的，而日文中的"人格"一词则来自对英文"personality"一词的意译。

英语中的"personality"一词源于拉丁文的"persona"，本意是指面具。所谓面具，就是演戏时应剧情的需要所画的脸谱，它表现剧中人物的角色和身份。例如，我国京剧有大花脸、小花脸等各种脸谱，表现各种性格和角色。把面具指义为人格，实际上包含两层意思：一是指个人在生活舞台上表现出的各种行为给人的印象或公开的自我；二是指个人蕴藏于内、外部未露的特点，即被遮蔽起来的真实的自我。因此，从字源上来看，人格就是我国古代学者所说的"蕴蓄于中，形之于外"。

现代英语中"personality"也被译成"个性"。在我国不少教育学家、社会学家，以及部分心理学家一般都用"个性"一词来表达他们所理解的"人格"，即"个性=人格"。但这显然忽视甚至舍弃了"personality"的本来意义。西方现代意义的"personality"的含义除了指个人性或私人性外，还包含一定的个性特征。而汉语的"人格"既包含了人与人之间的差异性，也包含了人与人之间的共有性。因此，汉语词组"人格"与"personality"的译名"人格"两者之间既有一定的联系和相通之处，又存在某些区别。其不同之处可以归结为两个方面：一是外延和范围不同，二是侧重点不同。汉语"人格"较为抽象、宽泛，具有广泛的适用性和多样化的含义。相对而言，"personality"的含义则要确定得多，范围也狭窄得多，它是一个比汉语"人格"更为具体的概念。就侧重点与特质而论，汉语"人格"侧重于个体的内在精神境界、道德品质修养、人生追求，以及对外界评价的反应等。西方文化中的"personality"强调个体的独立性，注重主体的态度与自身的体验，因此离开"个人"也就无所谓人格了。

此外，严格地讲，"个性"与"人格"这两个概念还是有区别的。第一，个性是指人的个别差异，从差别的角度来看，是一个人不同于他人的特点。人的各种心理现象从反应到价值观、从感知到思维以及人格等，都有差异。人格则是对一个人的总的描述或本质的描述。它既能表现这个人，又力图解释这个人的行为，阐明其心理倾向。从这个意义上讲，个性仅表达人格的独特性，但人格还有整体性等特点。第二，个性是相对于共性而言的，世界上的万事万物都有个性，人自然也有个性。但人格只是对人而言的，对其他事物和动物显然不能用人格来描述。人格是由某些与其他人共同的或相似的特征以及完全不同的特征复杂地交织而成的，其中既有个人所独有的特征，也有与他人相似的或共同的特征。人格比个性具有更多的内涵和外延。因此，应当把这两个概念加以区分。

（二）人格的含义

从19世纪20年代以来，"人格"已成为西方学术界最引人注目的课题之一。我国从20世纪80年代初开始，也兴起了"人格"研究热。不同学科的专家、学者如心理学家、哲学家、社会学家、伦理学家、人类文化学家等，都对人格问题进行了广泛而深入的探讨，出版了大量讨论、论述人格问题的专著和研究报告，也相应地形成了众多观点各异、学派纷呈的人格理论或人格范型。

在各种理论或范型中，人格无疑是一个词义丰富、使用广泛的词汇。人们对它既有哲学上的定义，也有心理学的解释，还有法学、伦理学以及其他学科领域的阐述。仅从心理学的意义上看，人格就是一个十分复杂的问题。根据美国著名人格心理学家奥尔波特对人格的定义所做的统计，发现心理学家关于人格的定义有50多种。奥尔波特在对这些概念加以比较和归纳之后，提出了自己对人格的定义："人格是个体在心理、物理系统中的动力组织，这个动力组织决定人对环境顺应的独特性。"奥尔波特对人格的定义在某种程度上被当作现代心理学中习惯用法的综合。

在奥尔波特之后又有不少心理学家界定了人格的定义，具体如下：

①吴伟士："人格是个体行为的全部品质。"

②艾森克："人格是个体由遗传和环境所决定的实际的和潜在的行为模式的总和。"

③卡特尔："人格是一种倾向，可借以预测一个人在给定情境中的所作所为，它是与个体的外显和内隐行为联系在一起的。"

④林德采荷文:"人格是特征的一种组织,它存在自己而区别于他人。"

⑤拉扎鲁斯:"人格是基本和稳定的心理结构和过程,它们组织着人的经验并形成人的行为和对环境的反应。"

⑥米谢尔:"人格是个人心理特征的统一,这些特征决定人的外显行为和内隐行为,并使它们与别人的行为有稳定的差异。"

⑦陈仲庚:"人格是个体内在的在行为上的倾向性,它表现一个人在不断变化中的全体和综合,是具有动力一致性和连续性的持久的自我,是人在社会化过程中形成的给予人特色的身心组织。"

人格定义的不同反映了心理学家对人格研究的侧重点及他们所采用的研究方法的不同。人格定义的多样性反映了人格的内涵的丰富性。从历史的观点来看,心理学家对人格的众多探讨与盲人摸象颇为相似,见仁见智,莫衷一是。心理学家正是从各个不同的方位向人格这一领域靠拢,按照自己的一孔之见给人格下定义。因此,所有各家的见解对于我们认识人格都是有益的。虽然目前人格研究领域中仍然存在各种研究范型或研究取向,一时难以统一,但是各种观点走向融合的趋势也是存在的。心理学家毕竟不同于摸象的盲人,他们的眼睛是明亮的并力求以科学方法论作指导。所以上述这些有关人格的心理学定义也表现出一些共同之处:第一,人格是指个体所独具的各种特质或特点的综合体;第二,人格是与人的个体差异有关的概念;第三,人格是与人的行为模式有关的概念。

因此,从心理学意义的角度而言,我们可以认为,人格是指一个人在一生发展的漫长历程中,逐渐形成的表现为稳定的和持续的心理特点,以及行为方式的总和。这些心理特点主要包括以下几方面:气质、性格、能力、兴趣、爱好、需要、理想、信念等。其中,气质、性格是人格的重要组成部分。

(三)人格的基本特征

人格具有整体性、稳定性、独特性及社会性四个基本特性。

1. 整体性

人格的整体性是指人格虽有多种成分和特质,如气质、性格、能力、兴趣、爱好、需要、理想、信念等,但在真实的人身上它们并不是孤立存在的,而是密切联系,且综合成一个有机组织。人的行为不仅是某个特定部分运作的结果,而且是与其他部分紧密联系、协调一致进行活动的结果。正像汽车那样,它要顺利运行,各部分必须协调一致地朝着一定的目标前进,作为一个整体运作。

2. 稳定性

人格的稳定性表现为两个方面：一是人格的跨时间的持续性；二是人格的跨情境的一致性。这两个方面是密切联系的。

在人生的不同时期，人格持续性首先表现为"自我"的持久性。每个人的"自我"在世界上不会存在于其他地方，也不会变成其他东西。昨天的我是今天的我，也是明天的我。一个人可以失去一部分肉体，可以改变自己的职业，变穷或变富，但是他仍然是同一个人。这就是自我的持续性，持续的自我是人格稳定性的一个重要方面。

人格的稳定性还表现在人格特征跨情境的一致性。例如，一个外倾的学生不仅在学校里善于交际，喜欢交朋友，在校外活动中也喜欢交际，喜欢聚会。所谓人格特征是指一个人经常表现出来的稳定的心理和行为特征。那些暂时的、偶尔表现出来的行为则不属于人格特征。例如，一个外倾的人经常表现为善于交际、喜欢聚会和交谈，但他偶尔也会表现出安静，与他人保持一定距离。在这里善交际、喜欢聚会和交谈是他的人格特征，而安静、与他人保持一定距离则不是他的人格特征。

人格的稳定性并不排除其发展和变化。人格的稳定性并不意味着人格是一成不变的，而是指较为持久的再出现特征。

3. 独特性

人格的独特性是指人与人之间的心理和行为是不相同的。由于人格结构组合的多样性，使每个人的人格都有自己的特点。在日常生活中，我们随时随地都可以观察到每个人的行为异于他人的地方，每个人各有其能力、爱好、认知方式、情绪表现和价值观。

我们强调人格的独特性，但并不排除人们在心理和行为上的共同性。同一民族、同一阶级、同一群体的人们具有相似的人格特征，文化人类学家把同一种文化陶冶出的共同的人格特征称为群体人格。许多研究表明，由于受传统儒家文化的影响，不论是大陆的华人还是新加坡等地的华人都有很多相同的人格特征。

4. 社会性

人格的社会性是指社会化把人这样的动物变成社会的成员，人格是社会的人所特有的。所谓社会化是个人在与他人交往中掌握社会经验和行为规范、获得自我的过程。

社会化的内容就像人类社会本身那样复杂多样。因纽特人要学习应付北极严寒的生活方式；布须曼人要学习应付非洲沙漠酷暑的生活方式。社会化与个人所处的文化传统、社会制度、种族、民族、阶级地位、家庭有密切的关系。通过社会化，个人获得了从装饰习惯到价值观和自我观念等方面的人格特征。人格既是社会化的对象，也是社会化的结果。

（四）与人格相关的概念

在研究人格的概念时，常常有一些与人格概念相联系的词汇，如健康人格、健全人格、理想人格等。在此，我们对这几个相关概念进行分析。

1. 健康人格

健康人格是心理学尤其是人格心理学的重点研究内容。它是从人的心理状态、精神面貌的角度，探讨人对自身、周围生活环境的良好适应和有效改造。健康人格就是心理健康的完满状态。它是以较高的主、客观认知水准，乐观而稳定的情绪，符合社会取向的人生观、价值观为核心，具备良好的心理调适能力，充分发挥个体的内在潜能，在各种行为反应中以积极、适度的方式表达个体感受与行为的主观状态。因此，心理健康是人格健康的重要标志和主要内容，保持良好的心理状态是促进人格健康的重要途径和有效方法。

也有人认为，健康人格是指能保证实现人生所特有的高层次意向，体验人心期待的高层满足，保障生命意义的自我实现的生活方式，特别是心理状态。持这种观点的代表人物是美国心理学家马斯洛，他认为，健康人格更多的是个体的主观感受和内心体验，是人有效地维持个人要求与外界社会环境压力之间的关系，保证个体身心舒适，较好地发挥自身潜能，顺利达到期待目标的积极心态和进取精神。

2. 健全人格

健全人格则表现为人在社会生活的多方面所表现的作为人的较理想的状态。它不局限在人格心理学范畴，还体现在伦理道德、法律法纪以及世界观、人生观等多方面。它是个体人格与社会人格的有机统一，既表现个体在社会生活中的价值取向，又反映社会对个体的价值认定。因此，培养具有健全人格的公民是不同社会形态的国家所共同追求的目标，也是各国教育改革的基本内容。

我国绘画大师、教育家丰子恺先生认为，健全人格又称为"圆满的人格"，是真、善、美的和谐统一，即在情绪意志上感受到美，在思想认识上追求真，在行为目标上向往无限的善。日本哲学家西田几多郎在《善的研究》一书中提出，人们对真、善、美的追求应与内心的知、情、意相符合或一致，其统一的标志就是健全的人格。可见，健全人格不仅是人格的一种圆满状态，还是人们追求圆满人格的过程。正如爱因斯坦所说："照亮我的道路，并且不断地给我新的勇气去愉快地正视生活的理想,是善、美和真。"

3. 理想人格

在某种意义上说,健全人格可以近似地理解为理想人格,但它又不能等同于理想人格。因为现实生活中的每一位有血有肉的人都不可能完全符合"理想人格"的标准或模式,但具有健全人格的个体却在社会生活中实实在在地存在着。我们树立和倡导理想人格,意在使人们达到"虽不能至,一心向往之"的目的,起着鞭策、激励以及完善的作用。同样,我们进行健全人格的教育和培养,也具有这样的意义和目的,它能使每个追求健全人格的社会成员明晰做人的道理,向往高尚的人格。

二、人格理论

关于人格问题的研究,有许许多多的理论学派从不同的侧面进行了多维度的探讨,其中比较典型的是弗洛伊德的人格论、奥尔波特的人格论以及马斯洛的人格论。

(一)弗洛伊德的人格论

弗洛伊德是精神分析学派的创始人,因受到19世纪物理学和生物学思想的影响,认为人的行为也遵循能量守恒定律,人的心理也被一种能所激发,这种能来源于神经生理的兴奋状态,这种能就是以愿望和冲动为中心的"本能",而人格就是释放或转换这种本能的一个系统。

弗洛伊德认为人格的结构由三个部分组成,即"本我""自我"和"超我",这三者是在有意识、无意识活动的机制下,在心理发展的关系中形成的。

在弗洛伊德看来,"本我"是遗传下来的动物本能,是一种动力机制,其目标是毫不掩饰地满足生物要求,内部充满了非理性、反社会和破坏性的冲动。"本我"是人格的深层内涵。"自我"是"本我"的调节者,它处于"本我"的对立面,是检查和把关的门户。"自我"有部分意识参加,它的任务是使"自我"与外界社会更好地协调,并采取某种方式转移不能被社会所接受的本能冲动。"自我"是人格的表层。"超我"是充满清规戒律和类似于良心的人格层面,它是来自内心的道德理念。它在很大程度上依赖于父母的影响,是在儿童成长过程中逐步形成的。一旦"超我"建立,"自我"就可以按照"超我"提供的价值观和"本我"的要求进行调节,以采取合适的方式行事。

(二)奥尔波特的人格论

奥尔波特是一位美国心理学家,他有句名言:"同样的火候,使黄油融化,使鸡蛋变硬。"他认为,人格是个体内部那些决定个人对其环境独特顺应方式的身心系统的动力结构，他强调人格的个别特点，创立了人格特质论。

这种人格特质理论认为，人格以特质迎接外部世界，用特质来组织经验，构成一个人的完整系统，由此引发人的思想和行为。奥尔波特把特质分为两种：一种为个人特质，是在某个具体人身上的特质；另一种为共同特质，是群体都具有的特质。奥尔波特的特质论是指能够代表人生"生活综合"的测验单元，可分为三种类型，并且认为三者在人身上是交叉重叠的。第一种特质是枢纽特质，是一个人的一切行动都受其影响的特质，它渗透于个人全部活动的所有方面；第二种是核心特质，是一个人具有一般意义的倾向，其渗透性较差，但也有一定的概括性，是人格结构中的主要构成因素；第三种是次要特质，是不受人注目的，一致性和一般性都较少，其渗透性极小，与习惯和态度有关，情境性、突发性较强。

奥尔波特反对精神分析学的观点，认为人格从不是已经形成的东西，而是正在形成的东西，是一个不断变化着的动力组织。古希腊的一句名言"没有已成的，一切都在变成中"可以说明他对人格不确定性的解释。

（三）马斯洛的人格论

马斯洛是美国心理学家，是人本主义心理学的创始人。马斯洛认为，以往的心理学家都把目光投向人类消极、阴暗和病态的一面，他把这种心理学称为"残疾"心理学。而他的研究是基于人是一个有思维、有感情的统一体，研究的对象是一些有成就的人物，因而创立了研究人类积极本性和因素的健康人格心理学。

马斯洛对人格内部的分析重点是动机和需要理论，他主张人类有一些本能化的需要，同时也有一些高层次的需要，这些需要就是生理需要、安全需要、交往（归属和爱）需要、尊重需要及自我实现需要。他认为在人类的进化和作为一个主体的人的生活过程中，一种低级的需要满足后就会被更高的一种需要所代替，一直走向"自我实现"的需要。

"自我实现"的人是马斯洛推崇的具有理想人格的人，他详细描述了自我实现者的特征。他认为自我实现者是充分地利用和开发天资、能力、潜能的人，这样的人似乎竭尽所能使自己趋于完美。他的人格理论为我们了解一个正常人如何发现自己的潜能，使自己的人格日趋完美，提供了许多宝贵的意见。

三、气质

气质是人格的基础之一，是人格结构中比较稳定的、与遗传素质联系密切的成分。

(一) 气质的含义及特征

"气质"一词最早被2 000多年前古希腊医生希波克拉特所提出。他认为人体内有四种体液：血液、黏液、黄胆汁和黑胆汁。这四种体液在不同人身上的比例是不一样的，因此人们的行为方式也不同。气质由此分为四大类：在体液混合中，血液占优势的人叫多血质；黏液占优势的人叫黏液质；黄胆汁占优势的人叫胆汁质；黑胆汁占优势的人叫抑郁质。希波克拉特虽然提出了人的气质类型，但还不能科学地解释它们。

现代心理学理论认为，气质是个体不以活动的目的和内容为转移的典型的、稳定的心理活动的动力特征。它具有以下三方面的特征：

1. 气质是心理活动的动力特征

心理活动的动力特征表现为心理活动发生的速度、强度和指向性。心理活动的速度指知觉的速度、思维的敏捷程度、情绪发生的快慢等。心理活动的强度指情绪的强度、意志努力的程度等。心理活动的指向性是指心理活动指向外部现实还是指向自己的内心世界。

2. 气质是一种天赋的个性心理特征

气质受人的先天生物因素影响较大，具有明显的天赋性。例如，刚出生不久的婴儿就有心理活动和动作上的差异，有的爱笑，有的爱哭，而有的则比较安静。这些心理活动的动力特征受胎儿期发展起来的个体生物特征的制约，它是个体气质特征的初期表现。

3. 气质具有稳定性和可变性

气质的稳定性是指具有某种气质类型的人在不同内容的活动中都显示出同样性质的气质特征。气质与性格、能力等个性心理特征相比，更具有稳定性。但气质的稳定性并不是丝毫不可改变的，它在社会生活和教育条件的影响下可以改变，但这种改变是缓慢的。

(二) 气质的生理基础

有关气质的生理机制理论众说纷纭。具有典型意义的理论有体液说、血型说、颅相说以及内分泌说等。实践证明，巴甫洛夫关于高级神经活动类型学说对于探索气质的生理机制有重要的意义。

巴甫洛夫在研究动物的高级神经活动时，发现了神经活动的不同神经类型。

1. 神经过程的基本特性

大脑两半球皮质和皮质以下部分是高级神经活动的器官，是心理活动的物质基础，特别是大脑两半球皮质的活动，在生理机制中占有重要的地位。

皮质细胞活动有两个基本过程：兴奋和抑制。兴奋引起增强皮质细胞和相应器官的活动。抑制的作用是阻止皮质的兴奋和器官的活动。这两种神经过程有三个基本特性，即兴奋和抑制的强度、兴奋和抑制的平衡性、兴奋和抑制的灵活性。神经过程的强度表示细胞接受强烈刺激或持久工作的能力，这种能力有强弱之分；平衡性是指神经兴奋和抑制两种过程的相互关系，兴奋与抑制任何一方占有优势则为不平衡；灵活性则是指对刺激的反应速度和兴奋与抑制转化的速度而言，神经过程灵活性高，从兴奋过程到抑制过程就快，反之，则很慢。

2. 高级神经活动类型

巴甫洛夫根据神经过程的三个基本特征将其独特组合就形成了四种高级神经活动类型。

（1）强、平衡而灵活型

这是一种健康、坚强、充满活力的神经活动类型。巴甫洛夫认为这是一种最完美型，这种类型的人比其他类型的人能较好地与环境维持平衡。这种类型的人受刺激时活泼、灵敏，没有受刺激时则倾向于平和。他们很容易建立抑制性条件反射。在不良的环境中，这种类型的人也不易出现神经性疾病。

（2）强、平衡而不灵活型

这种类型与前一种类型的特点一样，能够良好地适应环境。这种类型的个体兴奋过程和抑制过程都很强，而且平衡，是一种坚韧而行动较迟缓的类型。由于神经过程不灵活，这种类型的个体较难适应快速变化的环境。这种类型的个体即使生活在不良的环境中，也很难出现神经性疾病。

（3）强而不平衡型

这种类型的个体兴奋过程强于抑制过程，是一种容易兴奋、不受约束的类型，所以也称为不可遏制型。在要求个体进行强的抑制的特定情境中，这种类型的个体倾向于抑郁和昏沉，或者产生难以遏制的行为或攻击性行为。

（4）弱型

这种类型的个体不易适应环境，较难对抑制性刺激做出反应。环境迅速的、经常性的变化会引起其行为失调。

（三）气质类型及其特性

气质类型是指表现为心理特性的神经系统基本特性的典型结合。根据目前心理学的研究，人的气质大致包括六种不同的特性。

1. 感受性

这是人对外界影响产生感觉的能力，是神经系统强度特性的表现。一个人感受性的大小可以根据他的感觉能力与刺激强度的关系来判断。例如，一个人对引起感觉所需要的刺激量小，则说明这个人的绝对感受性大。反之，他所需要的刺激量大，他的感受性就小。

2. 耐受性

这是人在经受外界事物的刺激作用时在时间和强度上的耐受程度，也是神经系统强度特性的表现。耐受性强的人对已形成的条件反射经受多次强化时，条件反射并不消退，且有所增加；耐受性差的人在多次强的刺激下则会出现条件反射的消退。

3. 敏捷性

敏捷性指一般的心理反应和心理过程进行的速度，诸如说话的速度、记忆的速度、思考问题的敏捷程度、注意转移的灵活程度、一般动作的灵活程度以及敏捷程度等，它主要是神经系统灵活性的表现。

4. 可塑性

这是人根据外界事物变化的情况而改变自己适应性行为的可塑性程度。凡是容易顺应环境、行动果断的人具有较大的可塑性，而在顺应环境时阻碍大、情绪上出现纷扰、行动迟缓、态度犹豫的人则具有更大的刻板性或惰性。它主要也是神经系统灵活性的表现。

5. 情绪兴奋性

这是神经系统特性在心理上表现出的重要特性，它既表现神经系统的强度特性，也表现平衡性。有的人情绪兴奋性很高，而情绪抑制力弱，这表明其神经有强而不平衡的特性。情绪兴奋性还包括情绪向外表现的强烈程度。

6. 外倾性与内倾性

外倾性是兴奋性强的表现，内倾性则是抑制过程占优势的反映。具有外倾性的人的心理活动、言语反应和动作反应倾向于外部表现，所谓"喜形于色"；具有内倾性的人的表现正好相反，善于思索与沉默寡言。

根据以上分析，我们对高级神经活动类型、气质类型和心理特性的归纳总结见表2。

表2 高级神经活动类型与气质类型及其心理特性

高级神经活动类型	气质类型	气质心理特性的组合	行为方式的典型表现
强而不平衡型 （不可抑制型）	胆汁质	感受性低，有一定耐受性，反应快而不灵活，情绪兴奋性高，抑制能力差，外倾性明显，行为有一定可塑性	直率、热情、精力旺盛，情绪易冲动，心境变换剧烈，脾气急躁

续表

高级神经活动类型	气质类型	气质心理特性的组合	行为方式的典型表现
强、平衡而灵活型（活泼型）	多血质	感受性低,有一定耐受性,反应快而不灵活,情绪兴奋性高,外部表露明显,行为可塑性大	活泼、好动、敏感,反应迅速,喜欢与人交往,注意易转移,兴趣易变化,缺乏持久力
强、平衡而不灵活型（安静型）	黏液质	感受性低,耐受性高,反应速度缓慢,具有稳定性,情绪兴奋性低,内倾性明显,行为有一定可塑性	安静、稳重,反应缓慢,沉默寡言,情绪不易外露,注意稳定难转移,善于忍耐
弱型（抑制型）	抑郁质	感受性高,耐受性低,反应速度慢,刻板而不灵活,情绪兴奋性高而体验深刻,内倾性特别明显,行为可塑性小	情绪体验深刻,行动迟缓,多愁善感,能觉察他人不易觉察的事物,富有幻想,胆小孤僻

四、性格

性格是人格结构中表现最明显、也是最重要的心理特征。

（一）性格的含义

在心理学界,对性格定义的理解各不相同,比较一致的看法是:性格是个体对现实比较稳固的态度以及与此相适应的习惯化的行为方式。它是神经活动类型与生活环境的"合金"。

性格是个人稳定的个性特征,并且在个体的行为中留下痕迹、打上烙印。性格不是指一时性的态度和偶然性的行为中的心理特点,而是指经常性的、比较稳定的态度和各种行为习惯中的心理特点。一个人在某次活动中表现出能够克服困难,但还不能说他坚强,只有在许多场合下都能够克服困难,才能说其具有坚强的性格。同样,一个人在某次劳动中表现出积极肯干,也不能说他具备了勤劳的性格,只有在各种劳动中都埋头苦干,才能说他勤劳。也就是说,一时的、情境性的、偶然的表现不能代表一个人的性格特征。只有一个人对客观现实持有比较稳固的态度以及与之相适应的经常性的行为方式,才具有性格的意义。

（二）性格的特征和分类

1. 性格的特征

性格是复杂的统一体。它有多个侧面,包含多种多样的性格特征,各种心理特征相互依存、相互联系、相互制约构成一个完整的组织系统,这些特征主要有以下四个组成部分:

（1）态度特征

如同情或冷漠、正直或虚伪、勤劳或懒惰等。这里面的态度对象多种多样,它包括个人的、集体的、社会的、思想的以及个人的内心世界等。

（2）意志特征

如目的性或盲目性、独立性或易受暗示性、果断或犹豫、坚韧或软弱等。

（3）情绪特征

如乐观或悲观、热情或低沉等。

（4）理智特征

如主动观察或被动观察、主动记忆或被动记忆、想象大胆或想象受限制等。

2. 性格的分类

性格的分类方法众多，可以从不同角度来反映一个人性格的一个侧面，具体有以下几种：

（1）理智型

理智型性格是指人的性格中理智特征特别鲜明，善于用理智控制情绪，使自己的行动具有明显的理智导向，自制力强，处事谨慎，但容易畏前缩后，缺少应有的冲动。如果理智被不健康的意识控制时，就可能表现为虚伪、自私、见风使舵等。

（2）情绪型

情绪型性格指情绪体验深刻，举止易受情绪左右。拥有这种性格的人待人热情，做事大胆，情绪反应敏感，但情绪容易起伏，有时甚至过于冲动，注意力不够稳定，兴趣易转移等。

（3）独立型

独立型的人意志较坚强，不仅善于独立发现问题、解决问题，而且勇于坚持自己的正确意见，独立自主，自强不息。

（4）顺从型

顺从型的人服从性好，易与人合作，随和、谦恭，但独立性差，依赖性强，易受暗示，在紧急情况下易惊慌失措。

（5）外向型

外向型的人心理活动倾向于外部，活泼开朗，善交际，感情易外露，关心外部事物，处世不拘小节，独立性强，易适应环境，但易轻信他人，自制力和坚持性不足，有时表现出粗心、不谨慎、情感多变等。

（6）内向型

内向型的人心理活动倾向于内部，情感较内敛、含蓄，处事谨慎，自制力较强，善于忍耐克制，富有想象，情绪体验深刻，但不善交际，应变能力较弱，反应缓慢，优柔寡断，显得有些沉郁、孤僻、拘谨、胆怯等。

(三)性格与气质的关系

巴甫洛夫对性格和气质的生理基础进行了探讨,并提出了自己的见解。他认为气质是以神经过程的特性以及由此组成的高级神经活动类型为生理基础的,性格的生理基础则是先天的神经类型特点与在生活经验影响下神经系统所建立的暂时神经联系的"合金"。所谓"合金",既指暂时神经联系受神经类型特征的制约,又指暂时神经联系能掩盖或改变神经类型的基本特征。因此,气质和性格的生理基础有密切的联系。首先,气质决定了性格特征的外部表现时间,即由于气质类型不同,在强或弱的内外刺激作用下,行为方式的产生和停止有快有慢、有难有易。如多血质的人和黏液质的人都有交往的动机,但前者主动,而后者往往较被动;多血质的人很容易和新朋友相识,但也容易疏远老朋友,而黏液质的人则相反。其次,气质的特征可以促进或阻碍性格的某一系统的发展。例如,一般情况下,胆汁质的人比抑郁质的人更容易形成勇敢、大胆的性格,而抑郁质的人比胆汁质的人更容易形成谨慎、耐心的特征。最后,性格相同但气质不同的人的外部表现有不同的色彩。例如,同具勤劳性格品质,但胆汁质者常常情绪饱满、迅速而利落地完成任务;多血质者往往兴高采烈、充满热情地工作;黏液质者可能不动声色、从容不迫地工作;而抑郁质者善于体察事物的细小变化,认真默默地工作。

相对而言,气质较多地受遗传因素影响,因而变化较难、较慢,而性格是后天形成的,受生活实践、经验的制约,虽然也具有相对稳定性,但与气质相比,它的变化更容易,也更快。日常生活中我们常说"生活的磨炼可以改变一个人",主要是指性格的改变。另外,气质无好坏之分,只有当气质的表现涉及人的社会关系时,才能评定这种品质是否可行,是否有价值,而对性格而言始终具有好坏的评价。相同气质的人可以形成不同的性格,不同气质的人又可以形成相同的性格。

第二节 常见的人格发展问题及调适

一、常见的人格发展问题

这里所说的人格缺陷是介于健康人格与病态人格(人格障碍)之间的一种人格状态,表现为人格发展的不良倾向。大学生中有相当一部分人存在不同程度的人格发展缺陷。

（一）自卑

自卑是对自己不满、鄙视、否定的情感。进入大学后，有些大学生发现"山外有山"，尤其是在学习、社交、文体方面显露出某些不足时就会陷入怀疑自己、否定自己之中，产生自卑心理。因此，自卑往往是自尊心受挫的结果，没有自尊心也就不会有自卑感，过强的自卑感往往又以过强的自尊心表现出来。有些大学生敏感脆弱，经不起批评，原因就在于此。

如何走出自卑的阴影？对大学生来说，首先要正确认识自己、悦纳自己，人有所长也有所短，不要为自己的所短而自卑。其次要进行自信心的磨炼，将目标定小一些，要切合实际，多累积成功的愉快体验。最后要确立合理的评价参照系和立足点，若以强者为标准可能会自卑，因此寻找适合自己的评价标准就显得很重要。俗话说"人比人，气死人"，理性的比较方式是多与自己做纵向比较而不是一味地与他人做横向比较，合理利用社会比较，建立自信，消除自卑。

（二）害羞

害羞在大学生中较常见，如不敢在公开场合发表意见，害怕与陌生人打交道，路上见到异性同学会手足无措，见到教师会难为情，说话感到紧张等。例如，小刘是大一学生，虽然是男生，个头高大，身材魁梧，但却很腼腆，不愿意跟人打交道，即使平时与熟人说话，也是满脸涨得通红，见到陌生人更是低头不语。上课总是闭口不言，教师提问时，他的声音小得几乎听不到。平时很少与同学交往，不喜欢参加学校活动，在同学们中间，他显得格格不入。当同学们畅聊时，他总是默默地看着大家，在班级中，他似乎是一个无足轻重的人。

害羞是一个人自我防御心理过强的结果，他们通常过于胆小被动，过于谨小慎微，过于关注自己，自信心不足。他们特别在意自己在别人心目中的形象，总觉得自己时时处在众目睽睽之下，于是敏感拘束，一件事总要左思右想，搞得神经紧张，坐立不安。

害羞之心人皆有之，但过分的害羞尤其当害羞成了一种习惯，则是有害的。它会导致压抑、孤独、焦虑等不良心理状态，还会阻碍人际交往，影响一个人才能的正常发挥。因此，应通过有意识的调节来改变。

（三）怯懦

怯懦主要表现为缺乏勇气和信心，害怕可能面临的困难和挫折，在挫折、困难面前常常知难而退，甚至不战而败。有些大学生过去一帆风顺，因而特别害怕失败。"只能成功，不能失败"的非理性信念是造成一些大学生怯懦的认知因素。

有些大学生由于胆小，不敢与人讲话，不敢出头露面，也不敢表明自己的态度，甚至不敢向教师提问题。有些大学生由于软弱而不敢冒风险，不敢担重任，不敢与坏人坏事做斗争，不敢坚持自己正确的观点。但越是这样回避矛盾、躲避失败，越容易体验到强烈的挫折感。在挑战与机遇并存的现代社会，怯懦者会失去很多成功的机会，并可能成为落伍者。积极迎接挑战、争取做生活的强者才是明智的选择。改变怯懦的办法是敢于抓住机遇，积极锻炼，不怕失败，不怕丢面子，不怕担子重，多鼓励自己，在生活的字典中去掉"不敢"二字。

（四）懒惰

大学生本应是充满朝气和活力、开拓进取的群体，但事实并不是如此。大学校园内曾经流行着这样的打油诗："人生本该HAPPY，何必整天STUDY，只要考试PASS，拿到文凭PASS。"这从一个侧面反映了他们拖拖拉拉、得过且过、做一天和尚撞一天钟、缺乏进取精神的懒惰心理。

懒惰是不少大学生为之感到苦恼又难以克服的一种人格发展缺陷，是意志活动无力的表现，懒惰是影响大学生积极进取、张扬青春活力的天敌，处于懒惰状态的大学生也常以此感到内疚、自责、后悔，但又心有余而力不足。这主要是因为他们往往想得多而做得少，缺乏毅力。要克服懒惰，首先要充分认识其危害性，自己对自己负责，振作精神，"起而行之"，从日常小事做起；其次努力做到不给自己找借口，多关心外部世界，多参加有益身心的社会活动。

（五）狭隘

受功利主义影响，大学生中的狭隘现象有增无减。凡事斤斤计较、耿耿于怀、好嫉妒、好挑剔、容不得人等，都是心胸狭隘的表现，即日常说的"气量小"。心胸狭隘往往影响人际关系，伤害他人感情，也常给自己带来烦闷、苦恼，影响自己的情绪和在他人心目中的形象，于人于己均无利。狭隘人格多见于内向者。

克服狭隘，一要胸怀宽广坦荡，一切向前看，正如歌德所说，"比海洋更广阔的是天空，比天空更广阔的心灵"；二要丰富自己，一个人的视野越开阔，就越不会陷入狭隘之中，即"站得高，看得远"；三要学会宽容，宽以待人。

（六）虚荣

虚荣心普遍存在于每一位大学生身上，这是正常的，但一旦过度虚荣，就会伤害到身心健康。虚荣心往往与自尊心、自卑感联系在一起,没有自尊心,就没有虚荣心,而没有自卑感,也就不必用虚荣心来表现自尊心,虚荣心是自尊心与自卑感的混合物。虚荣心强的大学生一般性格内向、情感脆弱、多愁善感,虽然自惭形秽,却又害怕别人伤害自己的尊严,过分介意别人的评论与批评,与人交往时总有一种防御心理,不允许被侵犯,且常会千方百计地抬高自己的形象。他们捍卫的往往是虚假的、脆弱的、不健康的自我,以致无暇来丰富、壮大真实的自我。

为防止或改变过强的虚荣心,首先,要对其危害性有清醒的认识,有勇气和决心改变自己;其次,应当努力认识自己,了解自己的长处与短处,扬长避短;再次,要树立自信和健康的荣誉心,正确表现自己,不卑不亢;最后,不被外界的议论所左右,正确对待个人得失。

二、常见人格发展问题的调适

(一)加强心理健康教育

许多大学生现实人格的偏差都与心理问题有关。高校应高度重视和切实加强学生的心理健康教育,建设一支以专职教师为骨干、专兼结合、专业互补、相对稳定、素质较高的大学生心理素质培养和咨询队伍。教师依据大学生的心理特点,有针对性地讲授心理健康知识,开展辅导或咨询活动,帮助大学生树立心理健康意识,优化心理素质,增强心理调适能力和社会生活的适应能力,预防和缓解心理问题;帮助他们解决环境适应、自我管理、学习成才、人际交往、交友恋爱、求职择业、人格发展和情绪调节等方面的困惑,以提高他们的心理健康水平,促进德智体美等全面发展。

(二)发挥环境的引导和规范作用

一是在大学生价值形成过程中,充分发挥环境的引导作用。正确的舆论导向、良好的社会风气是大学生正确价值观形成的导向和基础。在信息时代,大众传媒已成为影响当代大学生价值观的重要因素。因此,宣传、理论、新闻、文艺、出版等方面要坚持主旋律,为大学生价值观教育营造良好的社会舆论氛围,并为他们提供丰富的精神食粮;坚持正面宣传为主,大力宣传反映社会上先进典型人物的人生价值观和优秀大学生的先进事迹,使其在大学生价值观教育中发挥导向作用。二是重视环境的规范作用。将环境的引导和规范作用有机结合,不断完善法制建设,增强大学生的社会公德意识和法律意识。

(三)创建良好校园风气和育人环境

健康、高雅、积极向上的校园文化对大学生有着潜移默化的导向作用。

为营造良好的育人环境，高校自身要树立良好的形象，按章办事，制度面前人人平等；教师要以身作则，严谨治学，实事求是，保持良好的师德，做到教书育人，为人师表。高校应致力于建设积极健康的校园文化生活，利用丰富多彩的校园文化作为实施诚信教育的有效方式，加深学生对诚信这一道德规范的理解。高校应建立学生个人信用评估机制，全面考查学生在校期间的信用状况，详细、及时地记录、监察、纠偏、指导，以促进学生诚信习惯的养成，有助于培养大学生的诚信意识，并且带动整个社会信用理念的提升与诚信氛围的营造。

（四）克服个性障碍

大学生塑造健康的人格最关键的因素在于大学生自身。人格是稳定的，但在后天的努力下既能培养良好的人格品质，也可以改变不良的人格品质。因此，大学生可采取以下方法和途径克服个性障碍：

1. 认识自我

大学生应知道自己的长处与不足，进而有目的、有意识地扬长避短，不断完善自己的性格和气质，做自己的气质和性格的主人。从自知之明到自我完善的过程也是气质和性格自我悦纳的过程。一个人的缺点仿佛是他优点的继续。优点若表现过度或表现不当，就会成为缺点。

2. 丰富知识

学习科学文化知识、增长智慧的过程也是塑造和优化人格的过程。在现实中，不少人格缺陷甚至障碍都来源于知识的贫乏。无知容易使人粗俗、自卑，而丰富的知识则使人明智、自信、坚强、谦和、大度等。现代社会的重要特点就是知识量的大量扩增及知识更新速度的加快，这就要求大学生不断给自己充电，及时更新知识结构，既确保不落后于时代，又满足自己知识增长的目的。因此，合理利用时间、培养良好的学习习惯、灵活运用所学知识，是现代大学生必备的学习技能。

3. 树立正确的人生观

一个人有了正确的人生观、价值观和世界观，就能对社会和人生抱有正确的认识和看法。当遇到困难或挫折时，能够站得高、看得远，正确地分析事物，采取适当的态度和行为稳妥地处理事情。这样的大学生更容易形成心胸开阔、乐观开朗的人格品质，更有利于保持心理健康。

4. 培养良好的行为习惯

人格优化要从每一件眼前的事情做起。一个人的所行往往是其人格的外化，一个人日常言行的积淀成为习惯就是人格。小事不仅有塑造人格的丰富意义，而且无数良好的小事可"聚沙成塔"，最终形成优良的人格，诸如一个人的坚韧、细致，乃至开朗、热情、乐观都是长期锻炼的结果。

5. 建立良好的人际关系

我们知道人格发展的过程也是个人社会化的过程。人格在集体中形成，也在集体中展现。集体是个人展现人格的平台，也是认识自我的一面镜子。首先，大学生应该接近他人、关心他人，与他人建立和谐的人际关系，了解他人需求，解决他人的困难，体察他人的喜怒。通过关心他人，培养助人为乐的好品格。其次，真诚地与他人交流。真诚友好而有度地开放自己，与他人达到心灵的沟通，是建立良好人际关系的基础。

6. 培养创新精神和实践能力

具有创新精神和实践能力是对当代大学生的素质要求，也是大学生健康人格的重要组成部分。学习活动可以培养人格，但社会实践活动对大学生人格的塑造更具有直观的影响。

社会是一个大舞台，每个人都必须接受社会生活的锻炼，才能把握自己的角色，形成自己独特的人格。社会实践活动是大学生人格塑造的一个重要途径。实践证明，在大学期间参加社会实践活动的大学生多具有头脑灵活、思路开阔、独立性强、富于创造性、善于交往、自信、果断、讲效率等良好的人格特征。这些学生知识面广，社会经验丰富，毕业后大多能很快适应新的工作环境。

人格的健全是心理健康的根本标志。重视人格培养既是健康的需要，也是发展的需要；既是现实的需要，也是未来的需要。大学生要充分认识到健康人格对自身发展的重要性，既要充分发现自己的长处，又要寻找和承认自己的不足，勇敢地面对挑战，不断地发展自己，促使自身健康人格的完善。

第三节 塑造健康人格能力训练

常言说得好：性格决定命运。一个人的个性不仅影响他对事物的选择，也影响他与别人的相处和沟通，最终影响他的生活、他的发展、他的成功。一个人要想取得成功，首先必须在个性上独立自主而不依赖别人。因为一个人生活在世上，无论他的外部环境是优越的，还是困窘的，要成就一番事业最终要靠自己去努力、去奋斗。因此，本节心理训练就是让我们更好地了解自己的个性，了解他人的个性，在比较、交流中，塑造自己健全的人格。

一、训练设计

①个性发现;
②火光熊熊;
③临终遗命。

二、具体训练方法

(一)个性发现

【目的】认识他人,坦诚反馈,了解自我。

【时间】约 50 分钟。

【准备】每人一张"个性特征表",一张白纸,一支笔。

【操作】指导者给每人发一张"个性特征表",如表 3 所示,请大家仔细阅读,然后研究一下团队内其他成员每个人的个性,把你的认识记下来,对每个人可选择一种类型或选择多种特征。每人都写完后,指导者按顺序找出其中一人,请其他人谈对他个性的分析。最后由他本人发表对别人评价的感受及自我分析。自己与他人的分析也许非常一致,也许差异较大,深入探讨会有许多收获。

这个训练让每个学员去体验:自己与他人对自我的认识为什么会有这种差别,从中寻找自己过去没有发现的特点、潜力。

表 3 个性特征表

类型	长处	短处	适合职业
乐天型	热切、诚恳、乐观、抱希望、富有感情、优越感、努力	冲动、浮躁、不坚定、意志弱、易怒、易懊悔	讲解员、生意人、演员
暴躁型	意志坚定、坚强、敢冒险、独立、思维清晰、敏锐	急躁、激烈、不太会同情人、易谋私利、骄傲、自大、报复心重、不太会深思	将军、老板、政治家
忧郁型	思想深邃、透彻、能自制、诚实、可靠、有天分、有才华、理想主义、完美主义、忠心	抑郁、沉闷、忧愁、痛苦、多猜疑、情绪化、好自省、过分追求完美、易怒、悲观	艺术家、哲学家、教授
冷静型	平静、稳定、随遇而安、温和、自足、实事求是、善分析、有效率	冷淡、缺少感情、迟钝、懒惰、无动于衷、不易悔悟、自满	教师、科学家、作家

(二)火光熊熊

【目的】明确自己的价值观,理解他人的价值观。

【时间】30 ~ 45 分钟。

【准备】纸、笔。

【操作】指导者将团体分成 5 人左右的小组,然后告诉大家,现在你的宿舍(或家里)正被烈火吞噬,情况危急,时间只够你冲进火海取出三样东西,你会选择哪三样?先后顺序是怎样的?它们对你有什么价值?还有没有重要的物品不在抢救之列?为什么?然后给成员一定的时间让他们想一想,并写在纸上。最后在小组内交流,告诉其他人你选择的原因。

这个训练让每个学员去体验:当我们拥有时,可能不会去珍惜;而当我们失去时,才感受到它的价值所在,从而能更好地厘清自己的价值体系。

(三)临终遗命

【目的】对个人的人生价值观做具体的探索。

【时间】45~60 分钟。

【准备】纸、笔。

【操作】指导者告诉团体成员,由于种种原因,你面临着死亡,终期将至,时间只允许你再做最后十件事,你会做哪十件事,并排出先后次序;然后写下你的遗嘱(不宜过多,50 字内即可)。每个成员认真思索后写下决定和遗嘱,并向团体成员讲述自己的决定和遗嘱,并解释原因。谈一谈你在写的时候有什么感受,这感受对你今后的生活有什么影响?通过活动,可以帮助团体成员对自己的人生观和价值观进行整理,也可以通过与他人交流启发自己。

这个训练让每个学员去体验:有时我们发现不了我们周围平凡事物的美好,认识不到事情的重要性,一旦遇到危机时,才会感受到一切的美好,从而更珍惜自己的生活。

第五章　健康情绪教育与训练

中国人常说"人有七情六欲",这种说法在《礼记》中有记载,"何谓人情?喜怒哀惧爱恶欲七者,弗学而能"。早在2 000多年前《黄帝内经·素问》中也有"七情"的记载,不过包括的内容稍有不同,是指喜、怒、忧、恐、悲、惊、思,并应用阴阳五行学说阐述了各种情绪之间的相克关系,即"悲胜忧、恐胜喜、怒胜思、喜胜忧、思胜恐"等。本章主要从情绪概述、常见的情绪问题及调试和情绪调节能力训练三个方面进行了研究。

案例导入:李某,女,大一学生。还有一个星期就要会计从业资格证考试了,大家都在紧张地复习,宿舍里不到睡觉时间是不会有人的。有一天晚上,刻苦奋斗一天的同学们正在用开水泡脚,缓解一天的疲劳,李某突然"哇"的一声大哭起来。她的室友们都吓了一跳,以为出了什么大事,连忙围在李某的身边安慰她并询问情况。原来李某担心自己考试通不过,这几天吃不好睡不好,坐立不安,终于受不了哭了起来。而李某一向成绩很好,人又很聪明。室友们都相信她能通过考试。

分析:大学生的焦虑主要与入学适应、人际交往、学习考试、求职就业等密切相关。一是入学适应困难。刚进入大学校园,很多同学会感到起居条件、生活习惯、学习方式、人际交往都发生了巨大变化,从而产生焦虑情绪。二是学习或考试问题。由于担心考试失败或渴望得到好成绩,很多大学生会在考试前紧张,在考试中怯场。过度的焦虑并不能帮我们解决问题,相反,它会使我们的思考能力下降,容易把事情往坏处想。

第一节　情绪概述

一、情绪的含义及其表现

（一）情绪的含义

当我们面对外界事物时，我们会产生快乐、悲伤、愤怒、恐惧、厌恶等不同的主观体验，这些体验都称为情绪。情绪是人对客观事物是否符合个体需要所产生的态度体验，是人脑对客观事物与人的需要之间的反映。当客观事物或情境符合个体的需要时，个体就会产生积极的、肯定的情绪；否则会带来消极的、否定的情绪。如个体为自己在比赛中获奖而感到高兴，为失去亲人而感到痛苦。

（二）情绪的表现

情绪可以通过主观体验、生理唤醒、外在表情反映出来。

①主观体验是指人在不同情绪下的生理状态必然反映到人的知觉上，反映到人的意识中来，从而形成不同的内心感受和体验。如人在受到伤害时会感到痛苦，在与朋友久别重逢时会感到快乐，在遭受屈辱时会感到愤怒，在失去亲人时会感到悲伤。当面对同样的事物时，不同个体也会有不同的主观体验，因为情绪与人的主观需要紧密相连，带有明显的主观性和个体性。

②生理唤醒是情绪引起的生理反应，包括所有的身体变化，如在不同的情绪状态下，人的心律、血压、呼吸乃至人的内分泌系统、消化系统等都会发生相应的变化。例如，在愤怒时心跳加速、血压升高、呼吸急促，在恐惧时身体战栗、瞳孔放大等。这些变化都是受人的自主神经支配的，不由人的意识所控制。基于情绪会产生相应的生理反应，人们制作了测谎仪。测谎仪的原理就来自对情绪生理变化的测试。

③外在表情是情绪的外部表现，通常称为表情。它是情绪状态下身体各部位动作的量化形式。它主要包括三种表情：面部表情，即面部肌肉变化的模式，如恐惧时肌肉紧张、愉快时肌肉放松；姿态表情，即面部以外的身体部位动作，包括手势、身体姿势等；语调表情，即言语的声调、节奏和速度，如高兴时语调高昂、语速加快，痛苦时语调低沉、语速放慢等。

主观体验、生理唤醒和外在表情构成情绪的三要素，三者缺一不可。主观体验是情绪最主要的构成成分，它涉及个体的认知活动以及个体对认知结果所进行的评价；外在表情、生理反应则是由个体的认知活动和个体对认知结果的评价引起的。

二、情绪的分类

（一）基本情绪

基本情绪是与生俱来的，是不需要学习就有的情绪。一般把喜、怒、哀、惧列为基本情绪。

①喜悦是指一个人盼望和追求的目的达到后产生的情绪体验。由于需要得到满足、愿望得以实现，心里的急迫感和紧张感解除，喜悦随之而生。因为需要的满足程度不同，喜悦的程度也有差异，如满意、愉快、兴奋、狂喜。

②愤怒是指所追求的目的受到阻碍、愿望无法实现时产生的情绪体验。愤怒时紧张感增加，有时不能自我控制，甚至出现攻击行为。愤怒也有程度上的区别，依次为不满、生气、愠怒、大怒、暴怒。一般的愿望无法实现时，只会感到不快或生气；当遇到不合理的阻碍或恶意的破坏时，愤怒就会急剧爆发。产生这种情绪对人身心的伤害也是明显的，但丁说："容易发怒，是品格上最为显著的弱点。"

③悲哀是指心爱的事物失去时，或理想、愿望破灭时产生的情绪体验。一般把悲哀的程度分为遗憾、失望、难过、悲伤、悲痛。悲哀的程度取决于失去的事物对自己的重要性和价值。悲哀带来的情绪的释放会导致哭泣。悲哀并不总是消极的，它有时能够转化为前进的动力。

④恐惧是企图摆脱和逃避某种危险情景而又无力应付时产生的情绪体验。如人们遇到海啸、火山爆发、空难时所产生的情绪体验。恐惧的产生不仅与危险情景的存在有关，还与个人排除危险的能力和应付危险的手段有关。一个初次出海的人遇到惊涛骇浪或者鲨鱼袭击会感到恐惧，而一个经验丰富的水手对此可能已经司空见惯、泰然自若。婴儿身上的恐惧情绪表现较晚，这与他们对恐惧情景的认知较晚有关。

（二）复杂情绪

复杂情绪是由基本情绪派生出来的，如厌恶、羞耻、悔恨、嫉妒、敌意、焦虑、抑郁等。当然，人们对于基本情绪的看法也不尽相同。我国古代思想家荀子将情绪划分为好、恶、喜、怒、哀、乐六类。法国哲学家笛卡儿认为，人有惊奇、爱悦、憎恶、欲望、欢乐和悲哀六种原始情绪，其他情绪都是它们的组合或分支。

根据情绪发生的强度、速度、紧张度、持续性等指标，可将情绪分为心境、激情和应激。

①心境是一种微弱、持久而又具有弥漫性的情绪状态，通常又称心情。

如得意、忧伤等心境不是对某一事件的特定体验，而是以同样的态度对待所有事件，让所有事件都产生和当时心境同样的色调。

心境的持续时间可长可短，如抑郁、忧伤的情绪可持续数天、数月甚至数年，甚至一种情绪会成为一生的主导。影响心境持续时间长短的因素主要有两个方面：一是事件的重要程度，事件对个体的重要性越大，引起的心境就越持久，反之亦然；二是个体的个性特征，人的性格不同，事件对其心境的影响程度也不同。

心境都是由一定原因引起的，生活中的顺境和逆境、工作学习上的成功和失败、人际关系的亲与疏、个人健康的好与坏、自然气候的变化，都可能引起某种心境，但人们对引起心境的原因并不是都能意识到的。

心境对人的生活、工作、学习和健康有重要影响。积极良好的心境使人情绪高涨，促进潜能的发挥，还可以提高学习和工作的成效，并且有益于身心健康；消极不良的心境则会使人意志消沉、悲观绝望，无法正常工作和交往，甚至导致一些身心疾病。所以，保持一种积极健康、乐观向上的心境对每个人都有重要意义。

②激情是一种强烈而短暂的、爆发式的情绪状态，如欣喜若狂、悲痛欲绝、气急败坏等。激情往往由重大事件、突如其来的或激烈的意向冲突造成的强烈刺激引起。

激情有积极和消极之分。处于激情状态下，人的认识活动范围缩小，控制能力减弱，容易失去理智，对自己行为的后果不能做出正确的评价，可能做出不顾一切的鲁莽行为。激情与健康有关。激情有时还会引起强烈的生理变化，使人言语混乱、动作失调，甚至休克。但激情也有其积极的一面，它可以激发内在的能量，成为行为的巨大动力，提高工作效率并有所创造。如战士在战场上冲锋陷阵需要激情，画家在创作中挥毫泼墨需要激情，运动员在赛场上挑战极限需要激情，人们在工作、学习、生活中往往也需要激情。

③应激是在出现意外事件和遇到危险情境的情况下所出现的高度紧张的情绪状态。应激时会产生一系列的生理反应，如肌肉紧张、心率加快、呼吸变快、血压升高、血糖增高等。适当的应激使人处于警觉状态中，能促使机体释放能量，提高活动效能；而过度的应激或长期处于应激状态中，会过多地消耗身体的能量，以致引起疾病或导致死亡。

人在应激时，一般会出现两种状态：一种是沉着冷静、急中生智，全力以赴地排除危险、克服困难；另一种是惊慌失措、呆若木鸡，或者产生错误的行为，加剧事态的严重性。这两种截然不同的行为表现既与个人的能力和素质有关，也与平时的训练和经验积累有关。

三、情绪与情感

人的情绪总是与需要发生联系。需要可分为生理需要和社会需要两大类。人的生理需要是否得到满足而产生的体验形式称为情绪,人的社会需要是否得到满足而产生的体验形式称为情感。根据情感的性质和内容的不同,可分为道德感、理智感和美感三种。

就人类个体而言,情绪发展在先,情感体验发展在后。情绪是人类和动物共同具有的态度体验;情感发生较晚,是人类特有的,但新生儿和婴儿并未产生情感,情感是在社会生活与实践中发展起来的。情绪不稳定,会随着情境的改变以及需要满足情况的变化而发生相应的变化;情感具有较强的稳定性、深刻性和持久性,是个性心理品质中稳定的成分。情绪的表现具有外在性,情感的表现具有内在性。面部表情是情绪的主要表现形式,而情感多以内在感受、体验的形式存在。

情绪和情感又有紧密的联系。一方面,稳定的情感是在情绪的基础上形成的,同时又通过情绪反应得以表达。情绪是情感的形式和表现,如母亲对子女博大的爱要通过母亲急子女之所急、想子女之所想的情绪反应表现出来。另一方面,情绪的变化也常常反映情感的深刻程度。在情绪变化过程中,常常包含着情感,如失去亲人时悲痛欲绝的情绪包含着对亲人的深情厚爱。情感是情绪的内容和本质。

四、情绪的作用

情绪作为人反映客观世界的一种形式,对人的现实生活和精神生活具有重要作用。情绪的作用包括适应作用、动力作用、组织作用、信号作用和心理保护作用。

(一)适应作用

情绪能够使个体针对不同的刺激产生灵活自如的适应性反应,并调节或保持个体与环境的关系。如产生羞愧感时会使人遵守社会规范,不做违法乱纪的事;产生内疚感时会做出补偿性行为。

(二)动力作用

情绪好像发动机,可以源源不断地产生能量,驱动有机体从事活动,引导人们的行为。如适度的兴奋情绪可以使身心处于最佳的活动状态,进而推动人们有效完成工作;适度的紧张和焦虑情绪可以成为行为动力,使人积极思考、解决问题。

(三)组织作用

情绪对其他心理活动具有组织作用,积极的情绪对活动起着协调和促进作用;消极的情绪对活动起着瓦解和破坏作用。

情绪对记忆会产生影响,在愉快的情绪状态下,容易记住带有愉快色彩的材料。在某种情绪状态下记住的材料,在同样的情绪状态下也容易回忆起来。

情绪对人的行为有影响,当人处于积极的情绪状态时,容易注意美好的事物,态度变得和善、乐于助人、勇于承担责任,从而促进人际和谐;在消极的情绪状态下,人看问题容易悲观、懒于追求,更容易产生攻击性行为。

(四)信号作用

情绪的外部表现即表情,表情具有传递信息、沟通思想、表达愿望的功能,如对他人微笑表示友好、亲近。健康积极的情绪是维系正常人际关系的纽带,为个体的发展创造了和谐的环境,而冷漠、暴躁等消极情绪不仅妨碍友情的维系,而且会令自己处于被排斥的境地。

(五)心理保护作用

情绪好像心理上的保安系统,一旦周围的人和事对我们的身心构成威胁,这个系统就会发出相应的信号,促使人及时采取应对措施,以免受伤害。如遇到危险时,内心会产生恐惧感,迫使我们躲避、反抗;当受到羞辱时,先是郁闷,然后变为愤怒,提醒人寻求纾解。这个保安系统有时会失灵、过敏或麻木,所以我们需要保持对自己情绪的关注,不可放纵。

五、健康情绪的标准

情绪健康是心理健康的关键,它在很大程度上反映了心理健康水平。人们对情绪健康的标准见解很多,以下几点是共同的。

(一)反应适时、适度

对于一个健康的人,他的情绪反应随着时间、环境变化而变化。一般情况下,引起情绪反应的因素消失,情绪反应也就消失了。例如,同学恶作剧把自己心爱的东西弄坏了,当时不高兴是很自然的,事情过后渐渐就不生气了。如果因此长时间没完没了地生气,那就是心理不健康的表现。情绪健康的人是能控制自己情绪的,在适当的时间、场合,以社会允许的方式表达或发泄出来。例如,当一个人受到了误解或不公平的对待时,他会感到委屈、伤心、生气,他可以向亲人、知心朋友或领导私下表达或发泄这种不满的情绪,但如果不能控制自己的情绪,大庭广众发泄,又哭又闹,又打又骂,这是不健康的情绪表现。

（二）相对比较稳定

情绪健康的人的情绪相对比较稳定。如果情绪不稳定，时而喜、时而愁、时而怒，变幻莫测，则是情绪不健康的表现。

对于大学生来说，情绪健康表现为：开朗、豁达，遇事不斤斤计较；及时、准确、适当地表达自己的主观感受；情绪正常、稳定，能承受快乐与痛苦的考验；充满爱心、同情心，乐于助人；正确认识自己和他人，人际关系好；对前途充满信心，富有朝气，勇于进取，坚韧不拔；善于寻找快乐，创造快乐；能面对现实、承认现实、接受现实。

（三）积极情绪多于消极情绪

每个人都可能有不愉快的时候，情绪健康的人出现不愉快的情绪次数较少、时间较短、程度较轻，而且是有原因的。经常心情愉快反映了一个人的心理和生理活动和谐，并处于一种积极的健康状态。如果经常情绪低落、愁眉苦脸、烦恼郁闷、紧张不安、怒气冲冲，则是情绪不健康的表现。

（四）目的明确，表达方式恰当

一个人的喜、怒、哀、乐等情绪反应都应该由适当的原因引起，即可以由外界环境或身体内部的变化引起，所引起的情绪反应程度应该和原因是相称的，如愉快的情绪因高兴的事情引起，悲哀的情绪因不愉快或不幸的事件引起，愤怒的情绪因受到挫折或屈辱引起等。如果一个人常常无缘无故地兴高采烈，情绪低落、伤心流泪，紧张、恐惧、焦虑不安，独自发笑、怡然自得，一点儿小事就勃然大怒、暴跳如雷等，都属异常。相反，如果对有切身利害关系的问题无动于衷，或受到挫折反而高兴，受人尊敬反而愤等，也是情绪不健康的表现。

六、情商

（一）情商的含义

1990年，耶鲁大学的沙洛维教授和新罕什布尔大学的梅耶教授正式提出"情感智商"这一术语。1995年，美国哈佛大学戈尔曼教授系统、全面地阐述了情商的内容以及它对于一个人的发展所具有的重大意义。

情商是指个体对自己情绪的把握和控制、对他人情绪的揣摩和驾驭，以及对人生的乐观程度和面临挫折的承受能力。戈尔曼教授将情商分为五个方面：认识自己的情绪、管理自己的情绪、激励自我、认识他人的情绪、处理人际关系。他指出:"婚姻、家庭、家庭关系,尤其是职业生涯,凡此种种人生大事的成功与否,均取决于情商的高低。"

(二)情商与事业成功的关系

爱因斯坦曾经说过:"智力上的成就在很大程度上依赖于性格的伟大。这一点儿往往超出人们通常的认识。"

情商之所以能促进事业成功,在于情商高的人的影响力超过了一般智商高的人,他能把智商高的人集中在自己的麾下为我所用。最典型的人物就是汉高祖刘邦,他一介草根,最终成为汉朝的开国皇帝,他在庆功宴上总结了自己取胜的原因:"夫运筹帷幄之中,决胜于千里之外,吾不如子房(张良);镇国家,抚百姓,给饷馈,不绝粮道,吾不如萧何;连百万之众,战必胜,攻必取,吾不如韩信。三者皆人杰,吾能用之,此吾所以取天下者也。"

情商之所以能促进事业成功,还在于情商高的人更容易抓住机遇,将自己的思想付之于实践。

(三)情商与幸福生活的关系

古今中外,不乏事业成功而生活不幸的人。许多高智商的人由于接受了不恰当的早期教育,尽管取得了个人事业的辉煌,却因其病态的人格、缺少较高的情商而没有获得幸福的人生。如音乐神童莫扎特、哲学家尼采、文豪约翰·罗斯金、宗教改革者路德,甚至现代控制论的创始人维纳,几乎都有病态的人格,使他们的人生旅途荆棘丛生。虽然他们有成就,但是他们却没有与之相应的幸福人生。

总之,智商和情商对人生的成败有这样的搭配结果:智商高、情商高,春风得意;智商高、情商低,怀才不遇;智商低、情商高,贵人相助;智商低、情商低,一事无成。可见,情商在一定程度上可以弥补智商的不足,而智商永远无法弥补情商的不足。

第二节 常见的情绪问题及调适

一、常见的情绪问题

(一)焦虑

焦虑是一种内心紧张不安,预感到似乎将要发生某种不利情况而又难于应付的情绪。它往往包含紧张、不安、害怕、担忧、烦躁、压抑等情绪。一个人面临难以克服的障碍或目标受阻、自尊心和自信心受挫、失败感或内疚感增加时，容易体验到焦虑。焦虑作为一种情绪感受，一般通过身体特征体现出来，如肌肉紧张、坐立不安、忧心忡忡、茶饭不思等，严重的会伴有心跳加快、呼吸急促、心慌、多汗等症状。在这个紧张刺激不断增多、竞争不断增强的社会中，每个人都可能处于一定的焦虑状态。一般可以把焦虑分为两种：反应性焦虑与神经质焦虑。

①反应性焦虑是一种暂时波动的情绪状态，它由可以知觉到的外在危机引起，具有客观性、现实性，是每个人都会碰到的一种情绪体验。如面临一次重要的考试、犯了某种过失、亲人朋友得了重病、经济上受到困扰等，都会感到焦虑。这种焦虑不是病理性的，往往会随时间延长而自动消失。

②神经质焦虑则是因为长期焦虑体验的累积，无端产生一种失落感，心中忐忑不安，甚至莫名地恐惧，或是烦躁、坐立不安，总觉得有危险将要发生，却又不清楚具体的危险是什么，有时候会由于无缘由的紧张导致冒冷汗、咽干、失眠、胸闷、心悸、眩晕等。如果一个人长期陷入这样的情绪中，并且引起自主神经紊乱，这便是焦虑症（神经焦虑症）了。在现代社会中，很多因素都可以引起人们的焦虑情绪，情绪体验和身体表现可以不同，但都是焦虑。

大学生常见的焦虑有自我形象焦虑、学习焦虑、人际交往焦虑和情感焦虑。

①自我形象焦虑是担心自己不够漂亮或帅气，缺乏吸引力。

②学习焦虑的产生一方面是因为学习方式不适应，另一方面是为了提高就业竞争能力。大学考试门类繁多，外语等级考试、计算机等级考试、各种技能考试都让许多大学生感到紧张和担忧。

③人际交往焦虑是因为一部分大学生对大学里的师生关系、同学关系、异性之间的关系显得很不适应，缺乏自信和交往经验，自尊心过强，个体心灵闭锁，感到孤独、寂寞而导致的焦虑。

④情感焦虑多因恋爱受挫而引发自我否定，认为自己不具备爱人与被爱的能力，因而过度担心而引起的焦虑。

正常的焦虑在生活中是必要的、不可缺少的。有了对当前遭遇的担心、害怕、焦虑和不安后，才能引起人们足够的注意、提高警惕、增强觉醒的强度，在大脑皮层形成"警戒点"，这样就会有利于克服所遇到的挫折、困难和失败，使事情向好的方面转化与发展。反之，如果某人对什么事都不感到焦急和惧怕，即使亲人病危、工作中发生事故等，也无动于衷、不予置理，这种做法只会对事情的处理有害，也说明此人的心理不够正常。

正常人遇到各种焦虑不安的情况时，几乎都能很快地恢复正常状态，会很快排除困难、闯过难关，并能总结经验教训，避免下次重蹈覆辙。然而，对于某些人来说，情况却并非如此。他们由于接连不断地遭受不如意事件的冲击，在心理上就会招架不住、对付不了，使自己的身心陷入过度疲惫的状态。如果再发生意外事件，就很可能会使这些人的心理、行为失常，重则会引起精神性疾患。由此看来，人们学会在日常生活中避免、防止和克服、战胜内心的焦虑是非常必要的。

（二）抑郁

抑郁是一种持续时间较长的低落、消沉的情绪体验，常常与苦闷、不满、烦恼、困惑等多种情绪交织在一起。抑郁可以通俗地理解为个体长时间郁郁寡欢。抑郁是最常见的情绪障碍之一，据统计，全世界有4%～5%的人群在生命的某个时期可能出现抑郁，但大多数人只是偶尔的、暂时的出现，很快就会消失。而少数人则较长期处于抑郁状态，甚至导致抑郁症。抑郁也是大学生中普遍存在的情绪障碍之一，"郁闷"已成为大学生常挂在嘴边的流行语。出现情绪抑郁的大学生经常愁眉不展、唉声叹气；对什么事都提不起兴趣，体验不到快乐；精神不振，对前途悲观失望；思维迟缓，反应缓慢；不愿参加社交活动，故意回避熟人；对生活缺乏勇气和热情，甚至把自己封闭和孤立起来。

抑郁情绪状态还会伴随身体方面的症状，如常常感到乏力、疲惫、软弱、周身不舒服；睡眠不良，习惯的睡眠时间和方式被打乱；食欲不振，进食时缺乏正常的享受感，觉得吃饭是一件枯燥而无奈的事。比较严重的抑郁情绪会对正常的学习、工作和生活产生明显的影响，更为严重的还可能导致多种身心疾病，甚至出现自杀的念头或行为。

引起大学生抑郁的主要原因如下：

①学习成绩落后。有的大学生由于学习基础差，学非所爱，或学习期望太高、目标不合理，成绩一旦落后就压抑、郁闷。

②失恋。失恋是大学生经常遇到的问题，但并非失恋的大学生都会出现情绪问题。部分大学生失恋后会出现自我价值感丧失、自我评价降低，甚至有的大学生由此全面否定自己、自卑感增强，造成学习兴趣降低、人际交往退缩、压抑、孤独、郁闷。

③人际关系不和谐。大学生在中学阶段，往往只注重学习，对如何交友、如何处理人际的冲突与矛盾缺乏基本经验；又由于大学生大多来自独生子女家庭，以自我为中心意识较浓，不利于形成良好的人际关系。所以，人际关系不和谐也是造成大学生抑郁的一个重要原因。

④其他负面事件的影响。对于一些意外事件如突然失去亲人、钱财被洗劫一空、被别人误解等，如果处理不当，也可能造成大学生情绪抑郁。

⑤人格因素的影响。有的大学生属于抑郁气质，习惯从悲观的角度看问题，并夸大不利的方面，常常造成情绪低落、失望、内疚。

（三）恐惧

恐惧是对某一特定的物体、活动或情境产生持续的、难以克服的情绪，并伴随各种焦虑反应如担忧、紧张、不安、逃避行为。恐惧是一种具有病理性特点的情绪，即对常人一般不害怕的事物感到恐惧，或恐惧体验的强度和持续时间远远超出常人的反应范围。恐惧症状往往伴有强迫性，即自知这种恐惧没有必要且过分，却难以克服。

恐怖的主要表现为：社交恐惧、场所恐惧、动物恐惧和高空恐惧等。大学生的恐惧主要表现为社交恐惧，而又以与异性交往的情境恐惧为主，表现为遇到异性极度紧张、焦虑、说话语无伦次、手足无措，以至于产生尽量避免遇到异性的行为。

恐惧的原因比较复杂，一般认为与过去生活中的不良经历有关，或是通过条件反射作用而建立的一种不适应行为。

（四）愤怒

愤怒（发脾气）是客观事物与人的主观愿望相违背或因愿望受阻时，人们内心产生的一种激烈的情绪反应。愤怒是人的基本情绪之一，有程度轻重之分，从不满、气恼、气愤直到大怒、暴怒、狂怒等。愤怒对于处于青年时期的大学生来说是一种常见情绪，也是一种消极情绪。当人发怒时会出现心跳加快、心律失常、血压升高等，还会引起胃溃疡、心脏病、高血压等疾病，有的甚至会危及生命。同时，愤怒还会使人情绪急躁、言辞过激、自制力减弱，甚至思维受阻、行为冲动，不能意识到自己行为的意义和后果，易造成严重的社会危害。

愤怒还会影响到人际关系。人在愤怒的情绪支配下，往往不顾及别人的感受，并且可能严重地伤害别人的自尊心，损害自己在他人心中的形象，甚至因此失去一个好朋友，失去别人对自己的亲和与接纳。美国前总统克林顿曾说："在愤怒的状态下不要做决定，因为那经常是错的。"

不良的家庭环境和教育、个性修养方面的缺陷以及先天气质类型是一些大学生易怒的重要原因。有些大学生易怒是由于存在一些错误认知，认为发怒可以威胁他人，使人尊重自己；发怒是男子汉气概的体现；发怒可以维护自己的尊严和利益等。事实上，易怒者得到的不是尊严、威信，而是他人的厌恶、鄙薄与自己内心的不安。

愤怒也有一定的积极作用。它是人体内的一种自我保护机制，是人面对威胁时身体本能的一种情绪反应。适当的发怒是正常的，但太频繁的发怒和很少发怒都可能存在情绪问题。

（五）冷漠

冷漠是对人和事漠不关心的消极心理体验，是一种情绪反应强度不足的表现。

处于冷漠情绪状态的大学生，在行为上常常表现为对生活没有热情和兴趣；对学习漠然置之、无精打采；对周围的同学冷漠无情，甚至对他人的不幸无动于衷；对集体活动漠不关心、麻木不仁。日本心理学家松原达哉教授形容此情绪状态的学生是无欲望、无关心、无气力的"三无"学生。

冷漠产生的原因很多，可能是个体不堪承受挫折压力、攻击行为无效或无法实施，又看不到改变境遇的可能；也可能是长期反复遭受同一挫折却又无力改变；也可能是性格内向、心胸狭窄、思维方式片面，所归属的群体不和谐，或害怕承担社会责任等。

冷漠是一种对环境和现实的自我逃避和退缩性的心理反应，它本身虽然带有一定的心理防御性质，但是它会导致当事者萎靡不振、退缩躲避和自我封闭等，并严重影响一个人的身心健康。

二、常见情绪问题的自我调适

从操作层面看，不良情绪的自我调节方法有很多种，人们经常使用的有如下几种方法：

（一）宣泄法

过分压抑只会使情绪困扰加重，而适度宣泄则可以把不良情绪释放出来，从而使紧张情绪得以缓解。因此，调节不良情绪最简单的办法就是宣泄。宣泄一般在背地里、在知心朋友面前进行，采取的形式是用过激的言辞抨击、谩骂、抱怨恼怒的对象，或是尽情地向至亲好友倾诉自己认为的不平和委屈等，一旦发泄完毕，心情也就随之平静下来。人们也可以通过体育运动、劳动等方式来尽情发泄；或是到空旷的山林原野，拟定一个假目标大声叫骂，以发泄胸中的怨气。必须指出的是，在采取宣泄法来调节自己的不良情绪时，必须增强自制力，不要随便发泄不满或者不愉快的情绪，要采取正确的方式，选择适当的场合和对象，以免引起意想不到的后果。

（二）转移注意力法

注意力转移法就是把注意力从引起不良情绪反应的刺激情境转移到其他事物上去，或从事其他活动来进行自我调节。当出现情绪不佳的情况时，要把注意力转移到自己感兴趣的事情上去，如外出散步、看电影、看电视、读书、打球、下棋、找朋友聊天、换换环境等，以使情绪平静下来，在活动中寻找快乐。这种方法一方面，能中止不良刺激源的作用，防止不良情绪的泛化、蔓延；另一方面，通过参与新的活动，特别是自己感兴趣的活动，从而达到增进积极的情绪体验的目的。

（三）自我安慰法

当一个人遇到不幸或挫折时，为了避免精神上的痛苦或不安，可以寻找一种合乎内心需要的理由来说明或辩解。如为失败找一个合乎情理的理由，用以安慰自己；或寻找的理由强调自己所拥有的东西都是好的，以此冲淡内心的不安与痛苦。

这种方法对于帮助人们在大的挫折面前接受现实、保护自己、避免精神崩溃是很有益处的。例如，对于失恋者来说，一想到"失恋总比结婚后再离婚要好得多"，可减轻失恋带来的痛苦。因此，当人们遇到情绪问题时，可以用"胜败乃兵家常事""塞翁失马，焉知非福"等语句来自我安慰，这有助于摆脱烦恼、缓解矛盾冲突、消除焦虑、抑郁和失望，有助于保持情绪的安宁和稳定，达到自我激励、总结经验、吸取教训的目的。

（四）交往调节法

某些不良情绪常常是由人际关系矛盾和人际交往障碍引起的。因此，当我们遇到不顺心、不如意的事时，能主动地找亲朋好友谈心，往往比一个人独处冥想、自怨自艾要好得多。一方面，在情绪不稳定的时候，找人谈一谈，具有缓和、抚慰、稳定情绪的作用；另一方面，人际交往有助于交流思想、沟通情感、增强自己战胜不良情绪的信心和勇气，使自己能更理智地去调整不良情绪。

（五）情绪升华法

升华是改变不被社会所接受的动机、欲望而使之符合社会规范和时代要求，是对消极情绪的一种高水平宣泄，是将消极情感引导到对人、对己、对社会都有利的方向去。如一名同学因失恋而痛苦万分，但他没有因此而消沉，而是把注意力转移到学习中，立志做生活的强者，以证明自己的能力。

（六）理性情绪疗法

美国临床心理学家阿尔伯特·艾利斯在20世纪50年代创立了理性情绪

疗法（REBT），其核心是去掉非理性的、不合理的信念，建立正确的信念。

艾利斯的 REBT 理论认为，情绪并不是由某一诱发事件本身直接引起的，而是由经历这一事件的个体对这一事件的解释和评价引起的，这一理论也称为情绪困扰的 ABC 理论。其中，A 指诱发性事件；B 指个体遇到诱发性事件之后产生的相应信念，即他对这一事件的想法、解释和评价；C 指在特定的情景下个体的情绪及行为的结果。

当一名大学生因考试成绩平平（A）而焦虑甚至产生抑郁时（C），这是因为他有这样的信念（B），即大学生应当在各方面都优秀、出类拔萃，否则情况就非常糟糕。合理的解释是大学生未必各方面都优秀，做最好的自己是最重要的。人的思想、情感和行动三者都是同时发生的，即当人思考时，也在感受和行动；同样，当人在感受时，也在思考与行动。情绪问题正是不断地用非理性的话对自己言语、暗示或指示的结果。

（七）积极自我暗示法

自我暗示从心理学角度讲，就是个人通过语言、形象、想象等方式，对自身施加影响的心理过程。这个概念最初由法国医师库埃于 1920 年提出，他的名言是"我每天在各方面都变得越来越好"。自我暗示分消极自我暗示与积极自我暗示。其中，积极自我暗示会在不知不觉中对自己的意志、心理以及生理状态产生影响。积极的自我暗示令我们保持好的心情、乐观和自信，从而调动人的内在因素，发挥人的主观能动性。心理学上所讲的皮格马利翁效应也称期望效应，即积极的自我暗示。

与此同时，我们还可以利用语言的指导和暗示作用来调适和放松心理的紧张感，使不良情绪得到缓解。心理学的实验表明，当一个人静坐时，默默地说"勃然大怒""暴跳如雷""气死我了"等语句时心跳会加快，呼吸也会加快，仿佛真的发起怒来。相反，如果默念"喜笑颜开""兴高采烈""把人乐坏了"之类的语句，那么他的心里也会产生一种乐滋滋的感觉。由此可见，言语活动既能唤起人们愉快的体验，也能唤起不愉快的体验；既能引起某种情绪反应，也能抑制某种情绪反应。因此，当我们在生活中遇到情绪问题时，我们应当充分利用语言的作用，用内部语言或书面语言对自身进行暗示，以缓解不良情绪，保持心理平衡。例如，默想或用笔在纸上写出下列词语"冷静""三思而后行""制怒""镇定"等。实践证明，这种暗示对人的不良情绪和行为有奇妙的影响和调控作用，它既可以使人放松过分紧张的情绪，又可以激励自己。

在上述方法都失效的情况下，也不要灰心。在有条件的情况下，可以去找心理医生进行咨询、倾诉，在心理医生的指导、帮助下，克服不良情绪。

第三节　情绪调节能力训练

对自我情绪的表达与控制、对他人情绪的识别和了解，是情绪智力的重要组成部分，它在人际交往中发挥着不可低估的作用。因此，本节的心理训练就是让我们学习如何管理自己的情绪和提高自己的情商。

一、训练设计

①识别情感；
②情绪化解；
③聆听的艺术。

二、具体训练方法

（1）识别情感

【目的】提高情感识别能力和情感表达能力；懂得丰富的身体语言对于文字内涵表达的重要意义。

【时间】约40分钟。

【准备】相机一部，每人一面镜子，纸、笔，奖品。

【操作】首先，让学生表达某种情感，学生做出表情和动作后，指导者用相机拍下来；其次，指导者把某一句话说5遍，每遍语气都不一样，表达5种情感，让学生猜，猜对一种得1分；最后，让学生自己讲一句话，讲2次，表达2种意思，每成功一次得2分，对得分高的前三名给予奖励。

这个训练让每个学员去体验：不懂得辨别情绪的人就无法把握自己的情绪，更何况别人呢？

（2）情绪化解

【目的】通过对情绪的识别、体会，增强对情绪的控制力以及学习情绪的化解方法。

【时间】约40分钟（根据人数而定）。

【准备】6张脸谱卡片，分别为：快乐、生气、悲伤、失望、骄傲和害怕，也可以增加几种情绪表情，如愤怒、惊恐、无奈等。

【操作】学员在指导者指引下，抽一张卡片（6张中的一张），表演这个表情，并讲述一个自己看到家长、同学或好朋友有此表情时的故事，再说出自己当时的心情及自己认为可行的化解办法（快乐表情除外）。例如，看了一张代表"悲伤"的卡片，立刻垂下眼睛，耷拉着脑袋，抽动着鼻子，好像马上要哭了，这时候根据该卡片进行描述，如去年我姥姥去世了，我妈整天都不说话，饭也不吃。虽然我只见过姥姥两次，但看到妈妈这样，我心里也很难过。后来，我劝妈妈说别太伤心了，姥姥知道了也会不开心的，不如我们做99只千纸鹤给姥姥吧。妈妈后来就好多了，她称赞我长大了，懂得理解人、安慰人了，并夸我是她的好孩子。描述得越详细越好，比比谁的表达能力最好。每人的表演时间为3分钟。

这个训练让每个学员去体验：每个人都经历过情绪的变化，不过在很多时候，大家可能并没有留心观察或理解自己或他人的情绪变化，而一个受欢迎的人，他一定是一个能清楚地识别情绪，并会化解情绪的人。

（3）聆听的艺术

【目的】增强情感表达能力，使学生对聆听有更准确、更清晰的认识。

【时间】约30分钟。

【准备】问题卡片若干（每个同学自己准备4张，写上自己烦恼的问题），4张倾听技能卡片的内容如下：

①复述对方说过的话（"你刚才说的是……"）。

②更详细地询问对方说过的话（"你能不能告诉我一点儿关于……"）。

③对对方所说的表示感兴趣（运用姿势、语气、眼光接触等）。

④描述对方的感觉（"我觉得你似乎正对……生气呢"）。

【操作】将学员分成两人一组。玩游戏时，每个学员选择一个问题，谈3分钟；一个人说话时，另一个人要表现出上述4种技巧。每次"倾听"结束后，谈话者根据4种技能给倾听者打分，用上一项记1分；倾听者如果没有插话，另外加2分。然后双方交换角色再玩一次。8次"倾听"（每次谈一个问题）后，游戏结束，把两人得分相加，如果总分超过40分（最高分48分）就可以得到奖励。"倾听"案例如下：

A学员：最近我可烦了，老师又批评我，批评就算了，他还告诉我父母，然后我又被我爸爸妈妈骂了一通。

B学员：你刚才说你爸爸妈妈也骂你了？

A学员：是啊，其实我很不服气，这件事老师完全是误会我、冤枉我了。唉，真是没办法，倒霉极了。

B学员：你能告诉我，老师是怎么冤枉你的吗？

A学员：当时，我在学校打球，一不小心和我同桌的小王将球踢到窗户上，把玻璃给打碎了。其实是小王踢球打碎了玻璃窗的，但其他几个同学都说是我打碎的，老师就批评我了。

B学员：（点头表示理解）那你父母怎么说你的呢？

A学员：要我闭门思过，在我零用钱里扣了赔偿费，还责骂我，我吓坏了……

  B学员：看来你对这件事还很生气？

  A学员：那当然了，肯定生气呀。

  B学员：（点头）是啊……有时，大人也不分青红皂白，简单行事。

  A学员：是啊……

  这个训练让每个学员去体验：当我们听别人讲话时，心里的感受是怎样的？另外，也应该体验到，做一个会聆听的人远比做一个会讲话的人受欢迎。所以，聆听比讲话更受欢迎，聆听是一门自我控制的艺术。

第六章 人际交往教育与训练

从古至今,人类的历史就是一部人际关系史。最早研究人际关系的有柏拉图、亚里士多德、孔子等,都各自形成了自己的思想体系。如孔子的人际关系理论基础是"仁",以"爱人"为主体,以"博施济众"和"推己及人"为两翼,阐明人际关系的准则。孔子认为:"己欲立而立人,己欲达而达人。"即一个人要想自己立足,也要帮别人立足;要想自己事事通,也要帮助别人事事通。本章主要从人际交往概述、常见的人际交往问题及调适和人际交往能力训练三个方面进行了研究。

案例导入:孙某,女,大一新生,孙某几次找班主任要求退学。"她写得一手好文章,还弹得一手好钢琴。入校不久就因文笔出众,被校内文学团体破格吸收为会员。"孙某的班主任说,听说她要退学,大家都很吃惊。孙某退学的理由主要是觉得同学们瞧不起她,总在背后议论她,以至于她感觉大家都挺虚伪的,一回到寝室,她就感觉胸口发闷,甚至觉得活着没意思。当孙某讲到这一点儿时,就变得烦躁不安,最后竟然泪流满面。

分析:人对环境的适应主要是对人际关系的适应。有了良好的人际关系,人才有了支持力量,有了归属感和安全感,心情才会愉快。孙某在适应大学的人际关系中遇到了挫折,在人际交往中出现了人际关系敏感问题,对同学比较敏感和多疑,自己心里感到紧张和不安,进而觉得自己与周围的人格格不入,从而产生了心理压力,最终产生了退学的想法。

第一节 人际交往概述

在现代社会中,交往已经成为人们生活中不可缺少的组成部分。作为社会人,不分性别职业,不分文化层次,不分经济状况,不分地域环境,也不管意识到与否,都毫无例外地生活在一定的人际关系中,需要互相关心、互相爱护、互相支持,也需要互相理解、互相尊重、互相制约。因此,交往成为人们参加社会实践和日常生活最广泛、也最为必要的要求之一。

一、人际交往与人际关系

（一）人际交往

1. 人际交往的含义

人是不能离开社会而独立存在的。生活在一个社会群体之中的个体总会同社会广泛接触，同他人建立各种各样的联系，发生相互作用，产生人际交往。所以，所谓人际交往是指人们运用语言符号系统或非语言符号系统相互之间交流信息、沟通情感的过程。交往可分为工具性交往和满足需要交往两种。工具性交往的主要目的是交流思想、传递信息，将自己的知识、经验、意见等内容告知对方，以影响对方的知觉、思维和态度体系，进而改变其行为。满足需要的交往的目的是表达情感、解除内心的紧张感，求得对方的同情和理解。

人际交往主要有以下两个特点：

一是交往双方都是积极的主体。在交往过程中，每一个参与者都是积极活动着的主体，即使处于次要地位的一方，也不是被动地接收信息和机械地反馈，而是根据自己已有的知识经验，按照自己的要求、兴趣和态度理解对方，分析对方言语的目的和意图，并做出反馈。对方也根据反馈信息，及时调节自己的言行。因此，交往是双方相互作用的过程。

二是交往在一定程度上改变了双方的关系。交往并不单纯是信息交流的过程，更为重要的是，人们通过交往，能够达到影响对方的目的，使双方的态度和行为趋于一致以保持良好的人际关系。因此，交往是双方相互积极地施加影响的过程。

2. 人际交往的基本功能

人际交往最基本的功能是传递信息，这是由交往性质本身所决定的。通过交往、传递信息后，又会对人们的心理产生影响，因此，它还具有心理保健功能和协调功能。

（1）心理保健功能

人际交往对个人的心理健康有着极为重要的作用，交往是人类最基本的社会需要之一，同时也是人们同外界保持联系的重要途径。通过交往，保证了个人的安全感，增强了人与人之间的亲密感，而且人都有归属的需要，通过相互交往，可以诉说各人的喜怒哀乐，这样就增进了成员之间思想、情感的交流。事实表明，"交往的剥夺"同"感觉的剥夺"一样，对人的心理损害是极其严重的。

（2）协调功能

人们通过相互交往进行联系，并形成一定的社会关系。为了协调共同活动的需要，使社会成员有秩序地生活，避免各种矛盾和冲突，人们在交往中制定了一系列团体规范和社会行为准则。这些规范和准则必须通过交往把信息传达给每个成员，促使人们的行为保持协调一致。

3. 人际交往对人的影响

美国著名人际关系专家戴尔·卡耐基说："一个成功的企业家只有15%是靠他的专业知识，而85%要靠他的人际关系与领导能力。"因此，人际关系对我们每个人来说都是重要的。根据人际交往的基本功能，人际交往对大学生个体成长的影响，可以概括为以下几点：

（1）人际交往促进大学生的社会化进程

每个人的社会化进程都是在人际交往中进行的。人际交往是社会化的起点。随着人的成长，交往范围不断扩大，交往内容逐步深化，交往形式日趋多样。积极的人际交往有助于大学生获得更丰富的信息、保持与社会的联系、明确和承担相应的社会责任。

（2）人际交往促进大学生深化自我认识

人对自己的认识总是以他人为镜，需要通过与他人进行交流、比较，把自己的形象反射出来而加以认识。大学生在交往过程中，往往以同龄人作为参照系，从他人对自己的反应、态度和评价中发现自己的长处和短处，找到自己的社会位置，从而选择更为恰当的行为。

（3）人际交往是大学生个性发展与完善的条件

一个人的个性除了受先天遗传因素的影响外，更重要的是受后天环境的影响。如果长期生活在友好和睦的人际关系中，人的个性就会变得乐观、开朗、积极、主动。大学是人的个性定型的关键时期，积极的人际交往、和谐的人际关系有助于大学生培养良好的个性。

（4）人际交往是维持大学生身心健康的重要保证

人际交往的时间和空间越大，人的精神生活就越丰富，得到支持与帮助的机会就越多，越能保持心理平衡。特别是大学生，通过交往，获得友谊、支持、理解，得到内心的慰藉，提高大学生的自信和自尊，增强自我价值感和力量感，有助于降低挫折感，缓解内心的冲突与苦闷，宣泄愤怒、压抑与痛苦，减少孤独感、失落感。

（二）人际关系

1. 人际关系的含义

人际关系是指人们在交往过程中结成的心理关系或心理距离，它表现为个体所形成的对其他个体的某种心理倾向及其相应行为。任何一种人际关系都包含三个互相联系、互相促进的成分，即认知成分（相互认识、相互了解）、情感成分（积极或消极情绪、爱或恨、满意或不满意）和行为成分（交往行为）。其中，情感成分是人际关系的核心成分。人际关系的变化与发展取决于人际交往中双方社会需要的满意程度。如果双方在相互交往中都获得了各自的社会需要，相互之间就能发生并保持一种亲近、信赖、友好的关系。反之，双方的关系就会中止，或发生敌对关系。

人际关系是错综复杂的，按最基本的交际范围分类，人际关系可分为个体与个体、个体与群体、群体与个体三种最普通类型。按人际关系的性质又可分为两类：一是相容型人际关系，其中又可分为协调、友好、亲热等不同情况；二是不相容型人际关系，其中又可分为紧张、对立、仇视等不同情况。按社会学角度又可分为三类：一是血缘关系，如父母儿女等各种亲缘关系；二是地缘关系，如邻居关系、同乡关系等；三是业缘关系，如同学关系、师生关系、同事关系等。

2. 人际关系的形成

人与人之间的交往大致可以分为5个阶段。

（1）彼此陌生，互不相识

两个人彼此没有意识到对方存在的时候，双方交往处于零接触状态，此时双方是完全无关的，没有任何个人意义的情感联系。

（2）开始注意

如果一方开始注意到对方，或彼此都关注到了对方，则人与人之间的相互注意就已开始，不过此时没有相互的情感交往。

（3）表面接触

从交往双方开始直接谈话的那一时刻起，彼此就产生了直接接触。在表面接触时，作为他们彼此间媒介物的可能是学校的课业，可能是商业上的交易，也可能是职务上的应对。总之，即使当时单方（或双方）心存情意，但在此阶段的接触，也只是极表面的人际关系。但在这一阶段所获得的第一印象在人际关系的发展上甚为重要。如单方（或双方）对对方的第一印象不深，则他们之间的人际关系可能会到此为止。很多人认识多年，但彼此交往泛泛，就是因为他们间的关系只停留在第三阶段。一个人在日常生活中，与很多人维持着此种关系。

（4）双方交感互动，开始了友谊关系

在此阶段，随着双方沟通的深入和扩展，双方在心理上有一个重要的改变，开始将对方视为知己，愿意与对方分享信息、意见和感情。此种对人开放自我的心理历程称为自我表露。

人际关系发展到彼此都能自我表露的程度时，就到了友谊形成的阶段。一个人在日常生活中，能使自我表露的对象并不太多。因此，同学虽然很多，但知己的朋友却不多。一般情况下，心理学家按情感的相对程度，将人际关系分为少量交往、中等交往和大量交往。对于少量交往的人际关系，交往双方所发现的共同的心理领域较小，双方的心理世界只有小部分重合，也仅仅在这一范围内，双方的情感是融合的。对于中等交往的人际关系，交往双方已发现较大的共同的心理领域，同样双方的内心世界也有较大的重合，彼此的情感融合范围也相应较大。第四阶段主要表现为少量交往和中等交往。

（5）亲密关系

在大量交往的情况下，双方已发现的共同的心理领域大于相异的心理领域，彼此的心理世界高度（但不是完全）重合，情感融合的范围也覆盖了大多数的生活内容。不过，在通常情况下，人们只有同极少数人能够达到这种人际关系的深度，有些人则从来没有与任何人能达到这种深厚的关联，还有一些人与别人的交往都只是处于比较肤浅的水平。人与人之间的友谊发展至此，无疑是达到了"你中有我，我中有你"的地步。如双方属相同的性别，就成为莫逆或至交；如双方系异性，那就发展为爱情。

人际交往和人际关系是两个既有联系，又有区别的概念。人际关系是在人际交往的基础上形成和发展的，是人际交往多次反复并凝结为一定模式的结果。人际关系的性质、亲密程度既在交往中表现出来，又影响着交往的内容和交往的频率。人际交往和人际关系各有侧重点和特定的内容。人际交往着重反映社会群体中人与人之间相互联系的过程和形式，而人际关系则侧重反映交往后建立的各种心理状态和行为特征。因此，人际交往是一个人形成一定人际关系的前提，没有交往就不可能建立人际关系。交往使人们彼此传达思想、交换意见、表达情感和需要。人际交往多次反复，形成一种模式，就构成相对稳定的关系。

二、人际关系理论

在思考和探索人际交往规律的过程中，很多哲学家、社会学家、心理学家都提出了有关人际关系的理论。下面介绍两种具有代表性的人际关系理论。

（一）马斯洛——交往需要理论

马斯洛在他的需要层次论中，提出了交往需要论。马斯洛的交往需要论阐述了交往需要在人的所有基本需要中的地位和作用，从宏观上说明了人际关系中的心理要素。

1. 人的需要层次

马斯洛认为，人的需要是多方面的，但是它们不是混乱的，是有规律可循的。他把人的基本需要归纳为5大类，即生理需要、安全需要、社交需要、尊重需要、自我实现需要，并且认为这5类需要有从低级到高级的层次之分。

马斯洛认为，如果一个人的生理需要和安全需要获得了相对满足，就会产生一种社交需要，又称为爱与归属的需要。在现实生活中，每个人都希望得到友谊、爱情、配偶和孩子，还希望被团体所接纳，有良好的人际关系。人们渴望有所归属，成为群体的一员，这就是人的归属需要。反之，如果一个人被别人抛弃或被拒绝于团体之外，便会产生一种孤独感。所以，社交需要是人类生存和发展的基本需要。

2. 人的社交需要

马斯洛从心理学角度分析和研究了人的需要的相对强度和人的心理发展之间的关系。

（1）交往是人的基本需要

人的需要是纷繁复杂的，但在这些众多的需要中有的是根本性需要，有的是非根本性需要。一般来说，根本性需要引导着人们行动的方向，是人们行动的主要动力、基础，也是人类生存和发展的基本需要。在马斯洛看来，交往就是人们的基本需要之一。人是群体动物，人有归属感，渴望成为群体的一员，渴望与他人交往。人又是有感情、有理性的高级动物，人们的基本需要不仅包括物质需要，而且包括精神生活需要，人们希望和其他人保持友谊，希望寻找到信任和友爱。否则，人们在交往中受到压抑，其交往需要得不到满足，就会在生理和心理上造成极大的伤害，甚至造成非正常死亡。例如，很多年轻人因失恋而自杀，因不能与他人交往而心理变态，因与外界隔绝而感到孤独和恐惧等。

（2）社交需要的重要地位

人的需要有从低级到高级的层次，但每一层次的需要都有其特定的地位和作用。在马斯洛的5个层次的需要中，社交需要处于中间层次，起着中介作用。社交需要是生理需要和安全需要发展和满足后产生的结果；社交需要的发展和满足又是尊重需要和自我实现的前提。因此，社交需要直接或间接地渗透在生理需要、安全需要、尊重需要、自我实现需要之中，它把这些需要有机地联系起来，形成了一个有层次的需要整体。它又进一步使各种需要相互作用、相互转化。在现实生活中，人们的生理需要和安全需要正是以社交需要的相对满足为中介，进而发展和转化为尊重需要和自我实现需要。

（二）米德——象征性符号互动理论

米德是形象社会学理论的鼻祖，也是形象互动论的代表人物。形象是形象互动论（象征性符号互动理论）的中心概念。形象包括语言、手势、文字以及符号等。

形象互动论主要研究人与人的互动（交往），以此来揭示人际关系。人际关系既需要从人际交往的社会和心理根源上进行宏观研究，也需要从人际交往的具体过程中进行微观揭示。

1. 人际交往是形象的互动

米德认为，社会是由一群互动中的个人所组成的，同时个人的一切活动也与社会分不开，必然带有社会意义。人们生活在社会情境中，每个人的每一个动作或行为都有特定的意义，并且在不同的情境中行为具有不同的意义。他认为，在人际交往中，行为本身在交往中不重要，重要的是行为的意义。人们的交往是在对交往行为的意义的理解和分析基础上进行的互动。而行为的意义本身具有象征性、符号性，即通过形象来反映的。所以米德把这种在对行为的意义的解释、分析和反应基础上的人际交往理论称为象征性符号互动理论。例如，当某个人突然拍另一个人肩膀，通常他会首先想这个人是谁，想到拍肩膀是好意还是恶意，是友还是敌，然后才会做出反应。这一过程就是形象互动论所谓的解释、分析、反应现象。

正因为人际交往是一个对对方行为进行解释、分析、反应的过程，而交往本身又是双向的，即双方的互动，所以米德认为人际交往过程中需要两个基本要素：①要对自己的行为进行定义，即把自己准备做出的行为的意义传达给别人；②要有个解释过程，即理解别人行为的意义。所以，人与人之间的互动就是充满着解释和定义的过程，即解释—定义—解释—定义……

2. 交往中的"自我"

在米德的互动理论中，另一项重要内容是交往中的"自我"和"自我互动"。米德认为，人们在交往过程中不仅存在着与他人的互动，而且还存在着"自我互动"。他把"自我"分为：主体我和客体我。主体我就是自己先对自己下定义，又称"主观的我"。客体我就是受他人影响或他人理解的我，又称"社会的我"。每个人要了解客体我就要扮演别人，考虑别人对我的理解。所以，主体我与客体我的统一就是一个人既扮演自己又扮演别人。人们通常在扮演了自己和扮演了别人之后，进行自我互动。

米德认为，在"自我"形成的过程中起决定性作用的是交往，即自我是社会的产品。人们对自己的看法实际上是他人对自己的看法。如果没有他人的看法，我们根本无法知道自己是怎样的一个人。如某个人常觉得自己很笨，这是因为他周围的人都说他笨。一个小孩怎么知道自己的名字呢？只是因为别人都这样称呼他，他从别人对自己的称呼中知道了自己的名字。自我概念的产生就是通过这一过程而实现的。自我是在团体行为中形成的，正因为如此，米德进一步认为，个人经由自我也可以了解他人、团体和社会。

三、人际交往的心理效应

在人际交往中，对交往对象的认知、态度、情感等会直接影响交往能否进行以及进行的程度。社会心理学的研究发现，人际交往中的习惯性错误是经常存在的。

（一）晕轮效应

晕轮效应又称月晕效应或光环效应，是指人们常从对方所具有的某个或某些特征而泛化到其他一系列尚不知道的特征。在人际交往中（尤其是最初），人们往往会利用最少量的情况对别人做广泛的结论。

大学生在与异性交往中，外貌晕轮效应较为常见。研究指出，男女大学生对外表吸引人的人比对外表不吸引人的人赋予更多理想的人格特征，诸如和蔼、沉着和好交际等，他们还常常为那些长相比较动人的人设计更美好的未来，如找个好工作或建立美满的家庭。以外表作为交往的基础会有一些不利的后果，如交往面狭窄、深交后失望等。

晕轮效应容易产生以偏概全的结果，这在人际交往中是较常见的。

（二）首因效应

首因效应又称优先效应或第一印象，是指人的知觉对初次所形成的印象往往深刻牢固，并对以后的人际知觉起指导性作用。其实第一印象最容易受晕轮效应影响，因而并不一定是客观的。

晕轮效应和首应效应之所以产生是因为人对他人和事物的认识是一个以知觉为主体的认知过程。第一印象赖以产生的信息是有限的，但是人的知觉具有综合性的趋势，人会把这些不完全的信息贯穿起来，用思维填补空缺，从而把对象认知为一个统一的整体，进而产生一定程度的整体印象。由于这个印象是在对某个人原先没有接触，因而也无所谓认知的基础上获得的，所以在大脑中嵌入的程度比较深。关于这个人的后来信息都是在有了这个印象以后输入的，于是就不可避免地要受到这个印象的"干扰"，如符合的，很容易强化；不符合的，就会发生冲突。尽管后来的信息仍可能在头脑中留下烙印，但它的程度显然要打折扣。另外，人的认知过程具有"非矛盾化"倾向，即后来的感觉如果与先前的感觉不一样，人会本能地加以拒绝，以免引起内心矛盾、冲突。除非后来的感觉足够强，才会突破原先印象的定势，从而产生新的印象。因而，晕轮效应和首因效应是正常的心理偏差，难免有一定的片面性，重要的是要认识到这种偏差，努力减少其消极影响。

（三）近因效应

近因效应指最近的信息对人的认知具有强烈的影响，最后留下的印象比较深刻，这就是心理学上所谓的后摄作用。

首因效应与近因效应看起来似乎有些矛盾，其实是一个问题的两个方面，两者都发挥着各自的作用。一般来说，人际交往中第一印象和最近印象对人的影响都是比较重要的，所以要有好的开头也要有好的结尾，虎头蛇尾的形象常会令人失望。比较而言，在对陌生人的认识中，首因效应较明显；而对熟人或分别很久的人的认知中，近因效应更明显。

（四）刻板印象

有些人习惯于机械地将交往对象归于某一类人，不管他是否表现出该类人的特征，都认为他是该类人的代表，而总是把对该类人的评价强加于他，从而影响正确认知，尤其是当这类评价带有偏见时，就可能损害人际交往。比如，有的大学生认为老年人必保守、死板；男大学生认为女生娇气、傲气等。这种刻板印象容易形成"先入为主"的定势作用，从而妨碍人际关系的正常进行。

（五）投射作用

人际关系中的投射作用指与人交往时把自己所具有的某些不讨人喜欢、不被人接受的性格、态度、观念或欲望转移到别人身上，认为别人也是如此，以掩盖自己不受人欢迎的特征。如那些爱议论他人的人也总认为别人时常在背后议论他；惯于讲假话的人常常不相信别人的话。由于投射作用的影响，在人际交往中很容易产生误解而伤害他人。

人际交往中的这类心理现象常常是许多人在不知不觉中产生的，而且多有心理学上的道理，但它们会对人际交往带来不同程度的影响。因此，只有因势利导，扬长避短，方可使人际交往变得更令人满意。需要指出的是，严重的、经常的人际知觉障碍是心理发展的障碍。

四、影响人际交往的因素

心理学家发现，影响人际交往的因素很复杂。在这里主要介绍影响人际交往的吸引因素、心理因素和社会环境因素。

（一）影响人际交往的吸引因素

人际吸引是人与人之间建立感情关系的基础。一个人如果毫无吸引别人之处，就不能引起别人的注意；如果两人之间不能彼此吸引，也无法建立亲密的人际关系。因此，人际吸引的程度反映了交往双方心理距离的远近，是人际关系状况的一个标志。一般来说，人际吸引力大小的影响因素有以下几方面：

1. 外表因素

通常情况下，英俊、漂亮的外表，富有魅力的身材，往往更容易讨人喜欢（尤其是对异性），这构成了人际交往的第一印象，并在很大的程度上影响交往的兴趣。但是，心理学的某些实验证明，人们在择友时，常觉得外貌与自己相差不太大的人对自己有较大的吸引力，这也许是普通人的自知之明。另外，在选择终身伴侣时比选择约会朋友时，对外貌的要求明显降低，这时更重视的是个性品质等内在的特征。

2. 互补因素

互补性也是影响人际关系的重要因素之一。所谓互补，是指人的个性表面的差异，由内在的共同观点或看法来弥补。如果相似性是客观因素，那么互补性可视为主观因素。互补实际上是一种主观的需要或动机，有时两个性格很不相同的人也相处得很好，并成为好朋友，这就是由于双方都知道自己的长处和短处，都想利用对方的长处来弥补自己的短处，这是一种心理上的需要，基于这种需要，双方可以和睦相处。因而，在人际交往中，当双方的需要和期望正好互补时，往往会产生强烈的吸引力。当一个人的需要可以满足另一个人的需要时，两人就趋于互相喜欢。一个支配型和一个服从型的人有着互补的人格，这是因为一个人的需要（要支配）满足了另外一个人的需要（接受支配）或者相反。因此，他们能形成一种巩固的关系，并能互相喜欢。

但互补并不必然导致需要上的互相补充和满足，即互补的范围是有选择的。一个办事风风火火、果断利落的人，如果不欣赏办事小心谨慎、三思而后行的人，那么尽管后者能成为前者个性的一种补充，但仍形不成有助于人际交往的互补因素。

3. 相似性因素

俗话说"物以类聚，人以群分"，对某种事物或事件具有相同或相似的态度，具有共同的理想、信念和价值观，感情上就容易产生共鸣，形成密切的人际关系。相似性主要表现在三方面：一是兴趣、爱好的相似。相似者共同话题多，谈话较投机，彼此有交往兴趣。二是地位、经历的相似。相似者心理上容易接近，共同语言也多，容易产生亲近感。三是态度、观点的相似。心理学家纽科姆曾在1961年用实验法研究过这个问题。他向自愿参加研究的大学新生提供免费住宿16周。在住进宿舍前，研究者先给这些彼此不认识的被试者实施态度、价值观和个性特征等方面的测验，将态度、价值观和个性特征相似或不相似的大学生安排在一间房子里住。然后，定期测验他们对一些事情的态度、看法，以及他们对室友的评定。住宿初期，空间距离是决定彼此交往较多的因素；但到了后期，彼此间态度、价值观和个性特征的相似性超过了空间距离的重要性而成为人际关系的基础。在研究的最后阶段，让这些大学生自由选择室友时，相同意见和态度者喜欢住同一个房间。态度相似性之所以能影响人际关系，可能是由于彼此观点一致、争辩机会较少、人与人之间互相支持，从而使友谊得到发展。

4. 空间与时间因素

空间因素是指交往双方的距离远近，时间因素是指交往的机会、频率。俗话说"近水楼台先得月""远亲不如近邻"。这说明时空是形成密切的人际关系的一个重要条件。空间距离近，交往机会就多，易建立并保持良好的关系。

美国心理学家费斯汀格等人曾以麻省理工学院已婚学生眷属宿舍的居民为对象，研究他们之间的邻居友谊与空间远近的关系。结果发现，从互不相识到入住一段时间后结交为新朋友，几乎离不开4个接近性特征：一是邻居，二是同楼层的人，三是信箱靠近的人，四是走同一个楼道的人。由此看来，经常见面是友谊形成的一个重要因素。在大学里常见的情况是，同住一个寝室、同在一个学习小组、同属某个活动团体、同乡等经常接触，交往频繁，容易具有共同的经验、共同的话题，从而也容易建立起较密切的人际关系。

当然，人与人在空间上彼此接近，未必一定彼此吸引，甚至可能接近久了彼此生厌。因此，时空接近性仅是密切人际关系的一个必要条件，不能视为充分条件。

（二）影响人际交往的心理因素

影响人际交往的心理因素主要指认知因素、情绪因素和人格因素。

1. 认知因素

交往过程中的认知因素包括对自己的认知、对他人的认知和对交往的认知。过高评价自己会导致自大，在交往中盛气凌人，或不屑交往；过低评价自己会引起自卑，羞于与他人相处，导致交往中的畏惧心态。自我评价又会直接影响对他人的评价。以自我为中心的人常常对他人评价偏低，而自卑心过重的人又会错误地过高评价他人，从而造成难以平等交往的局面。对交往本身的认识也会影响交往行为，如果只是为了满足自己的需要，从而忽视他人的需要，会引起交往中断。

2. 情绪因素

交往过程中的情绪因素包括对交往的情绪反应、人与人之间的情感关系及心理距离的远近。情感成分是人际交往的主要特征，对人的好恶决定着交往者彼此间的行为。年轻人感情丰富，心境易变，有时对人对事过于敏感，容易凭一时的好恶改变对一个人的看法，使得人际交往缺乏稳定性，并产生各种障碍。此外，交往过程中的情绪反应是否适度适当也影响交往的发展方向。情绪反应过分强烈会给人以轻浮不实之感，情绪反应过于冷漠则被视为麻木无情。

3. 人格因素

交往过程中的人格因素包括交往者的能力、特长、气质、性格、涵养、价值观等。有助于人际交往的人格特征是：尊重关心他人、善于理解、乐于助人、富于同情心、热心集体活动、工作认真负责、稳重、耐心、宽厚、真诚、热情、开朗等。不利于人际交往的人格特征是：以自我为中心、只关心自己、不为他人的处境和利益着想、有极强的嫉妒心、对集体工作缺乏责任感、敷衍了事、华而不实、对人冷淡、虚伪、固执、吹毛求疵、苛求他人、不尊重人、支配欲过强、过分自卑、内向、缺乏自信、过于服从或取悦他人、依赖心太强等。

（三）影响人际交往的社会环境因素

就大学生而言，大学生的集体生活一方面创造了彼此交往的条件，另一方面也构成了矛盾纠纷的源泉。同学们来自五湖四海，个性、脾气、习惯、爱好千差万别，甚至有时连语言都难以听懂，难免会发生这样或那样的问题。有时为讨论某个问题而争得面红耳赤，伤了和气；有时为打扫卫生斤斤计较，互不相让；有时为某个生活习惯不合而互不来往。

对新生而言更是如此，来到人生地不熟的新环境，或多或少都有远离家乡、亲人的凄楚感、孤独感、失落感，尤其是那些从未离开过父母、独立生活能力较弱的同学更是如此，从而影响对人际关系的心理感受。

此外，社会环境也对大学生的交往产生了不良影响。尤其是社会上那种尔虞我诈、自私自利的思想行为对大学生的人际交往具有消极的影响。

第二节 常见的人际交往问题及调适

一、常见的人际交往问题

大学生渴望友谊，希望有丰富的人际关系，但现实中却存在着人际交往的种种困惑、不适，对人际交往的满意程度普遍较低。人际交往障碍已成为影响大学生心理行为的三大问题之一。

（一）人际交往的特征及变化趋势

1. 人际交往的特征

随着独立性增强，大学生逐渐摆脱了对父母、教师的依赖，与此同时，同龄人的影响变得越来越大，大学生越来越需要获得同伴的认可、接受、尊重、信任，需要在交往中丰富知识、了解生活、学会处世，以实现社会化。因此，大学生人际交往的主要特征如下：

（1）人际交往需求迫切

大学生思想活跃、精力充沛、兴趣广泛、活泼好动，对人际交往的需求要比成人或中小学生更迫切。他们力图通过交往去拓宽视野，获得同伴的认可、接受、尊重、信任，以满足自己多方面的需要。

（2）交往对象以同龄人为主

因为大学生过着朝夕相处的集体生活，众多的交往机会、相似的人生经历、共同的学习任务，使得大学生更多地选择同寝室、同班、同乡等有相似背景的同学作为交往对象。交往的内容基本上围绕共同的话题，如学习、考试、娱乐等，通过思想交流、情感沟通而展开。

（3）交往动机中功利性少，情感性多

大学生之间的交往更注重情感的沟通和交流，交往中的直接功利性动机一般较少。因为处于求学之中，经济方面的压力相对较小，交往中更注重精神方面，并带有理想色彩。

（4）对异性之间的交往愿望强烈

由于大学生处在青年中期，对异性产生了兴趣。大学生活又提供了异性同学交往的机会。因此，异性交往的愿望常常会变为交往的具体行动。

2. 人际交往的变化趋势

当代大学生所处的社会是一个变化改革的时代。社会变革不仅使社会生活发生了一系列的变化，也使大学生的思想、观念、行为发生了深刻的变化。尤其在信息网络化的当代社会，大学生的社会交往关系也发生了很大的变化，呈现出由封闭性到开放性、由真实性到虚拟性、由自然性到社会性以及不平衡性等变化。

（1）由封闭性到开放性

由于社会的发展，以及大学生生活环境的变化，大学生人际交往的血缘关系、地缘关系正逐步淡化，业缘关系、趣缘关系逐步强化，人际交往的开放性和复杂性正在加强。大学生在人际交往上打破了封闭的、依赖性的家庭小圈子。

人际交往已经不仅仅局限于学校、血缘亲属或邻里的狭小范围，也打破了以学习为中心的模式。现代社会的开放性带来了一个前所未有的全球交往时代。当代大学生生活在开放的现代社会，其交往具有极大的开放性和丰富性。越来越多的学生走出校园，踏入社会，建立各种社会关系，丰富自己的社会阅历和实践经验，为将来真正踏入社会做好铺垫。

（2）由真实性到虚拟性

当今社会的一个重要特征是与互联网时代的兴起交织在一起。发展迅猛的网络世界使大学生的人际交往由真实向虚拟转变，其人际交往途径也呈现出多样性。近几年来，随着社会发展的不断进步，高科技产品的不断涌现，互联网越来越受到大学生群体的青睐。大学生的空闲时间比较多，网络不仅是他们的学习工具之一，也是他们娱乐休息时与人交往的重要手段，他们通过网络上的QQ、微博和微信等方式实现一对一或一对多的交流。调查显示，在网络使用主体即网民中，有超过50%的人是具有大专以上学历背景的（大专占27.1%，本科占25.5%，硕士占2.1%，博士占0.5%），本科生占了总人数的1/4左右。网络对个体和社会都产生了特殊的影响。一方面，网络对大学生的社会化产生了许多积极的影响，如网络增强了大学生的平等观念，为大学生的自我实现开辟了新的空间。另一方面，网络的负面效应在大学生社会化的过程中也突出表现出来了，带来了许多网络时代较为特殊的偏差行为，如网络依赖、信任缺失、与现实的疏离感和孤独感等。一方面由于网络世界的丰富性，使得参与者在选择人际交往对象上有绝对的自主权，思想尚不够成熟的大学生可以单纯根据自己的好恶选择聊天对象，但这样容易导致他们沉溺其中而不利于其人格的健全与发展；另一方面网络信息鱼龙混杂，各种负面经验严重冲击着大学生的人生观、价值观，不利于其正确的人际交往观的形成。

（3）由自然性到社会性

大学生对社会的了解将更广泛、更深刻，对自我的认识将更复杂，对理想与现实之间、个人与社会之间的矛盾会有更多的体会，并开始思考自身在未来社会中的行为与处境。此时，他们往往面临着自身价值观的重新选择和人格的重建。在人际交往上主要表现为从人际交往的自然性向社会性转变。

①交往的务实性。务实性是当代大学生交往行为的显著特点。人际交往的动机主要有情感性动机和功利性动机两大类。情感性动机以满足个体情感需要为目的，它包括归属动机和友情动机；功利性动机所驱动的交往称为工具性交往，以获取利益为目的，这种获益有可能是精神上的，也有可能是物质上的。

②交往的功利性。市场经济的负面影响使学生的社会公德认知出现偏差，大学生的成长是一个通过不断学习及不断适应各种社会规范并成为正式社会成员的社会化过程。在这一过程中，他们的道德价值观尚处于未形成的阶段，仍然较易受社会环境的影响。

（4）不平衡性

在传播与沟通中，大学生的人际关系呈现出不平衡倾向，主要表现出以下差异：年级的高低与人际交往能力的高低成正比，贫困学生的人际交往能力远远低于经济状况良好的学生，女生的异性交往能力远优于男生，综合性大学的学生的人际交往能力强于理工科学生。

由于学校招生制度的改革，学生的学费大幅度提高，有些学生特别是贫困家庭的大学生，和那些各方面条件都比较优越的大学生在人际交往中形成两个不同的群体。有调查显示，经济上的拮据使得前者在人际交往中较多地表现为被动、性格内向等，甚至个别学生还会由此产生自卑、孤僻等心理。大学生的人际交往呈现"两高一低"的新特点。"两高"指交往途径多样和参加社团的大学生交往程度高；"一低"指贫困生群体的交往频度和密度较低，师生间交往的亲密度降低。

（二）人际交往的类型及问题

1. 人际交往的类型

由于性别、年龄、性格、经验等不同，大学生在交往心理与行为上有明显的差异。大学生的交往大致可以分为三种类型：

（1）积极型

这类学生对交往认识深刻，行动积极，表现出较大的兴趣和热情。大多热心参加社团活动，主动承担社会工作，负责班级、学生会的工作。

（2）被动型

这类学生对过去封闭的交往形式不满意，主张开展积极交往，认识上比较明确，行动上却不主动，怕耽误学习，一般较少主动交往，大多是被动卷入。

（3）沉静型

这类学生人数少，习惯过平静的生活，性格一般比较孤僻。平日少言寡语，不善交往，只保持和少数人的交往与接触。

2.人际交往的问题

随着社会的发展，交往能力已经受到越来越多大学生的重视，他们对人际交往有了更积极的看法和更迫切的要求。但是在现实生活中大学生的交往仍存在一些问题，主要表现在以下几方面：

（1）缺少知心朋友

这类大学生通常能与人正常交往，人际关系也不错，但自感缺乏能互吐衷肠、肝胆相照、配合默契、同甘共苦的知心朋友，为此，有时不免感到孤独和无奈。

（2）与个别人难以相交

这类大学生与多数人交往良好，但与个别人交往不良，他们可能是室友、同学或父母等与自己关系比较近的人，由于与这些人相处不好，常会影响他们的情绪。

（3）与他人交往平淡

这类大学生能与他人交往，但总感到与人相处的质量不高，缺乏影响力，没有关系较密切的朋友，多属点头之交，没有人值得他牵挂，也没有人会想念他，他们难以保持和发展良好的人际关系。这类学生多会感到空虚、迷茫、失落。

（4）感到交往困难

这类大学生渴望交往，但由于交往能力有限、方法欠妥或个性缺陷、交往心理障碍等原因，致使交往不尽如人意，很少有成功的体验。他们往往感到苦恼，很希望改变社交状况。

（5）有社交恐惧症

这类大学生对人际交往特别敏感、害怕，极力回避与人接触，交往时表现出紧张、恐怖、心跳加快、面红耳赤、眼睛不敢看对方等状况。为此，他们常常陷入焦虑、痛苦、自卑中，严重影响身心健康和日常生活。

（6）不想交往

这是比较特殊的一类人。前五类学生都有交往的愿望，而此类学生则缺乏这种愿望和兴趣。他们自我封闭、孤芳自赏或存有怪癖。一般存在这类问题的学生极少。

比较而言，前四类是一般社交中存在的问题，人数比例较高，而后两类问题属严重的社交障碍，比例虽小，但对人的身心的健康发展危害很大。

(三）常见的人际交往心理障碍

从心理咨询中发现，大学生人际交往不适主要表现为两种情形：一种是不懂人际交往技巧，缺乏人际交往经验，从而导致人际关系紧张；另一种是不敢与人交往，或不能与人交往，属于有人际交往的心理障碍。这种心理障碍主要表现在以下几个方面：

1. 恐惧心理

具有恐惧心理的人表现为与人交往时不由自主地感到紧张、害怕，以致手足无措、语无伦次，不能表达自己的意思，严重的甚至害怕见人，这通常称为社交恐惧症。患有社交恐惧症的大学生对人际交往特别敏感、害怕，一到公共场合就会出现眩晕、紧张，心跳加快，极力回避与人接触，甚至不敢出门。这会对人的社会交往、信息交流、人际关系带来严重的干扰。

2. 自卑心理

自卑是一种自我评价过低引起的心理体验。具有自卑心理的大学生往往喜欢把自己封闭起来，对人对事特别敏感，因此非常容易受挫。他们常常带着一种病态的心理看待别人对自己言行的评价，倾向于逃避现实而陷入幻想世界，缺乏人际活动的积极性和适应性。在与人交往时，他们内心深处非常想接近他人，又唯恐被人拒绝；既想发表自己的一些见解，又怕说出来遭到嘲笑。

人际交往中的自卑心理一般表现为两种形式，一种是与人交往时的尴尬心理超过了亲近别人的欲望。亲近欲望受到压抑、交往感到为难就采取回避的态度。他们与人交谈时简单生硬，总希望赶快结束，不敢正视对方而垂下眼皮或注视他处；与人相处时神情冷淡、小心翼翼、拘谨，甚至有一点儿讨好的意味。另一种形式是总认为自己事事不如他人，随时都有被人嘲笑的可能，因此扭曲自我，走上极端，故作清高，为掩饰内心的恐慌而不轻易接近人，将自己封闭起来。这种人内心渴望得到别人的青睐，当他人真不理他（她）时，他（她）又感到自尊心受到了损伤而更羞于见人。有时别人随便谈论一个人或一件事情，他（她）会认为人家是在含沙射影地说他（她），心理极不平衡。别人无心算计他（她），他（她）却疑神疑鬼，无故和别人赌气，搞得人家莫名其妙，结果失去了越来越多的朋友和与人交往的机会。

3. 害羞心理

害羞是一个人自我防御心理过强的结果。害羞者常有以下特点：一是过于胆小被动；二是过于谨小慎微，害羞者说话时，意思表达不清楚，说话、做事总怕出错而被人议论，因此一句话要在喉咙反复多次，一件事总要左思右想，为此，搞得神经紧张、坐立不安，而且往往错过说话、做事的时机，以致后悔、懊丧、自责；三是过于关注自己，害羞者特别注意自己在别人心目中的形象，总觉得自己时时处在众目睽睽之下，于是敏感、拘束；四是自信心不足，害羞者对自己的社交能力、表达能力乃至自我形象缺乏信心，因而使本来可以做到、做好的事做不好。

害羞心理与自我意识的发展有关。大学期间，学生的自尊心大大增强，更多地开始关注自己，渴望得到他人的理解和信任，可又担心自己被他人接纳的程度，当一个人过多地重视自己在别人心目中的地位、印象时，在人际交往中就可能变得缩手缩脚。

4. 自傲心理

自傲是由不切实际地高估自己引起的。一方面，自傲的人对自己的肯定评价往往过高，仿佛是通过放大镜来看自己的长处，甚至视缺点为优点；另一方面，他们看不起别人，喜欢拿放大镜看别人的短处，盛气凌人，盲目自尊，看谁都不顺眼，不愿服从任何人。他们在人际交往中常使对方感到难堪、紧张、窘迫，影响彼此交往。对此，心理学家柯里指出，如果一个人只看到自己比别人好，别人都比不上自己，这样就会产生盲目乐观情绪，自我欣赏，自以为是，因此就不能处理好人际关系、调动主客观双方的积极性，而且还会遇到社交挫折，产生苦闷。

5. 嫉妒心理

大学校园里，学生群体中充满了竞争与挑战。有的大学生由于欠缺修养，好胜心强，自制力弱，心胸狭隘，对别人的成就感到不服，由此容易产生嫉妒心理。一般说来，嫉妒是因别人比自己好而产生的怨恨。按世俗的说法，嫉妒心理即一种"愿人穷不愿人富"的心理状态。

在人际关系中，嫉妒心理是一大害。他人学习成绩冒尖、在班上受尊敬拥戴、经济上宽裕、仪表气质出众、恋爱成功、异性追逐者广泛等，都可能引起一些心胸狭窄的大学生的嫉妒，从而导致作恶甚至犯罪。嫉妒心理使一个人不努力赶超他人，只想抑制阻碍别人的进步以达到自己的心理平衡。嫉妒心理强的大学生难以与更多的人交往，在交往中虚伪多于真诚，其目的是损人利己，结果于人于己都不利。另外，自己则由于经常心怀不满、怨恨、妒火、心理不平衡，也导致心理不健康，并且失去很多朋友。培根在《论嫉妒》中就曾指出："嫉妒这恶魔总是在暗地里，悄悄地去毁掉人间的好东西。"

6. 猜疑心理

所谓猜疑，是建立在猜的基础上，因而往往缺乏事实根据，在许多时候也缺乏合理的思维逻辑。好猜疑的人往往对人对事十分敏感多疑，看到同学背着自己说话，便疑心是在讲自己的坏话；看到某同学没与自己打招呼，便猜想该同学对自己有意见或不喜欢自己等。在猜疑心理的作用下，人会陷入作茧自缚、自圆其说的封闭性思想中，即以某种假想目标为出发点，最后又回到假想目标上来。把假想作根据，又据此得出结论。在猜疑心理的笼罩下，被猜疑者的一言一行都会带上可疑的色彩。

猜疑会导致人际关系紧张，伤害他人的感情，无事生非，甚至酿成祸端，同时也使自己处于不良的心态之中。对此，培根在《论猜疑》一文中指出，猜疑是迷陷人的，又是乱人心智的。它能使你陷入迷惘，混淆敌友，从而破坏人的事业。

二、常见人际交往问题的调适

加强人际交往、改善人际关系，不仅有利于促进个体心理健康的发展，而且有助于优化人们的生活环境，这是人类生存和发展的重要基础。实践证明，加强人际交往、改善人际环境的关键在于加强心理调适，培养交往能力。

（一）人际交往的四种基本态度

美国著名的心理学家爱利克·伯奈认为，大多数人的心理失常实质上是日常交往行为中交往态度的失常。依据对自己和对他人所采取的基本生活态度，人际交往可以分为以下四种模式：

1. 我不好——你好，我不行——你行

这是一种常见的心理自卑者与他人的交往关系。它来自儿童时期形成的自卑心理模式。其特点是交往的一方深深感到自己是无能和愚笨的，无论做什么都不行，而似乎所有的人都比自己强得多。因此，持有这种交往态度的人，在人际交往中常表现出不同程度的自卑和恐慌，最为极端的典型的表现是社交恐惧症。

2. 我好——你不好，我行——你不行

持有这种交往态度者总认为自己对别人好，而别人对自己不好。为此愤愤不平，把人际交往中的失败与挫折归结为他人不好。或者他们把自己当作充满了优越感的人，而把交往的对方当作缺乏头脑的笨蛋。这种人似乎充满自信，其实是虚弱的，他们的心理防御倾向往往比较突出。

3. 我不好——你也不好，我不行——你也不行

持有这种交往态度者自认低能，同时也认为别人并不比自己优越多少，他们既不相信自己，也不崇拜他人；既不会去爱人，也拒绝别人的爱。这种

人常陷入可悲的境地，无论走到哪里都生活在低潮期，而且常常得不到他人的怜悯。

4. 我好——你也好，我行——你也行

这是一种健康的心理状态。它的特点是充分体会到自己拥有一种强大的理性能力，并对生活的价值有着恰当的理解，是爱自己与爱他人、相信自己与相信他人的统一。虽然他们并非十全十美，但他们能客观地接纳自己和他人，正视现实，并努力去改变他们能改变的事物。他们善于去发现自己、他人和世界的光明面，从而使自己保持一种积极、乐观、进取、和谐的精神状态。

上述四种人际交往的基本态度是建立在一定的价值观念、认知方式、个性特征以及行为习惯等因素基础上的。现实生活中种种复杂的人际交往方式都是这四种基本模式的不同展现。一般来说，前三种模式容易引起人际交往的障碍。第四种交往态度是值得提倡的，它有助于人际交往，也有助于心理健康。

（二）把握成功的交往原则

在人际交往过程中，为了使自己的交往行为引起交往对象良好的反应，彼此更加协调一致，在交往中应遵循一定的原则。

1. 平等原则

平等待人是建立良好人际交往的前提，也是人际交往的最基本原则。交往平等指的是人与人之间的交往应该平等，做到一视同仁，不能因为家庭、经历、特长、经济等方面的不同而对人"另眼相看"，也不要因为学习成绩、社交能力等方面存在差异而看不起别人。只有平等待人才能换取平等待己。

2. 真诚原则

真诚待人是人际交往中最有价值、最重要的原则，也是人际交往得以延续和深化的保证。美国一位心理学家曾于1968年设计了一种测试量表，列出55个描写人品的形容词，让大学生说出最喜欢哪些，最不喜欢哪些。结果学生评价最高的品质是真诚。在8个评价最高的形容词中，有6个和真诚有关，即真诚、诚实、忠诚、真实、信赖和可靠。而评价最低的品质中，虚伪居首位。所以，在交往中，只有彼此抱着心诚意善的动机和态度，才能相互理解、接纳、信任，在感情上引起共鸣，使交往关系得到巩固和发展。那种"逢人只说三分话，未可全抛一片心"的交往信条是不健康的。

3. 尊重原则

尊重是由人人平等的社会理论规范所规定的人际交往原则。它包括自尊和尊重他人。自尊就是在各种场合自重自爱，维护自己的人格；尊重他人就是重视他人的人格、习惯与价值，承认他人在人际交往中的平等地位。

4. 宽容原则

人们在交往中出现矛盾、遇到冲突时要有耐心，能够宽容待人，对非原则性问题不斤斤计较，求同存异。宽容有助于扩大交往空间，也有助于消除人与人之间的紧张和矛盾。

5. 互助原则

互助表现在交往的双方相互关心、相互帮助、相互支持，既满足了各自的需要，又能促进相互的联系，深化彼此的感情。

（三）增进人际交往的方法

处理人际关系是一种能力，也是一种技术，它可以通过学习和训练来培养、提高。处理人际关系的基本途径是加强思想道德修养、丰富社交知识、锻炼交往能力、提高心理素质等。下面简单介绍人际交往的一些基本技巧。

1. 学习交谈技巧

处理人际关系不仅是一门技术，也是一门艺术，其中有许多技巧。因此，要达到良好的沟通需要了解和掌握以下基本技巧：

（1）给人留下良好第一印象的技巧

第一次见面给对方留下好的印象是非常重要的，它具有先入为主的特性，往往是双方是否继续进行交往的关键。一般在首次交往中，最容易引起人注意的是对方的精神面貌，如长相、面部表情、身体的姿态、言语、行为表现、衣着服饰等，这些因素综合在一起构成了人们的仪表吸引力。在人际交往中，应尽量使自己的仪表符合当时的角色，即在不同的场合，针对不同的人，采用不同的表情、姿态、语调。该严肃的时候严肃，该放松的时候放松，衣着干净整洁，这是获得对方初步好感、给人留下良好第一印象的有效方法，也是成功交往的第一步。

（2）交谈的技巧

俗话说"一样话，十样说""一句话让人笑，一句话让人跳"。可见交谈中同一句话由于语气、语调、面部表情和当时的情景不同而出现不同的含义，交谈的成功与否不仅取决于交谈的内容，也取决于交谈的方式、方法。大学生在与别人交谈的过程中应掌握如下技巧：谈话时让对方先说，可以显示自己的谦逊，并借此机会观察对方；最好不要谈论对方的隐私或忌讳的话题；谈话中要显示自己的谦虚，让对方接受；谈话态度要坦诚；在适当时机可以说一些幽默的话或笑话，以活跃气氛；在和几个人一起交谈时，不要把注意力集中在一个人身上，要注意平衡。

此外，人际称呼反映了人与人之间关系与感情的密切程度，人际称呼适当能使人们在良好的心理气氛下顺利地交往，并获得心理上的满足。对长辈的称呼要表示出尊敬的感情，对同辈则要亲切友好。对很密切的朋友的称呼在面对面交往时可略去姓氏，而对不太熟悉的人则应用全称，以免唐突或显得过分亲热。

在交谈中还应避免以下几个方面：经常打断对方的谈话或抢接对方的话头；口若悬河，滔滔不绝，忽视对方的反应；不注意语言的条理性，语无伦次，让人疑惑不解；注意力不集中，经常让对方重复谈过的话题，或对别人的谈话表现出不耐烦；目光喜欢长时间盯着对方看，或审视对方，让对方感到不舒服；随便解释某种现象，妄下断语或不懂装懂，借以表现自己是内行；不考虑交谈对象的反应，用词不当或声调异常，使人听不明白或感到不高兴；短话长说或长话短说，不考虑交谈的时间、主题、氛围和效果；单方面突然结束交谈，或强行把话题转移到自己感兴趣的方面去。

（3）倾听的技巧

生活中学会倾听是一种重要的交往艺术。善于倾听他人意见的人的人际关系也越融洽，因为倾听本身表现出对他人的尊重，无形之中就会提高对方的自尊心，加深彼此的感情。在倾听对方谈话时应掌握以下一些技巧：精神集中，表情专注，经常与对方进行交流；不停地赞许性地点头、微笑、做手势，或不时用"哦""对""是这样"，以及重复一些我们认为重要的话，表示我们在注意倾听，鼓励对方继续讲下去；在交谈中如有疑问，可提出一些富有启发性或针对性的问题，使对方会感到我们对他的话很重视，有"知己"的感觉；用自然、真诚的表情来呼应对方的谈话，如对方说笑话时，我们的笑声会增加他的兴致。

（4）非语言交往的技巧

美国心理学家梅拉比安曾提出一个公式：信息的全部表达 =7%的语调 +38%的声音 +55%的表情，它说明了非语言行为的重要作用。大学生为了增进自己的人际关系，应注意以下非语言交往技巧：

①服饰技巧。索菲亚·罗兰说过："你的衣服往往表明你是哪一类人物，它们代表着你的个性。一个和你会面的人往往不自觉地依据你的衣着来判断你的为人。"服饰展示着一个人的形象和风度，因此在人际交往中必须注意自己的服饰问题，服饰要整洁、得体，要体现出自己的个性，与自己的身份相符合，形成自己的人格风度。

②目光技巧。眼睛是"心灵的窗口"，显示人心灵深处的信息，目光是人际交往中重要的信息来源。心理学家发现，在一般文化背景中，人们相互

之间频频的目光对视是一种亲切交往，但其对象大多限于情侣和亲人之间。如果一般异性敢于长时间地对视，则意味着彼此感情和关系的升级。在相互不太亲密的交往对象之间，直愣愣地盯着对方，往往是一种失礼的行为，而上下打量人则更是一种轻蔑和挑衅的表示。通过闪避目光可以表示自己的卑屈地位，如在对方的瞪视下垂下视线，则表示退让和服从。在遇到困难或感到恐惧时，通过长时间的凝视来向别人求援，往往可以增加得到帮助的可能性。

③体态技巧。体态是一种无声的肢体语言，它通过人的手势、身体的各种姿态、面部表情等来传递信息，既能体现人的精神魅力，又能体现人的外在魅力，是人的思想感情与文化修养的外在体现。

在日常生活中，如果表现出热情和兴趣，往往身体略微倾向交谈的对方，并伴有微笑、注视等；微微欠身表示谦虚有礼；身体后仰表示傲慢；侧转身体表示厌恶和轻蔑；背朝人家表示不屑理睬等。另外，在社交场合有些体态应避免出现，如拉拉扯扯、指手画脚、将身体靠在他人身上或物体上，当众伸懒腰、挖鼻孔、掏耳朵、打哈欠、大声说笑、点头哈腰、歪头斜眼等。

④距离技巧。心理学家通过观察和实验发现，人都有一个把自己圈住的心理上的空间。一旦这个空间被人触犯，就会感到不舒服或不安全，甚至恼怒。每个人都有一种保护自己个体空间的需要，这并不是拒绝与他人交往，而是想在个体空间不受侵占的情况下自然交往。在人际交往中，人与人之间的距离表达特定的意思，美国西北大学的霍尔教授称之为"人际距离带"，它包括：亲密带（0～0.5米），在这种距离内，人们不仅仅靠语言，还通过视觉、听觉、触觉、嗅觉来传递信息，每个人都能感觉到对方呼吸的快、慢，皮肤的气味。这往往限于贴心朋友、夫妻和情人之间，其他人如果插足这个空间，就会引起十分敏感的反应和冲突；个人距离带（0.5～1.25米），一般亲密朋友是在0.5～0.8米的距离带交往，而普通朋友则在0.8～1.25米的距离带交往，在这个空间之内，正好能相互亲切握手，友好交谈，具有较大的开放性，任何朋友和熟人都可以自由进入这一空间；社会带（1.25～3.5米），在这种距离内交往，彼此的关系不再是私人性质的，而是公开的社会交往，如在办公室里，一起工作的人们总是保持这种距离进行交谈；公共带（3.5～7.5米），这种距离常用于非正式交往，人们之间极为生硬的谈话适合这个距离。对于不同国家，人们交往的空间距离要求也不尽相同。大学生在交往中要根据相互之间关系的亲疏、远近以及类型来调整与人交往的最佳空间距离，从而有助于增进人际关系。

2. 培养交往能力

善于交往的人往往具有某些特征，而培养这些特征，将有助于提高人际交往能力，改善人际交往的质量。

一般来说，善于交往的人往往善于发现和承认他人的价值，并且尊重他人，愿意信任他人；他们对人宽容，容忍他人有不同的观点和行为，不斤斤计较他人的过失，在可能的范围内去帮助他人，而不是指责他人；他们更喜欢运用微笑，而不是争吵、愤怒；他们常对别人表现出兴趣，愿意与多人保持友谊；他们能记住对方的姓名和容貌，不会忘记在朋友的生日时予以祝贺；他们善于从对方感兴趣的话题入手，不仅是个健谈者，也是个善听者；他们敢于表达喜怒哀乐，但不过分；他们能恰如其分地表现自己，不卑不亢，自然地与人交往，而不是刻意地想引人注目、惹人喜爱；他们努力地去理解别人，而不会把自己的价值观、个性强加于人；他们重视人际交往，珍惜友情，努力去做有益于发展人际关系的事，而避免有害于人际关系的事；他们与人交往时态度主动、积极、热情、真诚、友好。

善于交往的人懂得"你要别人怎么待你，你就得怎样待人"；懂得"己所不欲，勿施于人"；懂得"得到朋友的最好办法是使自己成为别人的朋友"。他懂得对凡事都过于计较并不值得，别人是别人而不是自己，因而不能强求；与朋友相处应求大同，存小异；与他人交往重在发现交往的价值。他懂得要多交友、交好友，但要少树敌、不树敌，要努力缓解矛盾、冲突。

需要特别指出的是，人际交往时，真诚通常被认为是人际关系中最有价值、最重要的一种特征。任何的人际交往技巧若离开了"真诚"这一基础，就失去了它应有的价值，变得虚情假意，无友谊可言。

3. 提高心理素质

人与人的交往是思想素质、能力素质和心理素质的整体作用，缺少任何一部分都会影响人际交往的质量。有些人存在交往方面的不足是因为存在心理障碍，如恐惧、胆怯、害羞、自卑、冷漠、孤僻、封闭、猜疑、自傲、嫉妒、易怒、敌对等。这些人际交往的心理障碍对人际关系所造成的直接影响是不敢或不能与人交往，交往变得困难，交往给人带来的是不快、压抑、烦恼、自卑等消极情感体验。因此，及时地矫正这一心理状态是有效交往的重要一步。

每一个人都有进一步发展人际关系的内在需求，也都拥有这样的潜能，重要的是要走出封闭、狭隘的自我。一个友善、文明的人际环境是健全个体的保证，也是健全社会的基础。

4. 妥善运用赞扬和批评

如何适时适度、有效地运用赞扬与批评，是人际交往中的一个重要问题。

赞扬能够释放出一个人身上的能量，调动人的积极性。实验心理学对酬谢和惩罚所做的研究表明，受到赞扬后的行为要比挨了训斥后的行为更为合理、更为有效。如果对已经十分疲劳的大学生表扬几句，那么疲劳测定器上会显示出体力急剧上升，反之，若训斥几句，则会显示体力急骤下降。因此，有这样一句话："赞扬能使赢弱的躯体变得强壮，能给恐怖的内心以平静与依赖，能让受伤的神经得到休息和力量，能给身处逆境中的人以务求成功的决心。"真心诚意、适时适度地赞美对方往往能有效地增进彼此的感情，因为人们欢迎喜欢自己的人。

适时适度地感谢人也很重要，即使对方做了微不足道的事，也别忘了说声"谢谢"，同时还要不断发现值得称赞的东西。感谢是对对方所做的事和对其人格的尊重与赞美，因此，感谢也是一种赞扬。要把感谢说出来，而不只是记在心里；表达感谢时，应该真心诚意、充满感情，而不是随随便便地说一句，否则感情就变成了形式，就失去了真正的意义；不应扭扭捏捏，而要大大方方、口齿清楚地表示谢意；一般不应笼统地向大家一并表示感谢，而是指名道姓地向每个人表明谢意；在说感谢时，眼睛应注视对方。

一般来说，应多用赞扬，少用批评，因为赞扬是良性刺激，而批评是一种负性刺激。但并非不可以批评，通常批评只有当用意善良、符合事实、方法得当时，才有可能产生积极的效果。也就是说，批评不能使对方自我萎缩或产生反感，而应在于促进对方的进步和提高。因此，可以批评对方的行为，但不能批评对方的人格，即就事论事，而不可就事论人，或以偏概全；批评的重点不能只是指出对方的错误，更应告诉对方如何改正和防止再犯；不宜当众批评，这样极易挫伤对方的自尊心；批评时应针对现在的事，而不要把以前的错误、缺点重新提出来，否则很容易使对方难堪、不耐烦或反感；批评时措辞和态度都应是友好的、真诚的。应该说，真心诚意、实事求是的批评并不会阻碍人际关系，反而有助于增进友谊。

第三节　人际交往能力训练

一个人要想成就一番大业，就必须学会理解别人、学会做出让步、学会宽容别人的过失。人只有对别人好，才能换得别人对自己好。不能理解别人的人是很难找到事业上的合作伙伴的。所以，人与人之间需要理解和沟通，并建立相互信任的关系。作为团队的成员在初步相识后，需要进一步的相互接触、相互了解、相互接纳，减少防卫心理。因此，本节的心理训练就是让人在人际交往中学习相互信任，以及学习微笑。

一、训练设计

①后仰与背摔；
②信任之旅；
③眉飞色舞与微笑。

二、具体训练方法

（一）后仰与背摔

【目的】可通过驱除心理压力，来增强学员的自信心、安全感和信赖感。

【时间】约90分钟。

【准备】人生感恩类音乐、椅子、桌子（结实的方桌）。

【操作】①两人一组：两人同一方向站立，一人在前，一人在后，在前站立者两脚分开，与肩同宽，两脚不动向后仰（口令：请放心，我一定支持你！）在后面站立者五指分开用双手支撑其肩膀，两人距离慢慢拉开，后者双腿前弓后蹬，要用全身力量支撑前者；两人轮换做。②7～9人一组训练，一人站在一米多高的桌上，脚跟踩着桌边，闭上眼睛，双手交叉相握于腹部前方，双脚与肩同宽，往后仰倒，要求头与肩膀笔直后躺，不能臀部先落地。不要睁开眼睛，不要回头看，要相信这个世界上还有人会支持自己。下面6～8人连成3～4对"抬花轿"，形成一个"床"，接住他（她）后，轻轻摇晃片刻，放下。一个人做完后轮流换另一个人做。指导者引导暗示时针对性强一点效果会更好，要提醒大家注意安全，躺倒后注意不要忘记摇晃和拥抱。

这个训练让每个学员去体验：自己有没有安全感？有没有信赖感？当自己向后倒下时，心理有何变化，是紧张、害怕？还是自信、信任？

（二）信任之旅

【目的】突破自我，相信自己，相信别人，通过助人与受助的体验，增加对他人的信任与接纳。

【时间】约60分钟。

【准备】指导者事先选择好盲行路线，路线最好要有阻碍，如上楼、下坡、拐弯、室内外结合等。每人准备蒙眼睛用的毛巾或头巾。

【操作】团队成员两人一组，一位做"盲人"，一位是帮助者。"盲人"蒙上眼睛，原地转三圈，暂时失去方向感，然后帮助者沿着指导者选定的路线，搀扶"盲人"绕室内外活动。期间不能讲话，只能用手势、动作帮助"盲人"体验各种感觉。活动结束后两人坐下交流当"盲人"的感觉以及帮助别人的感觉，并在团队内交流。然后互换角色，再来一遍，再互相交流。

这个训练让每个学员去体验：对于"盲人"，看不见后是什么感觉？你对你的伙伴的帮助是否满意，为什么？你对自己或他人有什么新发现？对于助人者，你怎样理解你的伙伴？你是怎样想方设法帮助他的？这使你想起了什么？。

信赖别人固然重要，但更重要的是我们要先做一个值得信赖的人。这需要自信。

（三）眉飞色舞与微笑

【目的】训练面部肌肉的弹性与柔软度，增强面部表情的表现力与感染力，有助于学生准确地表达内心世界的情感，对于语言、礼仪、表演、演讲等学习具有很大的帮助。

【时间】约40分钟。

【准备】小镜子、铅笔。

【操作】指导者先与学员讨论面部肌肉训练的重要性与微笑的价值，然后具体示范，学员们模仿。

①面部肌肉训练分别是：上额耳朵往后拉，眉面肌肉向上提，眼睛肌肉四周张，鼻头肌肉往外张，嘴角肌肉上下拉，面部肌肉缩与张，双手搓热抚摩脸。

②先拿出小镜子，看着镜子里的自己，把铅笔横放在齿间，咬得越宽越好，然后取下铅笔，微笑。重复上述动作，直到你觉得镜子里的自己笑得很自然为止。

③闭上眼睛，只想一个问题：我很可爱，我的笑容令我更可爱，我是一个非常受人欢迎的人。把这三句话在心里默念三遍，然后开始想象：我最想见的人如我的父母或朋友来了，我看到他，我很开心；我在心里先笑了，我的眉毛笑了，我的眼睛笑了，我的脸笑了，我的鼻子笑了，我的嘴也笑了；我笑得很舒服，很自然，我的笑脸就像花儿一样绽放了，看见我的人，他们的心情一下就好了，他们也忘了所有的烦恼，也笑了。啊，全世界的人都微笑着，这个世界多美好啊！

这个训练让每个学员去体验：面部表情是人际交往的一个好工具，特别是微笑。微笑是可以养成的，大家一定要常练习。一个习惯对任何人微笑的人一定是一个非常受欢迎的人，也一定是一个成功的人。

第七章 认知心理教育与训练

认知是影响个体心理健康水平的重要因素。对于同样的外界刺激，不同的人有不同的心理体验和情绪反应，这在很大程度上是由于他们对该刺激的认知存在差异。片面错误的认知方式和非理性观念（又称不合理信念）往往直接导致个体产生抑郁、焦虑、恐惧、自卑等不良情绪。因此，学习认知理论、掌握认知调适技术、调整认知结构、学会理性认知，有助于减少情绪困扰、增强适应能力和改造社会的能力。本章从认知概述、常见的认知问题及调适和自我认知能力训练三个方面进行了研究。

案例导入： 张某，大一新生，因期末考试作弊受到了记过处分。毫无疑问，学校的处理是正确的，相对某些学校来说还算是比较轻的处分。记过处分后，这位学生思想负担很重，想了很多问题，越想越悲观。他想：自己刚上大学就被处分，父母、亲戚、中学同学和大学同学都会因此而瞧不起自己，在他们面前想再直起腰来恐怕非常难了。大学四年，一开始给老师的第一印象就不好，以后表现再好恐怕也是白费劲。在读书期间有如此大的污点，等到毕业时找工作会很麻烦，用人单位一看档案一般就不会要了，就算是要了，也不会重用，没想到自己一生的前途就这样断送了。结果，他平时无精打采，上课心不在焉，在床上翻来覆去睡不着觉，整日忧心忡忡、悔恨自责。问题出在哪里呢？就在于他把事情的后果想得太糟糕了。

分析： 每一个人都或多或少地具有不合理的思维与信念，而对于那些具有严重情绪障碍的人，这种不合理思维的倾向更为明显。因此，人需要不断辨认自己的不合理信念才可能保持理性认知。

第一节 认知心理概述

认知是刺激与反应的中介，通过认知的转换，使刺激具有不同性质、不同程度的意义。研究发现，心理健康状况在很大程度上与认知合理与否有关。

一、认知概述

（一）认知心理学

认知心理学是当代心理学中一个重要的派别，它把人的高级心理过程作为研究对象，探讨认知的获得、储存、转换和提取的规律。认知心理学的研究范围极为广泛，它包括经典心理学中的很多方面，如感知、注意、记忆、情感、动机等，也涉及神经心理学的研究，可以直接探讨心理与大脑的关系。它还涉及精神病理学的研究，以便从问题的反面把握人的精神活动，它特别强调的是人的思维发展和思维过程。

如果说行为主义和精神分析由于时代的特点都曾构成了自己的学派，那么在20世纪中期出现的认知心理学就很少有学派的偏见，而它自身只是一种科学发展的潮流。因此，它的出现是时代的要求，是科学发展的必然趋势。

除此之外，在心理学中也有认知心理学的源泉，即皮亚杰曾经做过大量研究的思维心理学。皮亚杰的工作对人们了解人的认知发展、道德观念的形成和社会化问题提供了有用的线索。此外，阿德勒的个体心理学也曾强调人的认识的重要性。他曾说过："我们不是受到我们的各种现实经验的冲击，因为我们总是能从自己的以往经验中找到适合我们目的的东西。我们在什么程度上依赖环境，这是我们自己决定的。"他很清楚地阐述了精神创伤本身并不是经验，而是我们对经验的认识。其实早期的心理学研究就已经发现，以往的经验对当前的感知可以起到支配作用，对两种图形的判断可以随着我们的主观想象而转移。

认知对于人的整个精神活动有着重要作用的思想被应用到临床上，从而形成了一种独特的治疗方法——认知疗法。

（二）认知的含义

所谓认知就是人们看待事物的方式，它包括一个人的思想观点、阐释事物的思维模式、评价是非的标准、对人对事的基本信念等。从专业技术角度讲，认知理论事关人如何获得信息，并在信息加工的基础上如何对周围环境做出反应。认知过程是依据认知者的过去经验及对有关信息的分析而进行的，认知还必须依赖认知者的思维活动，包括某种程度上的信息加工、推理分类与归纳。

认知理论有一个表达基本思想的公式：S-C-R。其中，S代表刺激，指整个外部世界中可以引起刺激的成分，包括外部事件、情境、他人、人际关系以及自己行为的表现等；C指意识、经验因素；R代表反应。认识理论认为刺激与反应之间不是简单的S-R关系，而是要通过意识、经验因素作为中介。譬如，通常人们会认为考试不及格（S）是引起个体失望、消沉（R）的直接和必然因素，其实不然。期望较高、对不及格毫无心理准备或对考试成绩很在意的学生，与心里有所准备、考试经常不及格或对成绩不在意的学生，两者间的反应会有很大的差别。显然，这种差别来自不同个体对同一刺激（S）的不同认识和评价（C）。所以，认知心理学认为，外界刺激是通过人的认知这一中介而产生各种各样心理行为的。

（三）认知过程

我们的所知决定我们的所感，我们的所感决定我们的所行。感受与行为往往是外显的，我们容易把握，而认知却是内隐的，是"黑箱"里的东西。

认知心理学仔细研究了认知活动的整个流程，按照其理论模型可知，刺激与反应之间的变化过程是相当复杂的。刺激通过感觉器官而成为感觉材料，经过记忆方式储存的过去经验和人格结构的折射，由思维过程（通常是自动化了的）为感觉材料赋予意义，这就构成了知觉过程。通过这一知觉过程，个体可对过去的事件做出评价，对当前事件加以解释，或对未来可能发生的事件做出预期。这些评价、解释和预期进一步激活了情绪系统和运动系统，产生各种情绪和行为。同时，这种被激活的情绪和行为系统也不能当作纯粹的情绪和行为来理解。因为按照认知理论的看法，一种特定的情绪的性质（喜、怒、哀、乐等）是由认知因素决定的；而对于一个特定的、有目的的行为，其动机（行为的目的）也是由认知过程来把握的。因此，从刺激到反应这一整个系统中，认知过程是无所不在的。

由认知过程形成的观念支配着情绪与行为，一种观念如果总是在相似的情境中发挥作用，支配着一个模式化了的行为，这种观念就成为行为的规则。规则一旦形成，个体就会按照这些规则来调节自己的行为。所以，一个人如果认知过程发生错误，就可能导致错误观念，继而产生不适当的行为和情绪。因此，在心理咨询与治疗中，采用认知治疗方法，帮助患者依靠他自己在其他方面能正常运用的思维工具反过来观察自己的认识过程，一旦患者能客观地认识这一过程，就能自己辨别支配其观念的认知过程是否适当。如果他认识到了自己的错误观念，就能够自己加以纠正，以正确的思维过程产生出的适当的观念来代替错误的观念，最终使其行为、情绪适应社会生活。

二、认知与心理健康

认知心理学强调认知过程对情绪、行为的决定作用，它认为情绪和行为之所以产生，有赖于个体对情境所做出的评价，而这些评价又受个人的信念、假设、想象、价值观等认知因素的影响。因此，一些不良的认知常常容易导致情绪障碍和非适应性行为。

（一）认知曲解的形式

心理学家通过研究认为，在通常情况下，影响人的情绪的认知曲解有10种类型。

1. 想当然

持这种认识的人试图激励自己"我应该做这件事"或"我必须做好这件事"，这些"应该""必须"使他感到压力大。这种不顾实际的想当然心理会使人产生很多不必要的低落情绪，困扰日常生活。当我们的实际表现低于自定的标准时，我们的想当然会导致自我嫌恶、不好意思或罪恶感；当其他人的行为不符合我们的预想时，不可避免地会使我们觉得这是伪善行为。若我们不改变自己的态度，实事求是，就总会对别人的行为感到失望。

2. 过分类推

持有这种认识的人看到一个反面事件，就把它视为不断遭挫的典型。也就是说，一旦发生了某种事情，就武断地认定它会一再发生，因而沉湎于痛苦之中。如一位害羞的男生鼓足勇气约了一位女生，但她因另有约会婉言拒绝了，于是该男生就认为："我再也不会有约会了，没有女孩子愿意跟我出去，我将孤单地、悲惨地过完一生。"在这种歪曲的认知下，他再与女孩交往就会缺乏信心而导致交往困难。

3. 消极过滤

持有这种认识的人在任何情况下，总是选择事情不好的一面并长时间沉迷其中，因而对所有事情的看法都是消极的。他就好比戴了一副特制的眼镜，把所有美好的东西都过滤掉，只留下消极的念头装入大脑。这种错误认知会使人遭受很多不必要的痛苦。

4. 遽下结论

持有这种认识的人在没有明确事实的情况下，不经思索，武断地对事情进行反面推论。这种情况有两种基本形式：一是揣测型，即断定别人对自己不好，瞧不起自己，连弄清事实真相都觉得多此一举。这种反应在人际交往中常常容易造成对自我预言的"验证"，且真正导致双方关系恶化。例如，在路上遇见朋友，向他打招呼，他却没有反应，因为他正在专心思考别的事情而没有注意到我们，这时我们如果错误地推论："他不理睬我，他瞧不起我。"然后我们肯定会对他流露出不友好或者躲避的态度，以致影响朋友间的友好交往。二是算命型，即自己预测事情的后果不佳，而且自认为预测得非常准确。

有一位学生处于焦虑情绪状态，不断地告诉自己："我不是快死了就是快疯了。"这些预言都是空想，因为他既未死去，也没有发疯。但这种消极的自我暗示会严重影响个体的正常生活。

5. 自我标示

自我标示属于过分类推的极端形式，为自己贴上不恰当的标签以代替描述自己的错误。比如，某学生可能做了错误的决定而他却标示成"我是个失败者"。这种错误标示不利于他的发展且不符合实际，因为生活不仅复杂而且随着想法、情绪和行为的变化而变化，贴上了错误的标签将给他的精神造成沉重的负担。

6. 夸大和贬抑

夸大和贬抑又称"双筒望远镜的戏法"，指把事情放大或缩小得不成样子。夸大主要是指用望远镜来看自己的过失和缺点，以及别人的优点，觉得自己很糟，贬抑自己的优点；同时又把望远镜倒过来看自己的优点，把自己看得很渺小、很差劲，没什么价值可言。

7. 情绪化推理

持有这种认识的人认为自己的消极情绪反映出的一定是实际情况。其逻辑是："我觉得自己像个失败者，因此我就是个失败者。"这是一种错误的推理，因为感觉是思考和信念的反映。如果这种歪曲推理常常出现，人的情绪就会变得毫无价值了。

8. 不当的自责

持有这种认识的人对一些与己无关的事件主动承担责任，常因出现了问题而感到内疚，认为是自己无能所致的。然而，事实上并没有必要为此负责。如一位同学因生病住进了医院，班长就认为："我是个不合格的班长，保证全班同学健康地成长是我的职责，他这次生病是我的失职。"自责心往往使人觉得自己没用并且感到内疚。实际上我们想把整个世界担在自己肩上是不现实的，这不仅会使我们丧失信心、无端忧虑，也不利于他人的自我发展。

9. 思想的绝对化

持有这种认识的人对事情的看法只有好坏两种，如果想法有些不完美就认为自己是个失败者。这种人往往倾向于极端地评价自己，不是极好就是极坏。比如，有的同学一次考试不及格就断定"我是个彻底的失败者，我是个没用的人"，这种看问题的方式是不切实际的，因为生活中很少出现非黑即白的情形，没有人是绝对万能的，也没有人是一无是处的。

10. 否定正面的事实

这是一种非常可怕的心理偏向,一些人固执地把中性或正面的经验转变成消极的经验,并继续保持消极信念。比如,某学生认为"我不是一个讨人喜欢的人",当某人赞美他的外表、工作能力或学习成绩时,他自动地告诉自己"他们很虚伪""他们只是在说好听的话"。这些偏差只要在人脑海中闪过,别人的赞美就不起作用了,这会使人无法真正辨别成功与失败,忽略每天发生在自己身上的很多美好的事情,失去丰富的生活情趣,并带来不必要的忧虑。

(二) 常见心理疾病的认知

贝克是认知理论的代表之一。他创立了情绪障碍认知理论,同时对各种心理障碍的认知过程做了评释。

1. 抑郁症的认知

贝克早年在治疗抑郁症患者的过程中发现,认知因素在抑郁性障碍中占有极为重要的地位,一般抑郁症患者往往会把失败感人为地夸大,视为不可逆转的、长久不变的,并认为会扩散到生活的其他方面去。他们把这种失败完全归因于自己的能力和身心方面的缺陷,从而对自己持一种否定的态度,认为自己毫无价值。若这种态度影响到对未来的看法,患者就会对自己的生活、前途毫无信心,失去行动的动机,不愿做任何尝试。这种否定性经验最终可能导致自杀行为的发生。因为患者会这样想,既然自己是毫无价值的,对别人也不会有帮助,反而会成为别人的负担,自己的死可能使大家都好过些。这种对自我的否定性解释,对外部世界的否定性经验以及对未来的悲观失望,就构成了抑郁症患者认知的基本结构。而在患者看来,他所预设的前提和他的推理都是合理的、正确的。

据临床研究发现,患抑郁症的人常有的错误观念如下:

①我现在是、过去是、将来是没有希望的。

②无论过去、现在、将来我都是毫无价值的。

③我永远不会受人重视。

④我无法从事正常活动。

⑤我愧疚,又孤立无援,所以自杀是最好的解决办法。

⑥我失魂落魄,马上就要陷于疯狂了。

⑦我的处境都是我自己造成的。

⑧我毫无价值,因而处处遭人拒绝。

⑨我周围的世界充满了荆棘和艰难,几乎没有成功的希望。

2. 恐惧症的认知

恐惧症以对某类特定的物体、某些活动或某种处境产生持续的、强烈的、毫无道理的紧张、恐惧和回避反应为基本特征。这种恐惧在别人看来，与实际环境的危险程度不成比例。其实恐惧并不是对情境本身的恐惧，而是当某种恐惧症患者置身于某种情境时，对该情境做出的预期。患者总是预期会产生对自己有威胁的、不良的后果，而且这种威胁是背离现实情景的、被过分夸大了的。例如，高楼恐惧症患者总是感到会从高楼上掉下去，摔得粉身碎骨，因而当他处于高楼之上时，尽管事实上很安全，但总感到那种巨大的危险就要发生，于是产生强烈的恐惧感。

据临床研究发现，患恐惧症的人常有的错误观念如下：

①我害怕见到的东西必定是危险的。

②当我害怕见到的东西出现时，我多半得吓垮了。

③我无法摆脱对于某种物体的恐惧感。

3. 强迫症的认知

如果某种事件可能发生不良后果，强迫症患者总是把这种可能性夸大，因而认为必须做些什么事情来制止这一事件的发生。同时他认为要完全彻底地避免事件的发生，理应更加努力。于是他一方面做一些动作以表明他为制止这一事件做出了努力，另一方面又总是对自己的努力不满意，力求做得更完美，于是他反反复复地做同一动作、考虑同一问题。

据临床研究发现，患强迫症的人常有的错误观念如下：

①我必须永远是诚实的、有良心的、可以信赖的。

②我必须能控制每一件事、每一个人，包括我自己。

③我必须万事留心。

④我的一切努力和花费必须是高效率和有价值的。

⑤任何事情随时都可能发生。

⑥一贯正确这件事比什么事都重要。

⑦我不能容忍脏、乱、差、无秩序和不讲卫生。

此外，其他心理疾病患者都有其自身认知的特点。

三、不合理认知及其特征

美国临床心理学家艾里斯认为，每个人既有理性的一面，又有非理性（不合理认知）的一面；人生来都具有以理性信念对抗非理性信念的潜能，但常常被非理性信念所干扰。也就是说，任何人都或多或少地具有不合理信念，而对于有心理障碍的人，这种成分则更多、更明显。

（一）常见的非理性信念

艾里斯概括了人群中常见的容易引起人们情绪困扰的非理性信念。

①人应该得到生活中所有对自己而言是重要的人的喜爱和赞许。持有这种信念的人常有一种压力，总怕稍有不慎而做错任何一件小事，或说错一句话。他们没有安全感，很容易导致自我挫败。另外，他们即使得到所有重要人物的赞许，也会担心赞许的多寡、程度等问题。这些人往往把大部分时间都花在如何得到别人的喜爱上，而没有充裕的时间从事有益的活动以充实自己，造成了心理行为上的他人导向而非自我导向。结果不仅没有得到所有对自己重要的人的喜爱与赞许，而且失去了自我。

②有价值的人应该是全能的，应该在各方面都比别人强。这种想法把一个人的价值完全放在能力与成就的天平上。实际上，不但没有人能够在各方面都能力十足，出类拔萃，而且大部分人在一个很小的方面也做不到十全十美。每个人固然应该努力追求成功和胜利，但要求自己非成功不可，则往往会使自己变得焦虑不安，而且害怕尝试，最后反而丧失成功的机会。

③任何问题都能找到一个正确或完美的答案，如果不能找到，那是难以容忍的事。有些人相信所有问题都有正确、完美的答案。实际上，人们生活的这个世界并没有完美或绝对的事，从不同角度观察会得出不同的结论。如果总是坚持完美、绝对的观念，会使人忽视甚至放弃那些可行而较不完善的解决问题的途径，从而丧失机会，拖延进程，最后什么也干不成。

④不愉快的情绪是由外界引起的，自己无法控制。很多人认为不愉快的情绪是由别人和外在事物引起的，并且相信如果外在因素改变的话，他们便不会如此不愉快。实际上，人的情绪大部分是由自己的知觉、想法、评价引起的。因此，人应对自己的情绪负责。

⑤对于危险或可怕的事，一个人应该非常小心，而且应该随时考虑到它可能发生。考虑危险事情的发生并设法加以避免是可以减轻后果的，但如果过分担忧和焦虑，反而会使人在事情发生时无法有效地面对，甚至无法判断事情的危险程度。有些天灾人祸是不易控制或无法加以预防的，担忧只是徒增烦恼，对自己毫无益处。我们要预防"万一"，但不要把"万一"等于"一万"。理性的人对危险或可怕的事既有心理准备，又总是保持冷静的态度。

⑥逃避困难、挑战与责任要比面对它们容易得多，这种观念是不正确的。因为人在逃避时，可能会有片刻的轻松，但却忽略了逃避会带来更多的困扰。实际上面对问题并努力工作，会使人们在行动过程中更有信心，而逃避则使人变得胆怯，而且可能得不到行动的经验和成功的机会。

⑦人应该依赖他人，并且依赖比自己强的人。社会中的人是互相依赖的，但又是互相独立的。人如果过分依赖别人，特别是过于依赖强者，久而久之会失去独立性、失去自我表现的机会或失去安全感，而且一旦依赖丧失，则很容易产生焦虑，乃至引起崩溃。理性的人既相信自己，也相信别人。一般情况下，他独立自主，对自己负责；当他有需要时，并不拒绝别人的帮助；他知道自己的努力可能会失败，但值得尝试，而且认为失败并非是灾难。

⑧过去的历史是现在的主宰，过去的影响是无法消除的。这种想法是以偏概全的思维方式。实际上，过去的经验固然会对现在有影响，甚至是现在生活的基础，但要改变并非绝对不可能。有的人以这种说法为借口拒绝改变，是逃避责任行为。他们将责任归于过去，不愿面对现实，或不敢对现在负责，不愿做任何努力，守旧是一种被动的生活态度。事实上，每个人都有改变的可能，而且完全在于自己对现在的把握。

⑨对于别人的行为和处境，我们应当予以关切。关心别人、帮助别人是社会中每个人的责任，但过分关切则不妥。有些人常忧心他人的行为，并且总是设法控制他人的行为，实际上是低估了他人自行改变行为的能力，又为自己增添了苦恼，从而疏忽了自己的事情。理性的人能决定是否需要帮助他人，是否值得关切。如果是的话，他会试着去帮助别人，帮不上忙则接受这一现实。

⑩对于有错误的人应该给予严厉的惩罚和制裁。俗话说，金无足赤，人无完人。人都不免会犯错误，在人际交往中，责备和惩罚往往无益于行为的改善，相反常常会导致逆反心理或对立情绪，以致引起更严重的后果。如果别人犯了错误，理性的人会努力去理解他，在可能的情况下阻止他们继续犯错误。学会宽容别人和以诚待人、以善待人，这是理性的人际交往态度。

以上这些非理性信念在日常生活中是很普遍的，它们常常会给人带来情绪困扰。

（二）非理性信念的特征

上面介绍的10种非理性信念反映了人在潜意识或意识层面的特征，即绝对化、过分概括化和糟糕至极。

1. 绝对化

在各种不合理的信念中，这一特征是最常见的。它指人们以自己的意愿为出发点，对某一事物怀有认为其必定会发生或不会发生的信念。这种信念通常与"必须""应该"这类词联系在一起，如"我必须成功""他应该待我好"等。持有这种信念的人往往把生活看成非黑即白的单色调，没有中间色，因而极易陷入情绪困扰中。因为客观事物的发生、发展都是有一定规律的，不可能按某一个人的意志去运转。对于某个具体的人来说，他不可能在每一件事情上都获得成功；而对于某个个体来说，他周围的人和事物的表现和发展也不会以他的意志为转移。因此，当某些事物的发生与其对事物的绝对化要求相悖时，他们就会感到难以接受、难以适应并陷入情绪困扰中。

例如，有一位27岁的女教师，因自己是单眼皮觉得不漂亮，就去做美容手术，没想到手术效果不理想，双眼皮一个大一个小，很不对称，于是她整个人从此变得自卑、退缩、不愿与人交往，甚至害怕站在讲台上面对自己的学生。表面上看，美容手术失败是她产生负面情绪反应的原因，但实际上是来自不合理的认知。我们分析一下就会发现，在她的思维里有这样一个信念：女人应该漂亮，若不然，就会被别人看不起，就很难赢得别人（包括丈夫）的喜欢，因而在社会上做事就不顺利。这个信念就属于不合理的信念，不合理在什么地方呢？

①判断美的标准从来都不是绝对的，不同的时代、不同的地方、不同的人对美的评价标准往往会有明显的差别。

②漂亮与否本身就是一个相对概念，一个人在相貌上不可能是完美的，大多数人都处于中等水平，都差不了多少。

③俗话说："爱美之心，人皆有之。"追求美是人的天性，但美的内容是很广泛的，相貌漂亮固然好，但更能体现人的价值、更能在别人心中引起深刻而持久美感的并不是相貌，而是由品德、思想、个性、能力和情趣等综合形成的魅力。适度打扮自己是必要的，但把容貌看得太重就有些舍本逐末了。

④在一般情况下，大家对一个人的相貌并不会很在意，尤其是相处久了就习以为常了，何况一个人漂亮与否与别人有什么关系呢？

2. 过分概括化

这是一种以偏概全的不合理思维方式的表现，就好像以一本书的封面来判定一本书的好坏一样。过分概括化的一个方面是人们对其自身的不合理评价。当一些人面对失败或极坏的结果时，往往认为自己"一无是处""一钱不值""是废物"等，以自己做的某一件事或某几件事的结果来评价自己，评价自己作为人的价值，常常会导致自责自罪、自卑自弃的心理以及焦虑和抑郁情绪的产生。过分概括化的另一个方面是对他人的不合理评价，即别人稍有过失就认为他很坏、一无是处等，这会导致一味地责备他人以及产生敌意和愤怒等情绪。

3. 糟糕至极

这种不合理信念认为如果某一件不好的事情发生将是非常可怕、非常糟糕的，是一场灾难。这种想法会导致个体陷入极端不良的情绪体验，如耻辱、自责自罪、焦虑、悲观、抑郁的恶性循环之中而难以自拔。其实对任何一件事情来说，都可能有比之更坏的情形发生，没有任何一件事可以定义为百分之百的糟透了。当一个人沿着这种思路想下去时，当他认为遇到了百分之百糟糕的事情或比百分之百还糟的事情时，他就是自己把自己引向了极端的负面不良情绪状态之中了。糟糕至极常常是与人们对自己、对他人及对自己周围环境的绝对化要求相联系而出现的，即在人们的绝对化要求中认为的"必须"和"应该"的事物并未像他们所想的那样发生时，他们就会感到无法接受这种现实，无法忍受这样的情景，他们的想法就会走向极端，就会认为事情已经糟到极点了。

第二节 常见的认知问题及调适

一、常见的认知问题

根据对大学生的调查和心理咨询实践，发现大学生常见的不合理信念主要表现在以下几方面：

（一）自我的不良认知

大学生的不合理信念集中地表现在自我认知上，面对自我的不良认知又主要表现为自卑。常见的不合理信念如下：

①我这么矮，别人肯定瞧不起我。
②我长得不漂亮，肯定没人喜欢我。
③只要别人有一处强过我，我就该认输。
④我没有一处比同学们好，我真没用。
⑤女同学都喜欢打扮，我一点儿也不喜欢，我不像个女孩子。
⑥我来自农村，什么都比不上城里长大的同学。
⑦我组织的这项活动没有成功，是因为自己无能。

自卑是大学生对现实自我的一种主要认知偏差，有两种表现：一种是与他人比较，觉得自己在知识、能力、体貌等方面不如别人；另一种是面对要做的事或试图达到的目标，怀疑自己的能力。自卑者的认知特点是过低评估自己，只看到他人的优点，看不到自己的长处；只看到完成工作的困难，而忽视有利条件；往往把自己的成功归因于机遇好或偶然获得的，而把自己的失败归因于自身条件的不足，认为是自己的无能、愚笨、缺乏魅力造成的；在学习、工作及人际交往中，多有失效的预期。他们常常认为自己的优点和长处是无足轻重的、暂时的，其他人也很快就会具备；而别人的优点和长处却是实在的、重要的，自己难以达到。特别在外表和家庭条件等方面，更是惯于夸大他人的优势，贬低自己。这样的人往往既自卑又自尊，敏感多疑，易受伤害；容易压抑情绪，心境烦乱；行为上突出表现为缺乏勇气，胆小怕事，优柔寡断，不能发挥正常水平；常常错失良机，事后又后悔不已，长吁短叹。

　　一个人认识自我是必需的，但要客观、全面地认识，切忌片面。认识别人也一样，不能只看到别人的长处或短处。事实上，每个人都有缺点和不足，看到别人的优点而以此贬低自己是片面的、不妥的。另外，任何人都能在社会中找到合适自己的位置，因而把自己看成一无是处、无能透顶，也是片面的。

　　对自我只有较全面的认识还不够，还应该悦纳自我。自己的优点和长处要接受，缺点和不足也要接受。一个人的长相、出身是无法选择的，只有悦纳自我，才是最实际、最明智且最有帮助的态度。

　　一件事的成功与失败不能简单地归因。主观上努力、个人能力强、机遇好、有外界相助、任务容易等都有利于获得成功；机遇不好、任务难度大、主观欠努力和能力欠缺都可能导致失败。因此，要具体分析每次的失败和成功的原因，要扩大"视野"，既要看到自身的因素，又要看到外部环境的因素；既要看到自身的客观条件，又要检查个人的主观努力程度，从而做出恰如其分的评价和相应的调整。否则，犹如管中窥豹，只见一斑，难免有失偏颇。

（二）人际交往的不良认知

对人际交往的不良认知是引起大学生人际关系困惑、障碍的重要原因之一。常见的不合理信念如下：

①我必须与周围的每个人建立密切关系。
②应随时防备他人，言多必失。
③接受别人的帮助，必须立即予以回报。
④人都是自私的、不可信任的。
⑤别人都应该待我好。
⑥只有顺从他人，才能保持友谊。
⑦别人对我好是想利用我或占我的便宜。
⑧有些人自私自利、斤斤计较，他们应该受到指责和惩罚，我不能与他们来往。
⑨朋友之间应该坦诚，所以不应有保密的事。
⑩如果有一个人对我不好，说明我的人际关系有问题。

⑪应随时思考别人是否有兴趣与我交往。

在人际交往的认知偏差中，有一部分与自卑有关，其认知特点是以他人为中心。这种人与他人交往的目的似乎只是为了使别人高兴，使别人满意，其实是为了获得他人对自己的认同。他们十分担心说话做事得罪别人或有什么地方让人不满意，因而总是谨小慎微，甚至畏畏缩缩，不敢大胆发表意见；总是尽力顺着别人的兴趣和意向，而不惜牺牲自己的选择权和自主性；与不熟悉的人相处时，常常担心别人并没有与自己交往的兴趣，因而缺乏主动交往的勇气；不轻易接受他人的帮助，即使偶尔接受了他人微不足道的帮助，也会受宠若惊，连声道谢，并设法尽快给予回报。他们关心别人，但在集体和他人中往往缺乏威信；人际关系良好，但对此的自我满意度却较低，常有压抑感，易受人际焦虑的困扰，感觉活得很累。

另外，一部分人在认知上以自我为中心。认为人都是自私自利的；人与人之间钩心斗角、尔虞我诈，是不可相信的，只有自己才最可靠。因此，凡事从个人利益出发，斤斤计较，常为些蝇头小利大动干戈或闷闷不乐，嫉恨他人；对人常怀有防范之心，生怕自己的利益受到侵犯；缺乏真诚，不愿表露自己的真实思想；死守"害人之心不可有，防人之心不可无"的信条，对与自己相关的人事、名利非常敏感。这种人戒备心强，缺乏安全感，对他人和集体缺乏感情，同时也不指望得到他人的关心和帮助，甚至认为他人的帮助是别有用心。因而孤独、寂寞、好嫉妒、缺少朋友，常与周围的人闹矛盾，甚至怀有敌意。

还有少数人自视清高，把别人的言谈举止、行为习惯视为庸俗、缺乏修养，或能力低下。他们不屑与别人交往，或把别人当作可以随意支配的小人物。这种人往往没有良好的人际关系而不自知。

人际交往是一个互动过程。只要主动去交往，一般总能得到他人的回应。如果谁都想着对方主动与自己交往，则友谊难以启动；只有以真诚和信任对人，才能换得他人的真诚和信任，否则难以建立真正的友谊。古语说"水至清则无鱼，人至察则无徒"，人无完人，只有理解和宽容，友谊才能巩固和持久。另外，在双方交往中，既要注意相互间的协调和谦让，又要注意保持自己的个性，这样才能达到互相弥补、互相提高的目的。其实，保持个性还是在交往中赢得对方尊敬、兴趣的保证。

（三）挫折的不良认知

认知是影响挫折反应性质和程度的关键因素。大学生对挫折的不良认知如下：

①一旦这种事情（如退学、失恋、受到学校处分等）发生在我身上，那我就完了。

②与其冒失败的风险，还不如不干。

③我从来没有失败过，失败一定非常可怕，我会受不了。

④别人的看法是非常重要的。一旦失败，外界一定会议论纷纷。

⑤人只能成功不能失败，失败就是弱者。

⑥任何事情只要去做，就应该做得彻底而完美。

⑦一个人犯了错误，有了污点，那一辈子也无法抹掉。

大学生进大学前大多一帆风顺，富有优越感。因而有些人认为自己不会遇到挫折，缺乏对挫折的思想准备，一旦遭受挫折，则不愿承认和接受，采取逃避的方式；有的人往往把挫折对自己可能带来的影响无限夸大，将暂时的、局部的损失视为永久的、全面的丧失；有的人面对挫折不是考虑如何接受挫折并做出调整，而是把注意力放在别人的评价上；有的人有过失败的体验，就不敢做新的尝试；还有的人对己对人要求过高，追求完美，因而往往感到不理想、不满意，内心常常体验到挫折带来的痛苦和沮丧。

二、常见认知问题的调适

（一）表栏法

表栏法的基本理论是，认知曲解是我们产生不良情绪的主要原因。调适的目标就是纠正认知曲解，以辩论的方式来提高认知，具体方法是在纸上列出表格（如表4所示）。

表4 表栏法表格模式

事件情况	自然反应（自我批评）	认知曲解类型	理性反应（自我辩护）
简述引发不快事件情况	写出伴随情绪出现的反应	辨别每个反应的类型	针对自然反应写下理智的想法、合理的辩驳
例：叫我搞卫生，心里不爽	我不主动，是自私的、无能的；别人恨我，朋友会小看我	绝对化想法；草率下结论	有许多事都主动做，也愿帮助人；我做事是真诚的，朋友是理解的

注意：按表格第二行的要求填写。应特别重视第二列、第四列的内容。在填写和默读中就会有新感受、新理解。

（二）合理情绪疗法

合理情绪疗法是以认知理论为基础的，也糅合了行为疗法的某些技术。其目标是消除消极情绪，纠正不合理认知。该疗法的关键技术是与不合理的信念或认知进行辩论，主要围绕以下问题反复自我辩论：

①我要与哪个不合理的信念或认知辩论并放弃它？
②这个信念（认知）是否正确？
③有什么证据使我得出这样的信念是错误的结论呢？
④如我没能做到自己认为必须要做到的事情，可能产生的最坏结果是什么？
⑤如没能做到自己认为必须做到的事，最好的结果是什么？

通过这样的反复辩论，使当事者真正意识到自己不合理的信念或认知，从而建立起相应的理性的认识。

（三）贝克的认知疗法

贝克强调，认知疗法对心理障碍的治疗重点在于减轻或消除功能失调的活动，并帮助患者建立适应性的功能；鼓励患者对导致障碍的思维和认知过程，以及情感、动机等内部因素进行自我监控。贝克进一步提出了5种具体的认知疗法。

1. 识别自动化思维

由于这些思维已构成患者思维习惯的一部分，多数患者在不良情绪反应以前不会意识到存在这些思想。因此，在治疗过程中，治疗者首先要帮助患者学会发掘和识别这些自动化思维过程。具体的技术包括提问、指导患者自我演示或模仿等。

2. 识别认知性错误

所谓认知性错误指患者在概念和抽象性上常犯的错误。典型的认知性错误有随意推论、过分概括化、"全或无"的思维等。这些错误相对于自动化思维更难于识别。因此，治疗者应听取并记录患者诉说的自动化思维，以及不同的情境和问题，然后要求患者归纳出一般规律，找出其共性。

3. 真实性验证

将患者的自动化思维和错误观念视为一种假设，然后鼓励患者在严格设计的行为模式或情境中对这一假设进行验证。通过这种方法，让患者认识到他原有的观念是不符合实际的，并能自觉地加以改变。这是认知疗法的核心。

4. 去中心化

很多患者总感到自己是别人注意的中心，自己的一言一行、一举一动都会受到他人的品评。因此，他常常感到自己是无力的、脆弱的。例如，某个患者认为自己的行为举止稍有改变，就会引起周围人的注意和非难，因此治疗者让他不要像以前那样去与人交往，即在行为举止上稍有变化，然后要求他记录别人不良反应的次数。结果他发现很少有人注意他言行的变化。

5. 抑郁或焦虑水平的监控

多数抑郁和焦虑患者往往认为他们的抑郁或焦虑情绪会一直不变地持续下去，而实际上，这些情绪常常有一个开始、高峰和消退的过程。如果患者能够对这一过程有所认识，那么他们就能比较容易地控制自身的情绪。所以，鼓励患者对自己的抑郁或焦虑情绪加以自我监控，就可以使他们认识到这些情绪的波动特点，从而增强治疗的信心。这也是认知治疗常用的方法。

此外，在实际治疗过程中，贝克还特别重视患者的潜能。他强调，治疗者应注意引导患者充分调动和发挥自身内部的潜在能力、对自己的认知过程进行反省、发现自己的问题并主动加以改变。贝克相信，患者情绪和行为上的不适应是由于在某些特殊问题上错误地使用了共同感受这一工具，使其特定的认知方式与常人不协调，而不是整个的认知系统都遭到破坏，在这些特定的问题之外，他们仍可能有正常的认知功能。因此，如何帮助患者利用这些功能解决自己的问题，是治疗者的首要任务。贝克的这种观点对认知治疗也具有重要意义，并且已经成为心理治疗的重要原则之一。

第三节　自我认知能力训练

如果我们想美好的事情，美好的事就跟着来；如果我们想邪恶的事，邪恶的事就跟着来。我们整天想什么，我们就是什么样子。所以，我们永远不要说："我不行""我干不好""我会失败"等。做人不能狂妄自大，但绝对需要自信心。自信心是一种自我激励的精神力量，是对自我的充分相信，是一个人走向成功的源动力。凡是有自信的人，都可表现为一种强烈的自我意识。这种自我意识使他们充满了激情、意志和战斗力，没有什么困难可以压倒他们，他们的信条就是"我要赢"。因此，本节的心理训练就是改变以往对自己消极的认识，树立自信的感受。

一、训练设计

①撕掉坏标签；
②你棒，我也棒；
③喊出自信。

二、具体训练方法

（一）撕掉坏标签

【目的】告别自卑，告别过去；提高自信，突破自我，重塑自我。

【时间】约 50 分钟（根据人数而定）。

【准备】纸、笔、小土（水或火）包。

【操作】大家把对自己具体的、形象的、生动的消极评价写在纸上（不允许看别人写的"坏标签"），甚至生气时骂过自己的话全都想出来、写出来；写完后，每个人准备一份"悼词"（团队写一个公用悼词），每个人可以任选埋葬坏标签的方式——土葬、水葬、火葬。埋葬时，指导者做"葬礼主持"，在旁边用低沉的语气诉说之后，带着大家念"悼词"（似宣誓一般）。如"今天，我在这里埋葬了我身上的坏标签，它从此永远地离开我，我将不再用它来评价自己了。它和我在一起生活了很久，它给我理由让我不努力学习，它用嘲讽和批评让我灰心丧气，它用贬低的语言让我自卑。现在，它离我而去了，我会有些不习惯，不能用'我笨'做借口逃避努力，我不习惯；得到好成绩引起别人的注意，我也不习惯；自信而又充满活力，我也不习惯。但是，我会让自己慢慢习惯，因为新的我更成功、更快乐。"念完后，我们来挖个坑或者叫"墓穴"，大家排成一队，把自己的坏标签撕掉，轮流扔进坑里……

最后，请大家立正哀悼。让我们庆祝一番：哦！我们成为一个新人喽！

这个训练让每个学员去体验：埋葬消极，埋葬过去，才能建立自信，重整未来。

（二）你棒，我也棒

【目的】通过听、喊及手势语言提高自信心，增强生命力，勇敢面对人生。

【时间】约 1 小时（根据人数而定）。

【准备】在黑板上写："你棒，我也棒！"

【操作】①学员坐着赞扬其他学员，找出每一位学员的优点，通过思考的方式鼓励每一位学员，使学员在鼓励中发现自己的优点，从而建立自信。例如，我们先从 A 学员开始，每个人轮流表扬 A 学员，不要不好意思，不许以开玩笑的口气；同时，A 学员也要大大方方地说："谢谢！"全部学员互相称赞完时，请大家一起说："你棒，我也棒！"

②组织学生列队站好，指导者站在前面，面对学生，让学生跟指导者一起做，先是用右手指头碰一下左肩，然后再碰一下右肩，然后右手竖直大拇指从胸口用力伸出去说："我真的很不错。"再换左手做同样的动作，说："我真的很不错。"最后换双手齐做，双手交叉用拇指碰左右肩，然后从胸口将双手用力伸出去，拇指朝上，说："我是真的真的真的真的真的很不错。"重复三遍，声音洪亮，动作有力，表现出充满自信的神态。若有歌曲，可编成一套舞蹈动作。

这个训练让每个学员去体验：说一百遍自信的道理，不如亲自去喊一次，去舞一次，去赞扬一次，去鼓励一次。

（三）喊出自信

【目的】增强自信心、勇气、胆量；解除陌生、焦虑，克服恐惧、胆小心理。

【时间】约2小时（根据人数而定）。

【准备】选定一个广场为活动地点，该广场一定要在闹市区。

【操作】写10～20句自我激励的口号，如"我自信积极，我不卑不亢，我坚强果断，我敢作敢为""我豁达开朗，我轻松自在，我聪明活泼，我坚定沉稳"。先让学员们背熟，然后列队到活动地点，在广场上排成正方形的三个边，面向陌生人，学员们轮流喊口号。面对过路人，举起右手，做宣誓状，用尽全力把口号喊出来。不认真、不用力、不大声的，都得重新做，直到大家鼓掌表示满意为止（这种口号最好早晚各喊一遍，养成习惯）。

这个训练让每个学员去体验：在广场上，面对那么多的陌生人时，我们有自信心吗？怕遇到熟人吗？自信不是学出来的，自信是喊出来的。因为它是我们血液里的细胞、骨骼里的骨髓。

第八章　学习心理教育与训练

"学习"一词在我国古代文献中就出现了，孔子说"学而时习之，不亦说乎"，又说"学而不思则罔，思而不学则殆"。古代儒家的学习观点在一定程度上揭示了学习与练习、学习与情感、学习与思维的关系。《三字经》中"玉不琢，不成器，人不学，不知义"也从一个侧面说明了学习的重要性。长期以来，许多心理学家、教育学家和哲学家从不同的角度提出了许多不同的学习理论，学习是人类自身生存和发展的重要手段。本章主要从学习概述、常见的学习心理问题及调适和学习能力提升训练三个方面进行了研究。

案例导入：刘某，男，18岁，大一学生。自我陈述：我现在感到学习压力很大，注意力不集中，学习效率也很低。有时做一道题要花费很长时间，上自习看书时总是走神，看到周围的同学学习都很刻苦，我也不敢懈怠，每天拼命学习。我每天早上7点起床，有时早餐也来不及吃就去教室，中午也舍不得休息，晚上要12点至凌晨1点才睡，结果上课总是犯困。

前段时间我买了一本很好的数学参考书，心里很不想告诉别人，不想让别人看见，但我又担心别人发现后说我自私，心里很矛盾。中学时住在家里就不会出现这种情况，买了好书放在家中，别人也不会发现。

还有一次，我觉得学习太累了，就一个人上街逛了半天。但心里也不舒服，想想又浪费了半天时间，导致现在看书也看不进去，玩也玩不开心。自己也定过学习计划，但执行艰难，在实际学习过程中基本上没有用。

我向父母诉说，他们叫我别担心，可我现在这样又怎能不担心呢？他们还建议我晨练，我坚持了两个星期后就放弃了，因为我早上要读英语，时间来不及。

分析：案例真实反映了大学生学习心理出现的不同问题。学习是大学生生活的主题，学习占据了大学生活的大部分时间，如何有效学习，如何调节学习过程中常见的学习障碍，是大学生面临的重要课题，也是本章要讨论的内容。

第一节 学习概述

学习对大学生的心理健康、心理发展有很大影响，反过来，大学生的心理健康状况、心理发展水平亦对大学生的学习产生直接的作用，两者是互为基础、互相影响、互相促进的。

一、学习概述

在心理学中，学习是一个含义极广的概念。就人类而言，小孩使用筷子、系鞋带是学习，科学家的发明创造也是学习。学生在学校里的学习是有系统、有计划和有指导地进行的。

（一）学习的含义

学习是一项极其复杂和重要的人类活动，人的生存、文化的传播、社会的进步都离不开学习。所以自古以来人们对学习行为十分重视。日常概念中的学习往往限于知识、技能的学习，如学生上课听讲、做作业，青年工人参加技术培训等。而心理学中所研究的学习是指个体在后天与环境接触中获得经验及行为产生持久变化的过程。这里的"行为"不只指外部可以观察到的外显行为，也包括思维活动和认知活动中概念与表象的变化等一些内隐行为。

学习这一概念有广义和狭义之分。从广义上说，学习是人和动物在生活过程中获得个体经验的过程。凡是以个体经验的方式所发生的个体适应变化都是学习。它是动物和人类生活中的普遍现象。但人的学习与动物的学习有本质区别，动物的学习仅仅是个体对环境的适应，是一种自然现象，只受动物自身和自然环境的支配。人的学习是社会现象，是受人类社会的历史发展规律支配的。从狭义上说，学习是指学生在学校里掌握知识、技能，形成一定的道德品质的过程，它是学习的一种特殊形式。它是在教师的组织、领导下，有目的、有计划、有组织地进行的，以掌握人类所积累的经验为主要任务。

传统的学习观认为学习就是在一定的情境中，在教师有目的、有计划、有组织的系统指导下，受教育者读书求知并获得一定结果的实践活动。而现代学习观则在对前者观念认同、传承的基础上，突出以下理念：

1. 学习是人们自觉主动的行动

现代学习观特别注重学习主体的自身需要、经验、兴趣、性格、能力、志向等，重视尊重学习主体的选择、适应和潜能。因此，新的学习观认为学习不只是学习者的标准化、强制性的活动，更重要的是要成为学习者自觉、主动、积极的行为。

2. 学习是学习者社会化的全部过程

所有通过感受器官通向大脑的活动都是学习。在《学习的革命》一书中，作者指出我们所看、我们所听、我们所尝、我们所触、我们所嗅、我们所做的均为学习。传统的学习观特别看重结果，认为有了良好成绩的学习才被称为学习，而对成绩较差或无结果的学习行为则未能给予价值认定。

3. 学习是掌握社会和个体经验的过程

传统的学习观认为人类的学习是个人系统掌握社会和个体经验的过程，是通过语言和文字为中介而实现的。因此，只有接受、吸收、掌握和占有了前人的知识和经验并转化为自己的知识与经验，才是学习。然而以智力资本为特征的知识经济社会更重视学习主体在实践过程中的内在感悟、体验、发现和探究。

（二）学习理论

1. 巴甫洛夫——经典条件反射学习理论

俄国生理学家巴甫洛夫在用狗为实验对象进行消化腺研究时发现，假如一定频率的节拍器声响（条件刺激，CS）与肉粉（无条件刺激，UCS）多次结合，原先只由肉粉（UCS）引起狗的唾液分泌（无条件反应，UCR），现在节拍器声响单独出现也可以引起类似的唾液分泌反应（CR）。也就是说，当 CS—CR 之间形成了巩固的联系时，学习便出现了。我们也可以说，在此情境中，狗学会了听一定频率的节拍器声响。

2. 桑代克——尝试与错误学习理论

桑代克根据猫学习开启迷笼外出得食的实验，得出了他的学习理论，其理论包括如下两大要点：

①学习是经由尝试与错误的过程，在问题情境中，个体表现出多种尝试性的反应，直到其中有一个正确反应出现，将问题解决为止。该正确反应就是个体在该刺激情境中学得的特定反应。这种从多种反应中选择一种与特定刺激固定联结的历程，称为尝试错误学习。

②桑代克提出了三个学习定律：准备律、练习律和效果律。

3. 斯金纳——操作条件反射学习理论

斯金纳在 20 世纪 30 年代发明了一种所谓斯金纳箱的学习装置，箱内装上一操纵杆，操纵杆与另一提供食丸的装置连接。把饥饿的白鼠置于箱内，白鼠偶然踏上操纵杆，食丸装置就会自动落下一粒食丸。白鼠经过几次尝试，会不断压杠杆，直到吃饱为止。这时我们可以说，白鼠学会了按压操纵杆以取得食物，按压操纵杆变成了取得食物的手段或工具。所以操作条件反射又称工具条件反射。在操作条件反射中的学习也就是操纵杆（S）与压杆反应（R）之间形成固定的联系。

4. 班杜拉——社会学习理论

社会学习理论又称模型模仿理论。这一理论试图阐明人怎样在社会环境中进行学习，从而形成和发展他的个性特点。他人特别是父母、教师、同伴和其他如英雄模范等，起到学习榜样的作用。个体通过观察他人所表现的行为及其结果而调节自己的行为，这就是观察学习。

5. 学习的信息加工理论

近来认知心理学家把学习看作信息的加工与存储。学习行动的各加工阶段分别为：注意、选择性知觉、复述、语义编码、检索、反应组织、行为表现及反馈等。

总之，前四种学习理论比较适合解释情绪、动作技能与行为习惯的学习，而信息加工理论则较适合解释比较高级的认知学习。

（三）学习的意义和作用

1. 有机体和环境取得平衡的条件

学习是有机体与其生存环境保持平衡的必要条件。动物为了适应变化的环境，需要学习，而人不仅要适应环境，而且要改造环境使环境，更好地为人类服务，这就更需要学习。有人认为，低等动物的生活方式极为简单，只要依靠本能就能适应环境、取得平衡。例如，没有神经系统的原生动物只有最低级的感应能力，对学习几乎没有要求或要求极低。但是现在已经证明，草履虫经过练习能减少在毛细血管中旋转的时间，这显然是由于经验引起了行为变化。由此可见，在原生动物中也有学习发生。而人类的个体生活中从出生到老死整个过程，都离不开学习。

2. 促进成熟与心理发展

①学习可以影响成熟。所谓成熟，指个体生理方面的发展，它受生物学规律的支配。生理的结构和机能为学习提供了可能性，在个体发展的一定阶段，学习什么，从何时开始，都要以学习者的相应成熟为条件。但是，如果个体的生理结构得不到使用，它的机能就会消退。如果对初生的动物剥夺某方面的刺激作用，则可以影响其相应的感觉器官的发育和成熟，如理森对黑猩猩进行的"剥夺研究"。所以，没有环境的刺激作用及学习活动，正常的成熟是不可能的。

②学习能激发人脑智力的潜力，从而促进个体心理的发展。我们知道，

有些人在小时候学习成绩和能力水平都很差，但后来他们却成为有成就的人，有了很高的智力水平和伟大成就。例如，达尔文小时候曾被认为是低能儿，牛顿小时候学习很差，华罗庚在初一时还补考过数学。那么是什么使他们产生了如此巨大的变化呢？是学习把他们大脑中的潜能激发出来了。人甚至到了中年、老年，还可以发挥个体头脑中的潜能。

二、大学生的学习特点

大学生的学习与中小学生相比，有着明显不同的特点。这些特点表现在学习过程的自主性、学习方式的广泛性、学习内容的专业性和学习目的的探索性等方面。

（一）学习的自主性

自主性是指学生在学习过程中主观能动作用的发挥。自觉主动地学习是大学学习活动的核心。大学的学习和中小学相比，很大的差别就在于整个学习过程中教师指导性的教学多，指令性的要求少。因此，大学生的学习不能完全依赖教师的计划安排，不能单纯接受教课内容，必须充分发挥主观能动性，体现自主性的特点。有不少大学一年级新生对大学的学习感到难以适应，其原因就在于在大学已失去对教师和书本的依赖，又未形成自主学习的习惯。大学学习的自主性特点体现在大学学习过程的始终，并且反映在学习活动的各个方面，如学习时间的自主安排、学习内容的自主选择和掌握、学习方法的自主选择等。

与中学阶段相比，大学学习的课程门类明显增加，而课堂教学的时间又相对减少，学习成果的优劣在很大程度上取决于大学生自己对学习时间的计划和安排。大学生应该合理安排好学习时间，协调好课堂听课、课后复习和自习等学习环节。不少学生带着"中学时期苦苦拼搏，进大学后要痛痛快快玩个够"的想法来上大学，并以这种思想指导大学课余生活的安排，结果学习松懈，学业荒废，成绩下降。

大学教师讲课往往是提纲挈领式的，有时课堂上讲的只是自己最有心得的一部分，或是该段教学内容的关键所在，其余部分就要由学生自己去攻读、理解、掌握。这是一种充分体现自主性特点的学习方式。因此，培养和提高自学能力是大学生必须完成的一项重要任务。大学生应逐步学会不需要教师也能获得知识，具备更新知识的本领。这不仅直接关系到大学学习的优劣成败，对学生今后的发展也至关重要。在知识更新周期越来越短的现代社会，具备自学能力是进行终生学习的一个基本条件。

大学生虽然也按照教师的要求学习，但是不像中学生那样绝大部分时间是被动地完成教师布置的学习任务，而是具有相当程度的自主选择性。除了公共必修课和基础课之外，大学生对于学校开设的选修课，可以根据自己的需要、兴趣、特长等自主选择。有些课的知识需要巩固掌握，有些课仅做一般了解，有些课可以不学。据调查，学生自主选择学习内容的标准按选择人次的多少大体排列顺序如下：①学科内容在实现自己理想过程中所占位置（包括继续升学）的重要性；②学科内容本身的深刻性、理论性；③毕业后工作需要自己在某方面学习成绩突出；④任课教师讲授艺术的感染力。

学习方法是由大学生自主决定的。在多种多样的学习方法中，个人可以找到适合自己的最有效的学习方法。在大学里，教师不会规定该用什么方法去记忆，怎样阅读，往往只是直接提出学习的目标和要求，用什么方法达到目标，则由学生自主选择。一般来说，大学的学习已不再是靠死记硬背去接收教师整理过的一些知识，而是靠自己去理解、消化知识。这个消化的过程充满了自主性。

（二）学习的广泛性

广泛性反映了大学学习具有多层面、多角度等特点。课堂教学是大学生学习的主要途径，但绝不是唯一途径。大学生在学习过程中可以通过各种不同的途径和渠道吸收知识，也可以靠广泛的学习兴趣去探求、获得课程之外的知识。这样便可以扩展、丰富和充实课堂上和教科书上所涉及的知识。

大学学习活动的安排反映出了这种广泛性的特点。在大学期间，学生有较多的自由支配时间，可以在学校提供的条件下广泛地学习，如听各种学术报告、知识讲座，参加专题讨论、社会调查，查阅图书馆提供的大量文献资料等。众多的形式和方法为大学生从不同层次、不同角度学习知识创造了机会。大学生只有通过广泛的学习，才能比较全面地把握知识体系，锻炼能力和才干。

广泛性的另一种表现是大学生在学习活动中可以发展自己的兴趣。大学生可以按自己的兴趣和意愿有选择地学习一些知识，这样在专业方向上就有了可以调整、取舍以及发挥的余地，在实际应用时如虎添翼。

（三）学习的专业性

专业性是大学学习活动比较直观的特点。大学学习既不同于以掌握知识为主要目的的中小学学习活动，也不同于以完成职业任务为主要目的的职业学习活动，它是围绕着如何使大学生尽快成为某一方面的专门人才而组织和进行的学习活动，具有高层次的职业指向，学生学成之后能够成为工程师、经济师、农艺师、经理，以及其他科技、教育、医务、文艺、法律、新闻、外事、军事、党政等各种高级专业人才。因此，大学生所学课程的内容都是围绕着专业方向和需要来展开的，基础课、工具课和专业课等课程的设置有助于构建大学生适应性的知识结构和能力结构。当然，大学生所学内容也要随着专业在社会中的变化和社会的需求而不时有所变化、更新。例如，随着社会信息化程度的提高，电脑的应用越来越普及，不少理工科专业甚至一些文科专业的基础课程都增添了计算机技术以及依靠计算机辅助的有关设计、管理、计算等课程。又如，由于对外开放和对外交流的不断深入、发展，社会对大学生的外语水平要求越来越高，所以大学校园中的"外语热"持续不断，相应对外语课的深度、精度和实践性也有了更高的要求。

值得一提的是，不能因为大学学习具有专业性特点，而将大学学习与职业技术培训或进修混为一谈。后者更注重于技术的专门应用和训练，而前者却要求理论知识和应用技术并重，因而学习的范围更宽、程度更深。所以，大学学习期间通常只是确定一个大致的专业方向，更具体、更细微的专业目标是在学习深入的过程中逐步明确的，甚至要在踏上社会、进入工作领域后才能进一步确定。刚刚工作的大学生的专业技能可能一开始不如从职业技术学校毕业的学生，但是，具有更佳专业素养的大学生拥有更强的适应能力和潜力，很可能在一段时间之后反而"后来居上"，发展得更好。

（四）学习的探索性

爱因斯坦曾强调："高等教育必须重视培养学生具备会思考、探索问题的本领。"探索性是指表现在学习过程中的创新意识和初步的创造性活动。

大学生在系统学习知识、不断掌握专业技能的过程中，学习能力（主要是思维能力）将有较大的发展和提高。在此基础上，学术上的新观点、新理论、新成就必然会触动学生的创造欲，乃至渐渐形成一种希望自己能重组已有知识或从崭新角度分析和解释问题的内在动机。这充分表现在大学生喜欢以自己的思路、自己的语言表达对事物的理解，并极喜欢对未知领域进行尝试性的探索等方面。有不少学生积极参加教师的科研工作，有些学生在校期间能发表有创见的论文或参加科技竞赛，也有些学生直接到社会上承接研究课题。

探索性不仅表现在大学生完成论文（设计），参加学术报告会、讨论会和学术活动上，也表现在所学的课程内容上。大学生的学习不只是掌握知识，还要掌握科学的研究方法，了解各学科存在的问题及其解决的可能性。因此，大学生除了完成论文（设计）之外，还要尽量主动地进行科学研究，学会对未知领域的探索。

大学学习活动的主要特点之间有一定的联系，自主性是大学学习活动的基本要求，专业性反映了大学学习活动有明确的目标，广泛性是大学学习活动的拓展，探索性是大学学习活动的深入。因此，没有自主性，就不可能形成探索；缺少探索性，自主性就无法发展；离开专业性，广泛性就缺乏核心；失去广泛性，专业性就显得狭窄、单调。正是这些特点相互交融，才使得整个学习过程充满了活力，才使得大学各阶段的学习丰富多彩。

三、学习对大学生心理健康的影响

就学习活动本身而言，学习是人与环境保持平衡、维持生存和发展所必需的条件，也是适应环境的手段。学习能促进人的全面发展以适应社会的需要。因此，学习对心理健康是有益的。当然，如果学习不健康的内容，就会带来消极的影响。同样，一个人的心理健康状况也会对学习产生影响。

（一）学习对心理健康的积极影响

前面已经谈到了学习具有发展智力、开发潜能的作用。每个人都有与生俱来的潜能，但是这种潜能只有通过学习才能得以表现，并进一步得到开发。并且，一个人的智力也是在学习过程中不断发展的。心理卫生学认为，一定的智力水平是心理健康的基础，而潜能的开发状况则与心理健康状况直接相关。

学习能带来心理上的满足，使人体验愉快的情绪。一个人乐于工作，就常常能从工作中找到乐趣，每当完成一项任务、取得一项成绩就会感受到自己的价值和尊严，就会有一种自我效能感，并感到喜悦和满足。而在遇到不如意的事情时，若能埋头工作，就可以实现注意转移，使自己忘掉烦恼，从工作成绩中得到安慰。大学生的"工作"就是学习。因此，努力学习、善于学习，有助于大学生的心理健康与发展。

此外，大学生的学习活动还有助于纠正错误的认知观念，发展正确的认知方式；有助于建立和谐的人际关系，发展健康情绪和高级情感；有助于改善意志品质，培养健全人格等。

（二）不良学习对心理健康的消极影响

学习是一项艰苦的脑力劳动，在学习活动中，需要消耗大量的生理、心理能量。如果学习方式不当，就会事倍功半，影响学习的积极性；如果学习内容过多、负荷过重，就会由于压力过大而引起身心不适；如果搞"疲劳战术"，不注意劳逸结合，则会损害身心健康；如果学习环境嘈杂、肮脏，则会使人心烦意乱、学习效率较低等。

此外，学习内容不健康会严重污染大学生的心理，使一些辨别能力差、抵抗力弱的大学生受害。

（三）心理健康状况对学习的影响

一般而言，心理健康的大学生学习成绩要优于心理不健康者。对于具备一定智力基础的大学生来说，非智力因素比智力因素对学习更具有影响力。非智力因素指的是不直接参与认识活动，即不具有加工、处理信息的功能，而是个体内部的动力系统。这个系统包括需要、动机、情感、兴趣、意志、性格、价值观等因素，它对人的认识活动和行为具有驱动、定向、引导、持续、调节和强化等功能。

学习活动是智力和非智力因素共同参与的过程。在学习过程中，非智力因素能够转化学习动机，成为推动人们进行学习的内在动力。学生选择什么学科作为自己的主攻方向、探索哪一方面的课题，都和学生的需要、兴趣、情绪、态度、意志、个性特点等心理因素直接相关。因此，良好的心理健康状况即正常的智力、健康的情绪、坚强的意志、良好的个性、正确的自我意识、和谐的人际关系、较强的适应能力等，对大学生的学习有很大的促进作用；反之，如果心理健康状况不佳，甚至有心理疾患，则会不同程度地妨碍大学生的学习，抑制大学生潜能的开发，严重者甚至无法学习。

第二节 常见的学习心理问题及调适

一、常见的学习心理问题

（一）学习动机不当

1. 主要表现

学习动机不当包括学习动机不足和学习动机过强，这二者都会影响大学生的学业效能感。学习动机不足的主要表现为：无明确的学习目标、为学习而学习，甚至厌倦学习和逃避学习。学习动机过强可分为：成就动机过强、奖励动机过强、学习强度过大。其主要表现为过于勤奋、争强好胜、情绪紧张、容易自责。

2. 主要原因

①学习动机不足的原因主要是学习动机不正确、社会责任感不强、价值观念不强、学习态度不端正、学习毅力不强、对所学专业不感兴趣、对自我的学业期望不足、学业自我效能感低等。

②学习动机过强的原因是个体学业期望过高，自尊心强，对自己的学习能力缺乏恰当的估计，因而造成学业自我效能感下降，导致心理压力大；渴望学业成功而又担心学业失败，受表面的学业动机的驱使，渴望外在的奖励与肯定，特别是由于学业优秀带来的心理满足使学生更看重自己的学业优势，造成学习强度过大而引起心理疲劳。

（二）学习疲劳

学习疲劳是因长时间持续学习，在生理、心理方面产生的劳累，致使学习效率下降，甚至出现健康方面的问题使之不能继续学习的状态。

1. 主要表现

学习疲劳分为生理疲劳和心理疲劳两种。生理疲劳主要是肌肉受力过久或持续重复伸缩造成肌肉痉挛、麻木、腰酸背痛、动作不准确等。心理疲劳的症状是感觉器官活动机能降低，注意力涣散、思维迟钝、情绪躁动、忧郁、厌烦、学习效率下降。学习疲劳是一种保护性抑制，经过适当的休息即可得到恢复，这是合乎心理、生理规律的。但是如果长期处于疲劳状态，大脑有关部位持续兴奋，就会导致大脑兴奋和抑制过程的失调，严重的会引起神经衰弱。

2. 主要原因

造成学习疲劳的主要原因是：学习时过分紧张，注意力高度集中，持久的积极思考和记忆，学习内容单调乏味，缺乏学习的兴趣，在异常的气温、湿度、噪声和光线不足环境下学习，睡眠不足等。

（三）注意力不集中

1. 主要表现

注意力是心理活动对一定对象的指向，具有指向性、选择性和集中性。注意力是人类学习的前提，注意力在大学生学习中具有极其重要的意义。

注意力不集中的主要表现：一是上课不能专心听讲，大脑常常开小差，盯着黑板却心猿意马，思维飘逸；二是易受环境的干扰，教室外的小动静都能引起注意力的转移，而且长时间不能静心；三是参加活动，如参加体育运动或看一场电影后，久久沉浸在回忆之中不能自拔。

2. 主要原因

大学生注意力不集中的主要原因：一是由于青年时期发展任务多，因而压力与心理冲突加剧，特别是恋爱等更容易引发注意力问题；二是生活事件导致心理应激，如考试失败、家庭生活发生重大变故、经济困难、评优失败、失恋、宿舍关系失和等造成的思想负担重，使精力分散；三是学习动机不足，学习焦虑过低，缺少压力与紧迫感。

（四）考试焦虑

1. 主要表现

考试是一种复杂的智力劳动，是一种非常状态，要求考生头脑清醒、情绪稳定。考试焦虑是一种严重影响知识水平发挥的情绪反应。考试是滋生紧张情绪的土壤，有的学生因考试紧张，不能正常发挥自己的水平。这主要是由于求胜心切，加重了心理负担，求胜动机在大脑皮层的某一区域形成了占主导地位的兴奋中心，致使其附近区域处于抑制状态。这会破坏知识之间的联系，妨碍对知识的调动与提取，而记忆的暂时中断往往会加重焦虑情绪，从而加深考生对考试成绩得失的忧虑。于是导致恶性循环，容易造成错答、漏答或不知如何应答。在焦虑的状态下，学生的分析、综合、抽象、概括等具体思维能力无法正常发挥，导致考试失败。

考试焦虑的具体表现：一是情绪上表现出担忧、焦虑、烦躁不安；二是认知上表现为注意力不集中，记忆力下降，学习效率降低，思维僵化；三是行为上表现为坐立不安，手足无措；四是身体上表现为头痛、食欲下降、恶心、心慌、睡眠不好等。具有高度考试焦虑的学生在考前还会出现明显的生理、心理反应，如过分担忧、恐惧、失眠健忘、食欲减退、腹泻等症状；在临考时，心慌气短、呼吸急促、手足出汗、发抖、频频上厕所、思维肤浅、判断力下降、大脑一片空白；个别学生在考场上出现视障碍，如看不清题目、看错题目、漏题丢题、动作僵硬、手不听使唤、出现笔误等。

2. 主要原因

（1）不能正确对待考试，担心考试不及格

这类学生主要是基础比较差，学习比较吃力，对大学学习不适应，学习方法不灵活，把考试看得过重。他们时常想，如果考不好会被父母责骂，会降级，会被同学耻笑。"万一考砸了怎么办？""如果这次考砸了，家里会……同学会……"等想法总是困扰着他们，使其难以集中注意力，难以入眠，导致记忆力衰退。这些夸大了考试重要性的想法和自己凭空想象的"严重后果"不仅使他们无法好好复习，而且加重了他们对考试的焦虑。

（2）心理上自责和不服气的精神压力

一些大学生为保持在高中时代的学习优势，想在来自各地的学生中脱颖而出，因此对自己要求很高，希望自己十全十美，对每次考试都要求比别人考得好。一旦负于强手，在心理上就会产生自卑、自责感。有些人则因家长或教师对其成绩过于关注，要求太严，每次考试都会背着沉重的思想包袱，产生种种想法。这些学生一旦面对不太有把握的考试，便会产生严重的焦虑情绪。

（3）外部压力大

在市场经济下，人才竞争十分激烈。一方面，父母或教师对学生的考试成绩有过高的要求；另一方面，各种评优、评先和奖学金的标准以成绩为主。由于社会和学生自己给考试赋予了太多额外的负担，认为考试成绩事关前途命运、脸面、地位、名誉等，这些都是造成学生考试焦虑的主要原因。

（4）用脑不科学

有些同学只顾拼命复习功课，放弃了正常的睡眠和必要的文体活动，长期打"疲劳战"，身体过度疲劳，脑神经缺乏活力，结果整天头昏脑涨，学习效果很差。往往会觉得一天下来看了很多东西，但好像什么也没有"入脑"，反而更加心慌。

（5）复习方法单调

如果长时间用同一种方法复习功课，大脑皮层某一部位就会形成保护性抑制，影响记忆效果。

二、常见学习心理问题的调适方法

（一）学习动机不当的调适方法

1. 合理控制动机水平

根据自身特点和作业难度，恰当控制动机水平。学习动机和学习效果之间有着相互制约的关系。因此，在一般情况下，动机水平增加，学习效果也会提高。但是，动机水平也并不是越高越好，动机水平超过一定限度，学习效果反而更差。美国心理学家耶克斯和多德森认为，中等程度的动机水平最有利于学习效果的提高。同时，他们还发现，最佳的动机水平与作业难度密切相关。任务较容易，最佳动机水平较高；任务难度中等，最佳动机水平也适中；任务越困难，最佳动机水平越低。

2. 学习动机不足的自我调整

一是正确认识学习的价值与大学的目标，重新规划学业与人生；二是调整心态，以积极的心态对待学习，特别是学习中遇到的挫折与困难，用自身的意志战胜惰性；三是改进学习方法，提高学习效率与学业自我效能感。

3. 学习动机过强的自我调节

一是正确认识自己的潜质，制订恰当的学业目标与学业期望，调整成就动机，与此同时，脚踏实地，循序渐进，不好高骛远；二是转换表面学习动机为深层学习动机，淡化外在奖励特别是学业成就的诱因，正确对待荣誉与学业成绩；三是端正学习态度，树立远大理想，保持旺盛的学习热情，坚持不懈，便会取得预期效果。

（二）学习疲劳的调适方法

要克服学习疲劳就应该科学用脑，劳逸结合。怎样科学用脑？大脑两半球具有不同功能，左半球与逻辑思维有关，主管智力活动中的计算、语言逻辑、分析、书写及类似的其他活动；右半球则与形象思维有关，主管想象、色觉、音乐、韵律、幻想及类似的其他活动。如果长时间运用一侧大脑，就容易产生疲劳。因此，应根据大脑两半球的不同分工交替使用大脑，以延缓疲劳现象的发生。在紧张学习一段时间后，应适当休息，只有这样，才可以使身心得到放松和调节，有利于消除疲劳。保证充足的睡眠，可以使头脑清醒，精神振奋，疲劳得以消解。

1. 把握生物钟

人体的各种生理和心理功能随时间推移做规律性运动。根据科学研究，人在一天中，生物机能在上午 7～10 时逐渐上升，10 时左右精力充沛，处于最佳工作和学习状态，此后逐渐下降；下午 5 时再度上升，到晚上 9 时左右达到高峰，11 时后又急剧下降。然而，人群中最佳学习时间的分配又存在着差异：有的人上午无精打采，晚上精力十足；有的人白天精神好，晚上精神差。大学生应摸清自己的生物节律，把握"黄金时间"，合理安排学习内容，避免过度疲劳。

2. 培养学习兴趣

兴趣在繁重的学习活动中起着重要的作用。大教育家乌申斯基曾指出："没有丝毫兴趣的强制性学习，将会扼杀学生探求真理的愿望。"教育实践证明，学生对学习本身及学习科目有兴趣，就符合他的自由活动动机产生的认识倾向，可以激起他的学习积极性，这样可以缓解疲劳或推迟疲劳的到来。

3. 创造良好的学习环境

学习环境尽量布置得优雅、整洁，使人感到身心舒畅；不在有刺耳噪声的地方学习，以免心烦意乱、焦躁不安；不在过暗或过亮的地方学习，以免头晕目眩，出现视觉疲劳；不在空气污浊的条件下学习，以免胸闷、呼吸困难。总之，当出现学习疲劳时，应引起重视，及时地采取相应的措施。

（三）考试焦虑的调适方法

一是要有充分的准备。80% 的人考试焦虑是由准备不充分引起的，因此，牢固掌握知识是克服考试焦虑的根本途径。大学生首先应正确评价自我，确立恰当的学业期望，培养自信心。二是要正确对待考试结果，不以一次成败论英雄。过于担心、焦虑不仅于事无补，而且还会影响知识水平的正常发挥。三是开展考前心理辅导。对一些敏感、焦虑、抗挫折能力差、有心理障碍的学生在考试前进行有针对性的心理辅导以缓解其心理压力；对高度考试焦虑的学生进行集体辅导，使学生客观地认识自己，提高心理素质，增强心理调整能力，有效地化解外来压力，发挥出应有的水平。四是学会放松。放松有许多方法，下面我们介绍几种放松的方法：

1. 迁移法

迁移法是将注意力从消极方面转向积极方面，以便重新确定目标。过于注意那些令人担心的事物或情境就会越紧张，越紧张越注意，造成恶性循环，使心理压力不断加强。

我们可以参加各种体育活动，如打球、散步、做体操等；与家人、朋友聊天，想象美好的日子，把每天当成节日来过；每天做好班级和宿舍的卫生，让肢体劳动来缓解脑部疲劳；放一些感兴趣的东西在抽屉里，在疲劳的时候能刺激眼球；下课时适当休息，活动一下腿部和手臂。

2. 冥想法

冥想法是保持良好心态的一种有效的心理治疗方法。例如，想象自己躺在环境优美的沙滩上，沐浴着阳光；或泡在浴缸里听轻缓的音乐；或在气候宜人的傍晚散步等。当处于紧张焦虑状态时，想象自己最愉快的生活学习情景和经验，从而使心态平静，头脑清醒。

3. 调整呼吸法

当内心感到紧张时，可以做深呼吸，或采用呼吸守"点"法——眼睛看一个固定的目标，同时深而均匀地呼吸，时间久了便可形成良好的情绪。对于久坐的学生来说，下课时站在窗户或走廊前面深呼吸，转动颈部放松，或是绕操场走几圈，都是最简单有效的放松方法。

4. 词语暗示法

词语暗示法既可以用不出声的内部语言进行，也可以自言自语，甚至是在操场上用大声呼喊的方式进行，还可以写在床头、本子上等。学生可以在镜子边、桌角上贴有"微笑""我很棒""我会成功的""我一定不慌""没有什么了不起""我一定能考好"等字样；可以向同桌和好朋友说"你今天气色很不错""你挺厉害的""我要向你学习"等；也可以在书的扉页上写"我方方面面都行""你行我也行""即使你们有人不行我也行"，千万不能暗示自己不行。积极暗示的力量非常大,它可以让人变聪明,让人变健康,让人变长寿,而消极暗示会让人变愚笨,让人患病,所以千万不要消极暗示。

5. 自我激励法

自我激励法主要是用生活的哲理、榜样的事迹或明智的思想行为激励自己,以调整不良心理。例如,要相信自己是有发展前途的,凭借自己的能力、意志和奋斗精神在一个月后一定能达到目标;不能目光短浅,不以一次考试成功为傲,也不以失败为悲,我们都有自己的特长,知足常乐才是正确的。我们可以在纸上写下"我的幸运之处",如"我是女生,可以穿漂亮衣服""我有严格的爸爸和善良的妈妈""我擅长唱歌、画画"等。每天大声读几遍,逐渐形成新的自我认识,激励自己更快地进步。

6. 伙伴关怀法

面临考试时,同学们会觉得时间紧迫,因此会缩小人际交往范围,有的甚至自我封闭,常常感到孤独、无援、痛苦等。一个班级、一个宿舍的同学都是伙伴,大家可以找一些幽默的笑话、相声、漫画、书籍等一起欣赏。一个人的笑可以引起周围伙伴的笑,从他人身上感受到温暖,减少学习上的孤独感。伙伴的关怀可起到相互取长补短、相互激励、相互制约、相互分享、相互分忧的作用。

第三节 学习能力提升训练

一个人要取得成功,丰富的知识是必不可少的。纵然有人天生蕙质,如果不注意后天的学习,也是"巧妇难为无米之炊",终究成不了气候,最后不免落个平庸的结局。一个成功的人总是处于不断地学习之中。周围的环境在变、新事物不断涌现,这也要求我们不断学习。因此,本节的心理训练就是让我们感受如何去学习,以及学习能力的培养。

一、训练设计

①克隆;
②连环城;
③脑力激荡。

二、具体训练方法

(一)克隆

【目的】训练观察力、注意力、理解能力以及模仿表演能力。

【时间】约35分钟。

【准备】一套连贯的动作。

【操作】指导者选出一组人员，10人左右，A学员留在现场，其他人在室外等候（不得看到室内情况）。指导者先把这套动作做一遍给A学员看，讲给A学员听，然后再教A学员两遍，A学员看完后，叫B学员进来，A学员按自己的理解将指导者教给他的动作做给B学员看，这期间是不能说话的，做两遍后，B学员做给C学员看，以此类推。最后，指导者请最后一个学员再表演一次，说出表现的意思，再请第一位学员表演一次，说出表现的意思，并进行比较。

例如，指导者做一连串动作，动作大意是"只要有恒心，铁棒也能磨成针"。左手掌拍胸口，指"我"，然后右手握拳，在身前用力一握，小臂与大臂成直角，意为"有恒心"，接着两手张开在身前做"很粗的铁棒"再做"磨"的动作，两手拿着铁棒，左右拉，然后再做"针"的动作，两手拇指与食指捏住，右手向左，左手向右，轻轻一拉；指导者教了A学员后，A学员教B学员、B学员教C学员……

这个训练让每个学员去体验：在学习中，若教的人没有教好，学的人不认真学，没有用心观察理解，就无法学习。所以，无论我们学哪方面的知识，一定要注意力集中，多观察，多动脑筋，多理解，多问几个为什么，而且要注意所学的准确性，这样才能学得又快又好。学好了，还要学会表达学到的东西。

（二）连环城

【目的】培养学员解决问题的能力；了解解决问题的方法及各种方法的优劣比较。

【时间】约50分钟（按人数而定）。

【准备】准备卡片28张（按人数来定卡片数量），在每张卡片上写参加者在现实生活中遇到的问题；问题的答案是多元化的。

【操作】把28张卡片弄乱，从年龄最小者开始，拿出最上面的卡片，大声读出上面的内容，接下来，让所有参加者轮流提供一个合乎要求的办法，然后自己写上"Y"或"N"；如果提不出来，就算输，写一个"N"；最后评出"好"办法。每人在自己的纸上评分，"Y"为2分，"N"为0分。

例如，A学员先抽一张卡片，大声地读出来："在班里，有同学老爱用我的东西，怎么办？"首先由A学员自己先想个办法，如不借给他（这个办法只能写一个"N"）。

B学员：跟他交换用东西（这个办法可以，写"Y"）。

C学员：告诉他用完了要退还（不错，写"Y"）。

B学员和C学员的办法显然比A学员的方法好。

这个训练让每个学员去体验：没有想不出的办法，只有想不出办法的人。

（三）脑力激荡

【目的】发挥集体力量探讨解决问题的有效办法及途径。

【时间】约60分钟。

【准备】每个小组一张大纸，粗水笔一支。

【操作】全体成员分成6~8人一组，每组在指导者给定的时间内就某个题目发表意见。应遵守三条规则：①不评论他人意见正确与否；②尽可能多地出主意；③争取超过别的小组。

活动本身带有竞赛性质，每个题目限时15~20分钟，题目可根据团体成员的特点或团体咨询的目标而定，要求具体可操作。例如，"怎样减轻生活学习压力""愉快度过大学生活的方法""改善人际关系的方法"等。当指导者宣布开始，每个小组派一人记录，其他人讨论，相互启发、集思广益，列举种种可能的方法。当指导者说"停"，每个小组把自己的意见贴在墙上，选一位代表解释这些方法。全体成员一起评论，办法最多的小组可以获得"优胜奖"，方法最实用、最幽默、最有想象力的小组可以评为"幽默奖""实用奖""有趣奖""认真奖""好主意奖"。通过评比，帮助成员选择在生活中最适用的方法，拓宽思路，群策群力，依靠集体的力量，获得解决问题的方法。

这个训练让每个学员去体验：创造就是打破固有的思维和行为模式，发挥每个人的潜能。同时，体验"人多力量大"这个道理。

第九章 挫折应对教育与训练

常言道:"人生不如意事十之八九"。在人的一生中,只要有追求、有欲望、有需求,就会有失败、有失望、有失落。每个人都享受过成功的喜悦,也都品尝过失败的沮丧。挫折与成功一样,是一个人成长与发展不可缺少的因素,是人一生的伴侣。人们不仅要有迎接成功的准备,也要有面对挫折的勇气。本章主要从挫折概述、常见的挫折心理问题及调适和挫折调适能力训练三个方面进行了研究。

案例导入:王某,男,大二学生,自卑,与人交流时不能恰当地表达自己,尤其跟教师或陌生人谈话时总觉得局促不安。他很羡慕别的同学在公共场合能够从容不迫、侃侃而谈。他强烈希望改变自己,也做过很多努力,但一直无明显改观,内心非常苦恼。大学期间很少与异性同学交往,别人评价他是个冷漠孤傲的人,在成长和交往的过程中,朋友越来越少,慢慢地脱离了群体,封闭自己。后来他开始反省自己并且自责。在生活中他不管跟谁发生矛盾,都以为是自己的错,深深自责,或者把怨气都闷在心里。他总觉得难以与周围的同学建立一种和谐的关系,非常担心毕业后不能适应社会生活。

分析:大学生是一个承载着社会、家长期望的特殊群体,成长、成才的欲望非常强烈,但心理发展尚未完全成熟。当前大学生是我国社会的高压力群体。部分大学生缺乏正确应对挫折的能力和保持心理健康的方法,更有甚者遭遇挫折会出现精神崩溃和行为失常的表现,这就要求我们必须加强大学生的心理素质和人格塑造。

第一节 挫折概述

挫折既是客观的,又是主观的。挫折对人的影响与其说取决于挫折本身,还不如说取决于人对挫折的评价和态度。挫折广泛存在于每一个人的生活之中,贯穿于人的一生,遍布生活的方方面面。

一、挫折

（一）挫折的含义及分析

在社会生活中，每个人都在追求一定的目标。然而，由于社会生活的复杂性，各种客观因素和人为因素都处在相互作用、相互制约、相互影响之中，并非每个人都能一帆风顺地实现自己的目标。因此，在每个人的生活和工作中，历经磨难，走些弯路，是在所难免的。

毫无疑问，生活中各种各样的灾难、疾病等不幸事件对人来说都是一种挫折，但这并不是心理学意义上的关于挫折的含义。在心理学上，挫折的定义是：个体在从事有目的的活动过程中，遇到障碍或干扰，致使动机不能实现、需要无法满足时所产生的紧张状态或情绪反应。

当一个人顺利达到目标时，或者在追求某个目标的过程中，遇到障碍放弃了原定目标，选择了另外一个目标，这些情况都不存在挫折问题。只有在个人没有放弃目标，但由于各种阻碍或干扰，使人无法达到目标时，才会产生挫折感。例如，一个大学生为取得优异成绩，平时学习很努力，认真听课，认真整理笔记，按时完成作业，还阅读参考书，但期末考试成绩却不及格，这就会使他产生挫折感。可见，在心理学上，挫折是由影响目标实现的情况所引起的一种主观感受。因此，不能简单地把挫折理解为客观事件本身。

从挫折的定义来看，挫折包含两层意思：一是指个体活动的一种特殊环境，即阻碍人们实现目标、满足需求的情境和事物，即挫折情境，也称为挫折源；二是指个体由于挫折情境而产生的心理感受和情绪状态，即挫折感，也称为心理挫折。

挫折情境与挫折感有着密切的关系，但并不总是成正比。从挫折情境到挫折感，并不是一个简单的刺激—反应过程，而要受到个体实际状况的诸多因素制约，如生理因素、心理因素和思想状态等，其核心是认知方式和挫折承受力。在生活中常可以看到，面对同一挫折情境，有的人反应轻微、时间短，而有的人则反应强烈、时间长。譬如，一辆长途公共汽车抛锚，车上的乘客所产生的心理挫折程度差异很大，有的焦虑不安，怨天尤人，挫折感很强；有的心平气和，耐心等待汽车修好。可见，挫折感的程度大多与人们的心理素质有关。

（二）挫折的分类

从不同的角度可以把挫折划分为不同的种类。

1. 从现实性角度分类

从挫折的现实性角度，可将挫折情境划分为实际挫折和想象挫折。实际挫折是个体实际遭遇的挫折，挫折已成为事实。人们只要正视它，就可以有效地处理。想象挫折是个体想象未来可能出现的挫折，这种挫折也许不会发生，是人主观想象的产物。从心理卫生角度分析，想象挫折比实际挫折更具有研究的价值。因为实际挫折对人的影响是有形的、有限的、可以估量的；而想象挫折的影响是无形的、无限的、不可估量的，它会随着人的想象而泛化。因此，想象挫折比实际挫折对人的影响更大，它常常在人行动之前就先把人击倒。譬如，一个认为自己能力和学习都不如其他人的学生在还未与人交往前，先想象自己肯定会失败，别人不会接纳自己，而不敢去交往。但实际情况未必像他想象得那么糟。想象挫折是许多心理障碍患者的共同特点，只有战胜想象挫折才能最终战胜实际挫折。

2. 从严重性角度分类

从挫折的严重性角度，可将挫折情境划分为一般挫折和严重挫折。一般挫折是指人们在日常生活和工作中遇到的不影响人生问题的小挫折，如塞车、父母责骂、某科考试不理想等，它对人的身心影响不大，时过境迁，易于忘记。严重挫折是指在与自己关系极为密切或意义重大的事件上产生的挫折，如婚姻破裂、丧偶、失业、犯罪等，它对人的身心产生巨大影响，并引起强烈的情绪变化。

3. 从持续性角度分类

从挫折的持续性角度，可将挫折情境划分为短暂挫折和持续挫折。短暂挫折指持续时间较短、暂时性的挫折，对人的身心影响不大。持续挫折是一种长时期持续不断的挫折状态，这种持续的紧张感与挫折感对人的身心健康十分不利，甚至可能导致人格障碍，应引起人们的关注。

4. 从性质和内容角度分类

从挫折的性质和内容角度，可将挫折情境划分为需要挫折、行为挫折、目标挫折和丧失挫折。

（1）需要挫折

需要挫折是指因为各种原因造成行为者的需要无法得到满足时的情绪状态。需要挫折又可分为需要冲突与需要受挫。前者是指行为者在特定条件下，因若干种需要发生矛盾冲突又未能妥善解决，而造成的挫折感；后者是指行为者认为自己的合理需要被外界条件阻碍不能满足而体验到的挫折感。

（2）行为挫折

行为挫折是指行为者在一定动机支配下，并且有了行为的意向，但是因各种条件的影响，行为无法付诸实践时的情绪状态。

（3）目标挫折

目标挫折是指行为者在行动过程中，由于遇到无法克服的障碍，不能达到目标时的情绪状态。目标挫折与行为挫折是有区别的，行为挫折实质是行为意向或行为的准备状态受到挫折，挫折发生在行为之前；而目标挫折则是行为本身受挫，挫折发生在行为过程中。

（4）丧失挫折

丧失挫折是指行为者认为本来应属于自己的东西，却在一定条件下丧失了，这时所感受到的情绪状态。

从上面的分析来看，前三种挫折都是行为者自认为应得到而未得到，因而受挫；丧失挫折则是自认为不应失去的却丧失了，因而受挫。

二、挫折理论

下面简要介绍四种挫折理论，目的是增强大学生对挫折的认识和理解，认清挫折产生的深层原因，使他们更有效地应对挫折。

（一）挫折的本能学说

威廉·麦独孤于20世纪初提出个体受挫折时产生的种种行为均起源于本能。他认为，人和动物的行为都是有目标的，只是目的性的程度高低不同。一切行为都在奋斗中达到一定的目的，而推动和维持这些行为的动力是本能。如果消除这些本能倾向及其有力的冲动，有机体将不能进行任何活动。此外，本能和情绪有着密切的关系，似乎每种本能都有其对应的特殊情绪。在麦独孤看来，人在活动中遭受挫折而产生的情绪，以及由此而引发的各种挫折行为反应，都是本能冲动的结果。

（二）精神分析学派的挫折理论

弗洛伊德认为，人的一切行为都是以性力为动力的。如果心理性力的发展过程不能顺利进行，如停留在某一阶段或遇到挫折而从高级阶段倒退到低级阶段等，都可能造成行为异常。因此，一切精神疾病的根源就在于这种性力受到压抑或阻碍，即挫折。

弗洛伊德的学生阿德勒则强调社会因素的作用，重视权力意志的实现。他认为，人的一切行为都要受"权力意志"的支配，人的一切行为动机都是指向追求征服、追求优势的。如果这种驱力受到挫折，就会形成自卑感。自卑感如果得不到补偿，则会产生反社会行为或诱发精神病。

荣格则认为，每个人的人格总是不断向前发展的，一个人常常为未来的目标而奋斗不息，以求达到人格各方面的和谐完善，这就是自我实现。当一个人的自我实现不能满足时，就会产生挫折感。

（三）"挫折—攻击"理论

约翰·多拉德等人在《挫折与攻击》一书中首先提出了"挫折—攻击"假说。他们认为，攻击行为是由于个体遭受挫折而引起的，并称攻击永远是挫折的一种后果。这一结果包含两个基本点：第一，攻击行为的发生总是以挫折的存在为先决条件；第二，挫折的产生必然会导致某种形式的攻击。

霍夫兰德和西尔斯论证了"挫折—攻击"理论，他们于1940年运用历史文献法对1882—1930年间美国南方的棉花价格和迫害黑人的私刑件数之间的关系进行了研究。结果表明，棉价高时，私刑数较少；而棉价低时，私刑数较多。由此证明由于经济不景气引起庄园主的挫折感，进而导致了对黑人的攻击行为。

伯科威茨对"挫折—攻击"理论进行了修正。他提出，应该区分"挫折"和"被剥夺"两个不同的概念。一个人不会单单因为缺乏某种东西（该东西被剥夺）而遭受挫折，只有当一个人在既定的情境中无法获得他想获得的东西时，才会遭受挫折。

（四）"挫折—倒退"理论与"挫折—奋进"理论

20世纪40年代，巴克等人在实验研究的基础上提出了"挫折—倒退"理论。他们认为，挫折会引起行为的倒退，出现与其年龄不相称的幼稚行为；挫折反应也会干扰正在进行的行为，或导致动机的变化，使个体的行为受到妨碍而无法进行。

20世纪50年代，阿姆塞尔等人在动物和儿童行为实践的研究基础上，提出了"挫折—奋进"理论。他们认为，当人受到挫折时，会出现努力奋进的情况，具体表现为机体一时性的反应力提高或为完成某种任务的能量增强。

三、挫折产生的原因

法国精神分析学家荷尼认为，有三种冲突使现代人产生挫折感。

①竞争与合作的冲突。在现代社会中，无论是求学、就职、婚姻、事业还是其他社会活动，都存在激烈的竞争，往往打败别人才能成功。另外，人们从小受到的教育要求大家协力合作、谦让、牺牲等，由此构成内心冲突。

②满足与抑制的冲突。科技的发展、工商业的发达，大大刺激了人的各种欲望，并强烈地要求获得满足。但经济条件的限制和道德的约束抑制了人们的某些欲望，造成了内心冲突。

③自由与现实的冲突。现代社会大力宣扬自由，误导人们认为任何事都

能以个人的自由意志决定。但是，事实上很多事都受到现实条件的限制，人们常常无能为力，难以把握，易形成冲突。

这些内心冲突不断加强并积累，结果导致个人越来越难以适应社会和适应他人而产生挫折感，甚至导致行为失常。

美国心理学家弗洛姆认为，现代人最大的挫折是感到孤独无力与被疏远。这是因为科学和经济高度发达加速了城市化，人们在人造环境中，失去了接触大自然的机会；城市人口集中，但邻里来往却很少，人与人之间感情疏远；现代人必须不懈奋斗，由此常常感到孤独，久而久之，与真正的自我疏远了，自己都解释不了自己的思想和行为，最后无法控制自己而导致强烈的挫折感。

综合以上学者的观点，下面将从客观、主观以及动机冲突三方面对挫折产生的原因加以分析。

（一）客观因素

挫折的客观因素即外在原因，可分为自然因素、社会因素两种。

1. 自然因素

自然因素包括各种非人为力量所造成的时空限制、自然灾害和各种事故，以及人世间的生老病死等。如近年来频频发生的地震、洪灾等，使几千人丧命。在美国，由于交通事故造成的死亡在大学生死亡原因中占第一位。这类原因导致的挫折就是自然因素造成的。

2. 社会因素

社会因素包括政治、经济、法律、道德、习惯、风俗以及人际关系等。此外，还应包括管理方式的不妥、教育方法的不当以及缺乏良好的设施等。例如，得不到领导的理解、信任，个人才能无从发挥；政治上受到他人的打击陷害，正义得不到伸张，长期蒙受冤屈等。社会环境对个人动机产生的障碍有时比自然环境引起的还要多，影响还要大。战胜这方面的挫折不但需要个人主观努力，而且需要提高全社会的文明程度。

（二）主观因素

挫折的主观因素即内在原因，可以从生理因素和心理因素两方面分析。

1. 生理因素

生理因素是指个体与生俱来的身体、容貌、健康情况、生理缺陷等先天因素，它们所带来的限制导致活动失败，无法实现既定目标。例如，近视眼者想当飞行员，或身材矮小者想成为优秀的篮球运动员，必然受到限制；患高血压或心脏病者难以到空气稀薄的高原地带工作；年迈体胖者难以适应长途奔波或繁重的体力劳动等。

2. 心理因素

产生挫折的心理因素主要有以下几种：

（1）自我估计不适当

如果一个人自我估计远远超过其实际能力，就会目空一切，不自量力，去追求一些根本无法实现的目标，必然造成挫折。而如果一个人自我估计过低，畏缩不前，就会错过成功在望的目标，也会造成挫折。

（2）抱负水平过高

抱负水平是指个人对自己所要达到的目标规定的标准。一个人是否受挫折，与他自己对成功所规定的标准有密切关系。例如，两个同时被普通高等院校录取的新生，一个为能够考上大学而欣喜，另一个可能为未被重点院校录取而沮丧。由此可见，抱负水平过高往往也是遭受挫折的一个原因。

（3）不合理的、不切实际的需要

正确合理、健康的需要得不到满足会使人产生挫折感，这往往是客观因素造成的。但是，有些挫折往往是由于个人某些不合理、不切实际的需要，如享乐主义、绝对民主、绝对平均主义等得不到满足而产生的。

（三）动机冲突

动机是推动和维持人类活动的动因。动机总是与人的需要紧密相关，当人们存在某种需要，而此需要又与外部刺激（诱因）相结合时，动机就产生了。

在现实生活中，人的动机是多样的、复杂的。当两个以上动机相互排斥时，或同时存在难以取舍时，就会形成动机冲突的现象，这种现象也称为心理冲突。动机的冲突常常会造成动机部分或全部不能得到满足，同时也使动机所指向的目标的实现受到阻碍，使人产生挫折感。

动机冲突的类型主要有如下四种：

1. 双趋式冲突

该冲突又称为正正冲突，指个体在有目的的活动中同时有两个并存的、具有同样吸引力的动机。当实际条件受到限制而无法同时获取两个目标时，就会产生冲突情境，即"鱼和熊掌不可兼得"。例如，周末既想参加舞会，又想去看精彩的影片，到底干什么需做出选择，内心感到矛盾、冲突。

2. 双避式冲突

该冲突又称为负负冲突，指同时有两个可能对个人具有威胁性的、不利的事件发生，但条件所限，只能避开一件，接受另一件，需要做出选择。例如，有的学生既不想用功学习，觉得读书太苦，又怕考试不及格而被退学，即"二者必居其一"。

3. 趋避式冲突

该冲突也称为正负冲突,指同一个目标对于个体来说,可能满足某些需要,同时也构成某些威胁,由此产生既有吸引力又有排斥力的矛盾心理。例如,既想涉足爱情领域,体会爱情的美好,又怕耽误学习。

4. 双趋避式冲突

该冲突指两个目标各有所长、各有所短。例如,一个女生同时面临两个各有千秋的男生求爱时,就有可能会陷入这种冲突中。

四、挫折的承受能力

(一)挫折阈与承受力

在生活中,挫折的出现难以避免。面对同样的挫折情境,人们的反应却有明显差异,这与每个人的挫折阈有关。而所谓的挫折阈是指引起个体产生挫折感的最小刺激量。挫折阈的高低与挫折承受力的强弱成正比。

挫折承受力是指个体遭受挫折时免于心理失常的能力,它反映了个体对挫折的可忍耐、可接受程度,也可称为耐受力、容忍力。挫折承受力的大小往往直接决定个体能否经得起挫折打击。一般来说,挫折承受力较强者,其挫折阈必然高,常表现为挫折反应小、挫折消极影响小;挫折承受力差的人,其挫折阈必然低,常表现为挫折反应大,情绪消沉低落,甚至一蹶不振。所以,挫折承受力是一个人心理健康水平的主要标志之一。

(二)影响挫折承受力的因素

1. 生理条件

神经类型属于强型、平衡、灵活性高的人比弱型的人挫折承受力强,身体强壮的人比体弱多病的人更能抵抗挫折。如同样是失去亲人,身体健康者更容易经受住悲哀、忧伤,而体弱多病者则易在悲哀、忧伤中使自己的身心状况进一步恶化。

2. 个性心理品质

一个人是否具有优良的个性心理品质对于挫折承受力更为重要。如一个有远大理想和坚强意志的人遇到任何困难和挫折都能克服。而一个胸无大志、意志不坚定的人就很容易被困难和挫折所征服。心理学研究还表明不同气质的人对挫折的承受力也不同。如抑郁质的人比较敏感和脆弱,内心情感丰富,所以对挫折的体验比其他气质型的人要深刻。

3. 过去的经验与学习

生活经历丰富，有过成败、苦乐、得失、顺逆等各种体验的人往往能够把困难与失败视为常事，其挫折承受力必然高。而对于一个从小一帆风顺、涉世未深的人，其挫折承受力必然比较低。挫折承受力和个人的习惯或态度一样，可以经过学习而获得。因此，挫折经验少的人就应该通过学习来培养自己良好的个性心理品质，学会对待困难要坚忍不拔，遇到失败不灰心丧气，以增强挫折的承受力。

4. 对挫折的知觉判断

对挫折的知觉判断是指个体对挫折的情境有不同的认识与判断。心理学原理表明，影响人们行为差异的重要因素之一是认知差异。人们对客观世界的认识是通过个体的主观世界折射而形成的，也就是说面对同样的客观世界由于主体个性心理的不同而形成千差万别的主观印象，因此，对挫折这一客观刺激的知觉与判断也会因人而异，从而对于每一个人所构成的打击或压力也有差异。对挫折情境有正确的认识，能对挫折损失做客观评价的人，往往比那些对挫折判断有误、认识偏颇的人更能把握挫折。

从影响挫折承受力的诸多因素中可以看出，提高挫折承受力的关键还在于平时的训练。平时有意识地加强培养，打好基础，遇到挫折时就能应付自如，掌握主动权。

第二节　常见的挫折心理问题及调适

一、遇到挫折后的常见反应

（一）攻击

攻击是一个人受到挫折以后产生的强烈的侵犯和对抗情绪反应，是情绪反应中最常见的一种表现形式。攻击有直接攻击和转向攻击两种。直接攻击是指一个人受到挫折以后，把愤怒的情绪指向对其构成挫折的人或者物，多以动作、表情、言语、文字等形式表现出来。一般对自己的容貌、才能、权力及其他方面较为自信者，容易将愤怒的情绪向外发泄，采取直接攻击的行为。另外，一些年幼无知、缺乏智力、一帆风顺的人也容易采用直接攻击的方式。

转向攻击是指将挫折引起的愤怒和不满情绪发泄到自我或与挫折来源不相关的其他人或其他物上。转向攻击通常在以下三种情况中表现出来：第一，当个体觉察到引起挫折的真正对象不能直接攻击时，就把愤怒的情绪发泄到其他人或者物上，即日常生活中的迁怒；第二，挫折的来源不明，可能是日常生活中许多挫折综合作用的结果，也可能是自身疾病引起的，在这种情况下，找不出真正构成挫折的对象，于是就将这种闷闷不乐的情绪发泄到毫不相干的人或者物上；第三，当一个人意志薄弱、缺乏自信或悲观失望时，易把攻击的对象转向自己，如埋怨自己能力不够强、机遇不好、命运不佳、生不逢时等。

（二）退化

个体行为的发展原本是有一定规律的，即随着年龄的增长逐渐成熟起来。但当一个人遭受挫折时表现出与自己的年龄和身份不相称的幼稚行为，这种成熟倒退现象就是退化。退化的另一种表现是易受暗示，即人在受到挫折后，对自己丧失信心而盲目相信别人，或盲目执行某人的指示。例如，个体遭受挫折后轻信谣言，无理取闹，盲目忠实于某个人或某个组织。

（三）固执

固执是指个体在受到挫折后，采取刻板的方式盲目重复某种无效行为，尽管情况已经发生变化，这种行为并无任何结果，但是刻板式的反应仍在继续进行。从外部特征来看，固执与正常习惯有许多相同点，但是在遭受挫折时，两者的区别就明显地表现出来了。如果因习惯的行为遭受挫折或惩罚，那就会改变习惯行为；而与此相反，固执行为不但不会改变，而且还会更严重。这是因为人们在社会生活环境中一而再、再而三遇到同样的挫折，又一时难以克服，就会慢慢失去信心而形成刻板化的反应方式，一再重复同样而无效的行为。另外，过多、过严的惩罚和指责也可能导致固执行为。

（四）冷漠

冷漠是指当个体遭受挫折后，所表现出来的对挫折情境漠不关心的情绪反应。这是一种十分复杂的行为表现方式，冷漠行为的发生同个体过去的经验密切相关。如果个体遇挫折后采用攻击方式就能够克服困境，那他以后就会继续采用攻击方式；反之若因采用攻击而招致更大的挫折，那他就会采用相反的方式，即逃避或以冷漠的态度来对待挫折。冷漠并非不包含愤怒的情绪成分，只是个体的愤怒被暂时压抑，以间接的方式表现出来而已。这种现象表面显得冷淡退让，内心深处往往隐藏着很深的痛苦，是一种受压抑的情绪反应。心理学家吉布莱发现，冷漠反应多在以下情况出现：

①长期遭受挫折。
②情况表明已无希望。

③情境中包含着心理上的恐惧与生理上的痛苦。

④个体心理产生了攻击与压抑之间的冲突。

（五）逃避

逃避是个体不敢面对自己预感的挫折情境而躲到比较安全的环境中去的行为，主要类型如下：

①逃向另一个现实

例如，有的人在生活中碰了钉子或者追求的目标、理想一时不能实现时，便心灰意冷，沉迷于赌博、烟酒之中。

②逃向幻想世界

个体企图以自己想象的虚幻情境来应对挫折，借以脱离现实。幻想能使人暂时脱离现实，使人在受到挫折后减轻焦虑和不安，但幻想本身并不能真正解决问题，长此以往则会降低个体适应现实生活的能力。

③逃向生理疾病

这是个体为了避免困难而出现的生理障碍。如参加高考的学生在考试当天发烧，这种疾病的发生是无意识的，与装病不同。

二、常见挫折心理问题调适

挫折承受力和其他心理品质一样，是可以经过学习或锻炼而获得的。现代社会是一个充满竞争、充满挑战、充满风险、充满机会的社会，如何提高应对挫折的能力，学会及时抓住机会，变消极因素为积极因素，是每一个大学生必须认真思考，努力实践的任务，而且这将成为大学生的"必修课"。

（一）正确认识挫折

人生犹如天气，有阳光灿烂，也有狂风暴雨；有风和日丽，也有雾霾风沙。挫折是不可避免的。尽可能少犯错误，这是人的准则；不犯错误，那是天使的梦想。任何事情都有两面性，从消极方面看，挫折是令人痛苦的；从积极方面看，人在挫折面前若能冷静下来，沉着面对，挫折就有可能成为激发人上进的力量。在与挫折抗争的过程中，自己的性格和意志得到磨炼，人格不断成熟起来，挫折也可能带来事情的转机。提高挫折承受力，首先应对挫折有正确的认识和态度，在此基础上，强化耐受挫折的心理准备。心理学家认为，挫折本身并不是导致情绪障碍的直接原因，人们对诱发事件所持的看法、解释、信念才是引起人的情绪障碍的直接原因。合理的信念会引起人们对事物恰当的、适度的情绪反应。巴尔扎克说："苦难对于天才是一块垫脚石，对于能干的人是一笔财富，对于弱者是一个万丈深渊。"

（二）正确合理地归因

正确认识挫折只是战胜挫折的心理基础，要战胜挫折还必须对挫折产生的原因进行客观分析。如前所述，挫折的产生有客观原因，也有主观原因。人们在挫折的归因问题上常会出现两种倾向：极度的外部归因和极度的内部归因。如一些大学生考试失败后，认为是考题太难，评分过于严格，这就是极度的外部归因。有的学生往往把失败归因于自己，认为是自己能力有限、学习不够努力、太笨等，过多地责备自己，这就是极度的内部归因。这两种归因如果得不到纠正，可能会导致学生自我效能感丧失，对学习产生严重的负面影响。因此，学生在遇到挫折后，要冷静分析导致挫折产生的是客观原因，还是主观原因，是可控因素还是不可控因素，或者兼而有之。只有找到造成挫折的真实原因，才有可能找到症结，战胜挫折。

（三）提高挫折承受力

人的生命似洪水奔腾，不遇到岛屿和暗礁难以激起美丽的浪花。当大学生在生活中遇到压力和挫折时，可以采取以下积极的且适合自己的应付方法。

1. 宣泄

宣泄指个体遇到挫折后，通过创设一种情境，使自己可以自由地表达受压抑的情感，让愤怒的情绪发泄出去，让紧张反应放松下来，从而减轻内心的痛苦和不安。如大哭一场、写日记、找人倾诉等。

2. 补偿

补偿指个体试图用种种方法来弥补在生理或者心理上的某种缺陷，以减轻心理的不适感和挫折感。如某学生因普通话不标准而遭到同学嘲笑，他可以通过刻苦练习最终成为校广播站的播音员。

3. 自我放松调节

在学生受挫而感到情绪压抑时，教师也可指导学生采用自我放松的方法来调节情绪，缓解挫折带来的痛苦。常用的放松方法有呼吸松弛法、冥想松弛法、肌肉松弛法。

（四）加强修养，养成良好的人生习惯

郑板桥有两幅很有名的条幅：一幅是"难得糊涂"，另一幅是"吃亏是福"。高的思想境界是增强挫折抵御能力的重要法宝，为了提高挫折承受力，就必须提高自身的修养。个人修养的提高有两条基本途径：一是学习书本知识，二是积极参加各种社会实践。大学生除了学习专业知识外，还要重视对

我国传统文化的学习。大学生应善于从我国的传统文化中汲取营养，古为今用。积极参加社会实践也是提高自身修养的重要途径。大学生在大学求学期间应多参加各种社会实践活动，在实践中磨炼自己。学生在实践中无论是得还是失，对自己来说都是一笔宝贵的财富。

（五）调节抱负水平，确立合适目标

抱负水平是指人在从事活动之前，对自己要达到的目标规定的标准。从本质上说，目标只是一种愿望，与活动的实际结果不一定相符合。抱负水平过高或过低都不行，那是不是意味着折中的目标是最好的呢？其实不然。抱负是个人对未来发展的一种期盼，应体现出个人的特点。所以，在确立抱负水平之前，个人首先应对自己的情况和从事的活动进行审慎的分析，了解自己的所长和所短，了解所从事的活动的性质特点，根据自己的特点和活动的实际情况来确定目标。例如，大学生在确定自己的学业成绩目标时，就要充分考虑自己的情况和学科的特点。如个体的能力特点是擅长记忆，动手能力稍弱，而学科突出的是程序性知识，个体在学习目标的确定上就不应过高；相反，如果学科是以陈述性知识为主，个体就可以把目标定高些。抱负水平切合实际既可提高事情成功的可能性，又能发挥抱负水平应有的激励作用，从而减少目标不能实现所引发的挫折感。

总之，大学生的挫折承受力亟待提高。教师对学生的挫折教育要因材施教，使每位学生在对挫折有正确认识的基础上，以百倍的信心和坚强的意志，采用积极且适合自己的方法战胜挫折，提高挫折承受力和心理健康水平。

第三节　挫折调适能力训练

在生活中有很多压力和困难，有些是必须克服的，有些是必须忍受的。如学习、工作带来的压力，被误解的委屈等，往往能挺过去的人在将来更容易取得成功。在我们迈向成功的道路上，必然会充满各种各样的困难，这些困难是永无止境的，而且，随着追求目标的增高，所面临的困难也会更大。特别是在我们事业发展过程中的某些临界点上，困难将会显得无比沉重，这种困难即我们所谓的"黎明前的黑暗"，是决定我们事业成败的关键。这些困难被克服了，我们就会勇猛地前进一步；如果不能克服，我们的事业就会出现停滞、倒退甚至是失败。因此，本节的心理训练就是帮助个体去锻炼自己面对逆境的承受能力。

一、训练设计

①难堪训练；
②逆境，我不怕；
③直面现实。

二、具体训练方法

（一）难堪训练

【目的】发挥学员的想象力与表演力，敢于自信地正视自己的缺点，培养学员的自信心、胆魄和耐挫力。撕掉虚荣，建立自信，增强面对否定和失败的挫折承受力。

【时间】约40分钟（根据人数而定）。

【准备】一个30平方米的活动场地。

【操作】指导者先让学员思考自己的缺点，然后由学员们评出两位优胜者；再让两位优胜者在大众场合下蒙住眼睛说一段自己认为最丑、最隐私化的或最不愿意当众说的事。然后由其他愿意为之评分的学员上台来为两位学员评分。评分方式为：认为哪位学员表演得好，就站在该学员后面表示支持。

这个训练让每个学员去体验：当你描述自己丑陋的一面时，你的内心感受，以及遭到否定后的挫折承受力，并注意体会遭遇挫折时的感觉。

（二）逆境，我不怕

【目的】增强情绪控制力，提高逆境商数与承受能力。

【时间】约1.5小时。

【准备】油彩、破烂衣服；两组互不相识的学员分散在不同的地方。

【操作】A学员经过一番"化装"后，穿着破烂衣服，脸上、身上因为涂了油彩而显得很脏，从学校走向目的地如公园、路边等行人较多的地方，15分钟后，见到B学员。等有很多人围观时，B学员（与A学员不认识）对A学员进行强烈指责、批评，如"你太任性了，自从你离家出走以后，你父母都病倒了，他们辛辛苦苦养育你这么大，容易吗？""你太自私了，像你这样的人永远都交不到真正的朋友！""你以为你很了不起吗？没有人看得起你。""你看你那个样，真叫人恶心。""何必自我摧残，像个讨饭的一样，让大家看着多不好。"街上围观的人越来越多……

A学员要默默忍受，不得发言；B学员扮演的角色象征生活中的逆境和压力。训练前指导者要注意对A学员进行自信辅导。

这个训练让每个学员去体验：当你被众人围观时，你有什么感受？你被无故指责时，心里在想什么？当你心里很生气、很委屈，但又不能说，只能心里想：忍住、要忍住！自己的情绪控制力有哪些变化？

唯有经历过磨难的人，才能承受未来生活中可能面临的挫折。

（三）*直面现实*

【目的】提高自信心，增强面对现实的能力与生存能力。

【时间】约2小时。

【准备】清洁工与拾荒者的服装、口罩、手套、各种工具（垃圾车、扫把、抹布等）。

【操作】两人为一组，扮演捡垃圾的工人或清洁工；中间可休息15分钟，其余时间不得休息。选择在人流较多的地方（最好是自己家附近）打扫一段街道的卫生。一人拉着垃圾车，一人扫地清理垃圾。如果累了，就在树下坐一会儿，喝点儿自己带的水。请大家仔细体会这种工作所带来的生理反应和心理反应。

总有一天，我们会面对社会，我们要面对自己的生活。当我们为了生活要去工作的时候，有些事可能是我们不想做但不得不做的。如果各种艰辛都压不垮你，那么以后的人生之路，你会比别人走得更自信、更快乐。

这个训练让每个学员去体验：当你以一个清洁工的身份出现在街头时，有什么感受？如果有一天，你的生活发生了变化，为了维持生存，你必须要做这样的工作，你怎么办？真实地面对现实生活，往往比虚荣更有力量。

第十章 恋爱心理教育与训练

恋爱是爱情的孕育阶段，当两个人之间产生了爱恋，并打算承认和培养这种爱时，我们说他们恋爱了。恋爱是爱情的开始阶段，它的一个主要特征是浪漫、单纯与任性。法国社会学家斯宾塞在《心理学原理》一书中说，恋爱是由九个不同的因素合并而成的：一是生理上的冲动；二是美的感觉；三是亲爱；四是钦佩与尊敬；五是喜欢受人称许的心理；六是自尊；七是所有权的感觉；八是因人我间隔阂的消除而取得的一种扩大的行动和自由；九是各种情绪作用的高涨和兴奋。本章主要从恋爱概述、常见的恋爱心理问题及调适和恋爱能力提升训练三个方面进行了研究。

案例导入：某日，某高校计算机系大二男生从寝室 6 楼跳下身亡。据悉，跳楼男子王某来自海宁，在校成绩很好，但平时不爱说话。前日，王某与外校的女朋友分手后，情绪反常，喝了不少酒。当时有同学就发现这一情况，并寸步不离地守护他。昨日中午 11 时许，王某去六楼找他一个要好的同学聊天，趁守护的同学不备，关上门从 6 楼纵身跳下，经抢救无效死亡。

分析：大学生恋爱现象由来已久，它有时会给大学生带来积极的影响，有时也会带来十分严重的后果。王某就是一个典型的案例。恋爱本身无可厚非。大学生年龄一般在 17～24 岁，这个年龄界限按心理学划分，已跨过青春期进入成年期，正由青春期的"异性疏远"走向成年期的"异性接近"。在异性吸引的基础上，恋爱就闯入了年轻人的生活。王某交女朋友是件平常的事，对于已进入成年人的大学生也是如此。但失恋引起的心理问题必须重视。恋爱可能成功，也可能失败，恋爱之初就应该做两手准备。但有的人只顾个人的愿望，以为恋爱就只能成功不许失败，不尊重对方的选择，一旦对方提出分手，马上产生失望，甚至绝望的心理问题，缺乏心理承受能力。这是在恋爱问题上产生心理问题甚至心理危机的主要原因。因此，对大学生进行恋爱心理健康教育是十分必要的。

第一节　恋爱概述

爱情是人类最永恒、最持久、最美妙的情感，千百年来它以独特的魅力征服了年轻人的心灵。在现实生活中，大学生处于青春发育后期，性生理与性心理已经基本成熟，开始萌生出强烈的与异性交往诉求，谈恋爱也就成为大学校园里越来越普遍的现象。然而并非每段恋情都是一帆风顺的，爱情带给人们幸福快乐的同时，还常常给人带来失意和困惑。由于种种原因，大学生群体对爱情的真谛缺乏准确认识，在恋爱的观念、态度上存在偏差，爱的能力欠缺等，这些问题常常给他们带来众多困惑与困扰，影响了他们正常的学习和生活，也影响了和谐校园环境的建设与维系。由此，必须加强对大学生爱与性的教育，培养大学生爱的能力，帮助他们摆脱各种困扰，使他们在爱的旅程上不但可以少走弯路，而且能欣赏更多绚丽的景色，创建幸福美好的生活。

一、爱情的内涵

（一）爱情概念

1. 爱情趣解

有人说，爱是"身无彩凤双飞翼，心有灵犀一点通"的心心相印；有人说，爱是"曾经沧海难为水，除却巫山不是云"的一往情深；有人说，爱是"衣带渐宽终不悔，为伊消得人憔悴"的缠绵执着；有人说，爱是"生当复来归，死当长相思"的生死相许；也有人说，爱是"执子之手，与子偕老"的坚定承诺……

爱的本意是什么？从"爱"字的繁体结构解析中就能领会一二。我们都知道繁体的"爱"是由"爪""秃宝盖""心""友"四部分组成的。其中，"爪"本意是人的指甲，这里意为抓住；"秃宝盖"原意是穴，这里意为保护；"友"就是通常所说的朋友，即志同道合、志趣相投的人。那么整个"爱"的意思就是抓住并保护志同道合、志趣相投的人的心。

现在的大学生在表达爱情时也非常喜欢用"Love"。"Love"的解析如下："L"指"Listen"，意为倾听，爱需要耐心地、细心地、用心地倾听对方的心声，如此才能做到相知；"O"指 Only，意为唯一，爱需要绝对的专注，忠贞不贰；"V"指"Valued"，意为尊重，爱需要相互敬重，尊重彼此的选择；"E"指"Excuse"，意为原谅，爱需要包容，需要理解。

2. 学者见解

在对爱情的定义上，不同的学者提出了不同的见解。

保加利亚伦理学家、社会学家瓦西列夫在《情爱论》中有这样的描述:"爱情把人的自然本质和社会本质联结在一起,它是生物关系和社会关系、生理因素和心理因素的综合体,是物质和意识多方面的、深刻的、有生命的辩证体。"

美国心理学学者古德认为,爱情是两个成年异性之间强烈的感情专注,其中至少包括性的欲望和温柔体贴的成分。

美国社会心理学家鲁宾关于爱情的定义是:爱是一个人对另一个特定的人所持有的一种态度,这种态度使人以特定的方式思考、感受和行动。

德国著名精神分析学家、社会学家和哲学家弗洛姆在《爱的艺术》一书中指出,爱是我们对所爱者生命与成长的主动关切,没有这种关切就没有爱。

综合各专家学者的观点,简单地讲,爱情就是男女之间相爱的情感。具体来说,爱情是一对男女以性的需要及传宗接代的本能为基础建立起来的强烈、稳定、专一的内心情感,它是男女双方对彼此的真挚欣赏与仰慕,是两颗心灵的相互吸引与向往。它不仅是升华了的人类特有的高尚精神生活,也要以一定的物质条件为基础,并且男女双方强烈渴望彼此成为自己的终身伴侣,相信能够共同生活、白头偕老。

爱情具有自然属性和社会属性两种基本属性。爱情的自然属性主要包括三个方面:爱情的基础是男女的不同性别,爱情产生的前提是男女性生理发育成熟,爱情的目的是实现异性的生理结合。爱情的社会属性是指爱情受社会物质生活条件的制约,受社会的各种思想和习俗的影响,主要表现如下:首先,爱情不是一个人的行为,是与他人密切相关的社会性活动,是一种最基本的社会关系。爱情使两个异性结合,组成家庭,而家庭是社会的细胞,家庭关系也就成为广泛的社会关系的重要基础。所以说,爱情是最基本的社会关系。其次,爱情的表达通过一定的社会方式来进行。例如,我国不同少数民族有不同的爱情表达方式,抛绣球是壮族青年表达爱情的独特方式、赠糯米饭则是苗家姑娘与意中人的传情方式。最后,爱情要求男女双方共同承担起社会责任和义务。男女建立家庭后,不仅要呵护夫妻关系,还要承担赡养双方老人的责任以及培养教育子女、为社会培养新一代建设者的责任。总之,爱情的自然属性受到社会属性的引导和制约,爱情的社会属性是爱情的本质属性。

(二) 爱情三因素论

鲁宾的爱情三要素即高度依恋、深度关心和亲密。而社会心理学家斯滕伯格则认为所有的爱情体验都是由亲密、激情和承诺三大要素构成的。这就是著名的爱情三因素理论，也称爱情三角理论。

20世纪90年代，斯滕伯格提出了爱情的三因素理论，成为目前解释人类爱情最具影响力的观点。三因素理论认为，人类的爱情虽然丰富多彩，但基本成分为亲密、激情和承诺三要素。

1. 亲密

一般来说，亲密包含八个基本要素：①期望对方幸福；②双方在一起时感到温暖、幸福；③在一起的美好记忆能成为艰难时刻的慰藉和力量；④相互尊重；⑤相互理解；⑥与对方分享自我和自己的占有物；⑦彼此亲切沟通；⑧彼此珍重。

2. 激情

爱情的深刻基础是人的生物因素，即性的需要和传宗接代的本能。此处的激情即指性的需要，它是爱情产生的最基本的原动力。

3. 承诺

它是内化为心灵需求的一种责任和约定，短期来说是指做出爱或不爱的决定，长期来说则是指为维持爱情所做的持久性承诺。

斯滕伯格根据爱情三要素的不同组合状态，将人类的爱情划分为如下七种类型：

①喜欢。只有亲密因素，没有激情和承诺。这时交往中的双方会感到亲切、轻松，有很强的信赖感。

②迷恋。只有激情因素，没有亲密和承诺。这时双方有强烈的性吸引，但缺乏相互了解和信任。迷恋往往是一见钟情式的青涩爱情，少了成熟与稳重。

③空洞的爱。只有承诺因素，没有亲密和激情。此时双方只有责任和义务，是没有爱情成分的空洞的爱。

④浪漫的爱。它是亲密和激情两因素的结合，没有承诺。当双方的感情不需要用承诺来维系时，彼此的交往是轻松的、唯美的、浪漫的。此时双方仅崇尚过程，只在乎曾经拥有，而不在乎结果。

⑤伴侣的爱。它是亲密与承诺两因素的结合，没有激情。这时彼此的关系已经升华为亲情式的信任和依赖。

⑥虚幻的爱。它是激情和承诺两因素的结合，没有亲密。此时爱情缺乏以信任为基础的亲密因素，随时有突变的可能，是虚幻的"海市蜃楼"。

⑦完美的爱。它是亲密、激情与承诺三因素的完美结合。此时的爱情犹如以信任为底盘，以性的吸引为发动机，以承诺为方向盘的轿车，不但具有

极高的稳定性，而且极富热情与活力。

从这三个构成要素来看，要找到并享受完美的爱不是容易的事。爱需要勇气，更需要能力。作为大学生要想获得爱的能力、拥有完美的爱情，必须从了解和把握恋爱的心理入手。

二、恋爱心理

（一）恋爱的过程

恋爱观的形成是一个逐步发生、发展的过程，它一般要经过几个阶段。

首先是异性疏远期。进入青春期后，少男少女对性别差异特别敏感，原本两小无猜却突然生疏起来，产生一种羞涩或不自然的感觉，开始了对异性的暂时疏远。

其次是异性吸引期。度过异性疏远期后，青年男女为了赢得对方的注意和喜欢开始变得喜欢表现自己，男孩乐于在女孩面前显示自己的能力和才华，女孩则开始注意着装打扮。

最后是异性的眷恋期，又叫原始恋爱期。此时男女同学在对异性有好感的基础上，逐渐由对群体异性的好感转向对个别异性的依恋。

以上三个阶段一般称为青春期性心理发展三部曲，大致发生在 11~17 岁。恋爱观形成的第四个阶段是爱情的尝试期，一般出现在高中到大学期间，这一时期的恋爱心理也不是一成不变的，其过程大致可分为友谊交往期、选择恋爱期、挫折期三个阶段。

1. 友谊交往期

学生在高中阶段时身心发育就已基本成熟，但由于高考的压力，真正开始尝试爱情的比较少，大多还是把对异性的情感埋在心底。经过紧张的高考，进入大学的学生完全从升学的压力下解脱出来，但面对崭新的生活环境、全新的人际关系，心里突然产生出强烈的孤独感，从而期望能够建立友谊，渴望相互间的情感交往。于是，互相间的接触日益频繁，通过共同的学习、交谈和活动，建立了比较广泛的友谊，并且开始在情感中产生爱的萌芽。

2. 选择恋爱期

经过一年左右的大学生活，同学之间有了更深入的了解，先期建立的友谊更为深厚，同时一些学生开始按照自己的审美观念对不同的异性朋友进行比较，逐渐出现亲疏远近的不同心理倾向，最后将注意力完全集中到某个异性身上，表现出特别的关心与关注，或者特别的依恋。大学生异性之间的这种依恋随之上升为爱情的依恋。之后，经过双方达成共识，便开始了正式的相恋。

3. 恋爱挫折期

临近毕业的一两个学期，大学生面临顶岗实习、就业等压力，精力主要花在毕业实习、论文答辩、求职应聘等事情上，想问题也更加现实，对爱情的思考趋于冷静理智。这一时期的爱情不再那么浪漫，新恋情的产生比例也很低，相反相当多的恋情因为缺乏精心呵护而中断，或因为就业地的不同而夭折，因而校园中流传着"毕业即失恋"的说法。

（二）恋爱中的男女差异

男性与女性在恋爱心理上存在一些差异，具体表现如下：

1. 男性更积极主动

男性的主导激素是雄性激素，这是一种行动型的激素，使得男性渴望主动出击，展现自己的力量。女性的主导激素是雌性激素，这是一种顺从与被动型的激素，使得女性喜欢宁静而不喜欢去争夺。因此，恋爱中男性往往急于表示自己的情感，大都希望能够迅速打动对方的芳心，总希望在短期内成功追求到女性。而女性则较被动，不敢也不愿大胆地表露自己的感情，常常采取曲折、迂回的方式，含蓄地流露自己的感情。

2. 男性更容易一见钟情

男性是视觉动物，他们特别容易被女性的外貌所吸引，所以男性几乎只要看一眼某个女性就知道喜欢还是不喜欢，他们对女性的感情会来得很迅速。而女性是感觉动物，首先打动她心灵的往往不是某个男性的外貌，而是他的能力、才华和气质，但能力、才华和气质往往不会在第一次见面就能完全把握。

3. 女性的依赖心理更强

受传统文化的影响及多重社会角色的压力，相比男性，女性更容易产生情感依赖。女性往往过多地将个人情感寄托在恋爱对象身上，将其看作自己的精神支柱和支撑生活的信念，希望对方能时时处处在自己身边，关心呵护自己，和自己一起分享快乐、分担忧愁。如果失去对方的爱，女性可能会方寸大乱、手足无措，甚至痛不欲生、精神崩溃。

4. 女性拥有更强的戒备心理

女性有一种心理防卫的天赋和本能。在恋爱初期，女性一般都有较重的戒备心理，做出任何决定之前往往要经过慎重的思考，常以审慎的态度来观察对方是否出于真情实意，唯恐上当受骗。与之相比，男性一般没有什么戒备心理，也不太计较求爱时因遭拒绝而带来的尴尬。

5. 男性更容易承受爱情的挫折

爱情挫折主要包括恋爱过程中的冲突和失恋两种基本情况。恋爱过程中产生冲突时，女性往往会产生被辜负的失落感和危机感，而男性则比较随意和坦然。失恋之后，男性更容易在短时间内走出失恋的阴霾，并且更容易开始新的恋情，而女性则往往需要很长的时间来抚平失恋的创伤，并且容易产生恋旧心理。

6. 女性更看重爱情在生活中的位置

英国诗人拜伦说："爱情是男人生活的一部分，但却是女人生活的全部。"事实上，无论是女性还是男性，爱情都不是生活的全部，但是在事业、爱情、亲情、友谊等因素中，女性往往把爱情排在首位，而男性往往更关注自己的社会角色。

以上列举的是男女在恋爱中常见的心理差异，当然，不同经历、不同气质、不同身份、不同层次的男女也不一定完全如此。随着社会的不断发展，人们的思想观念也在变化。不过在恋爱过程中，男性与女性还是要注意双方在心理和行为上存在的常见差异，了解这些差异才能使恋情开展得更加顺利。

（三）恋爱中常见的心理效应

1. 恋人效应

恋人效应是指恋人之间因为对方情绪情感的变迁而造成的自身对他人和外界的异常态度。恋爱初期，恋人之间往往会出现多变的或交叉的复杂情绪，迷恋、羞涩或不安等时有发生，对彼此的心理变动或两人关系的微小变化十分敏感。这些情绪会迁移到对他人的态度上，如两人愉快交往时，就会比较友好地对待他人；两人交往不愉快时，就怨天尤人，对他人进行无端的迁怒，否定地评价一切。恋爱初期，恋人之间应全面客观地了解对方，而不应主观推想、猜测和怀疑对方，同时要尽量克服恋人效应带来的怨天尤人的负面影响。

2. 罗密欧与朱丽叶效应

罗密欧与朱丽叶的故事尽人皆知。他们两人相爱，但由于两家有世仇，他们的爱情遭到了极大的反对。可是阻力非但没有把他们分开，反而促使他们爱得更深、更执着，直到最后双双殉情。心理学上把这种恋人间"越是艰险越向前"的现象称为罗密欧与朱丽叶效应，又叫禁果效应或逆反效应。在现实生活中也常常见到这种现象：父母的干涉反对非但不能减弱恋人们之间的爱情，反而使之增强；干涉越多、反对越强烈，恋人们就越相爱，恋爱关系也更加牢固。

3. 磨合效应

磨合效应是指新组成的群体相互之间经过一段时间磨合而产生更加协调

契合的现象。两个原本陌生的人走到一起，确立恋爱关系后，在恋爱初期和热恋期一般都非常注重隐藏各自的缺点，由于受恋人效应、罗密欧与朱丽叶效应等的影响，相互了解不深入、不全面，相互间的摩擦也较少。但是经过一段较长时间的接触，随着恋人间新鲜感的降低，热恋也逐渐降温，爱情逐渐趋于平稳，双方也暴露出更多的缺点或不和谐因素，这就进入了结婚前的磨合期。如果双方磨合得好，自然会携手步入婚姻的殿堂；如果磨合得不好，恋情也许就会从此结束。

4. 失恋效应

失恋效应是指因为失恋而引起的一系列心理应激现象，如痛苦、失落、悲哀、绝望甚至有自杀念头等。

5. 酸葡萄效应

酸葡萄效应是指失恋后产生挫折感时，为了消除紧张、减轻压力，使自己从痛苦、失落、悲哀等消极心理状态中解脱出来，尽量多想恋人的缺点，使自己的心理趋于平衡的现象。

6. 契可尼效应

西方心理学家契可尼发现了一个奇怪但普遍的现象，即人们非常容易忘却那些已经完成了的或已经有结果的事情，而对中断了的、未完成的或没有取得预想成果的事情总是记忆犹新，这种现象被称为契可尼效应。受契可尼效应的影响，人们往往对失败的恋情念念不忘，时常回忆起相恋的那个人、与他（她）在一起的那些日子，这就是契可尼效应在发挥作用。

第二节 常见的恋爱心理问题及调适

恋爱能够造就一个人，也可能毁灭一个人。由于大学生处在青春中期，心理发展尚未完全成熟，因此，恋爱中常出现一些问题。

一、常见的恋爱心理问题

（一）大学生恋爱中常见的问题

1. 择偶标准不实际

每一个人都希望自己一生幸福，期待自己有一个称心如意的爱人。但由于大学生年纪轻，经历单纯，又受一些文艺作品的影响，往往把选择的对象理想化。有些人根据心中的偶像寻找另一半，发现现实中的人很难吻合，不免失望沮丧；有些人希望对方十全十美；也有些人固执于某一择偶标准不放弃，如身高不能低于 1.75 米，相貌要漂亮、身材要苗条等。一框定标准就限制了自己的择偶范围，束缚了自己的手脚。俗话说，金无足赤，人无完人。择偶不能无标准，但标准要结合实际，尤其标准不可定得过高。在择偶标准中，有些因素是根本性的，非要不可的，如对象的品质、素养；而有些因素是可要可不要的，如外貌、家境等；有些因素是以后经过努力可以达到的，如经济、地位等。

2. 恋爱动机不端正

有些大学生的恋爱动机不是出于爱情本身，而是为了弥补内心的空虚、孤独或从众心理等。大学生中的"寂寞期恋爱""痛苦期恋爱""攀比性恋爱"等大多不是因为有了爱情而恋爱，而是因为生活单调、寂寞或心情烦闷等。这种人在择偶时很少把恋爱的行为与婚姻结合起来考虑，缺乏责任感。还有极个别的大学生为了显示自己的魅力，同时和几位异性交往、周旋，和谁都不确定恋爱关系。这种行为是不道德的，发展下去会产生严重的后果。

3. 爱情表达方式缺乏修养

爱情的表达方式反映了一个人的道德修养水平。马克思曾说过："在我看来，真心的爱情是表现在恋人对他的偶像采取含蓄、谦恭甚至羞涩的态度，而绝不是表现在随意流露热情和过早的亲昵。"

爱情的表达方式既反映民族特点又反映个人修养和道德水准。大学生的表现应符合大学生的身份，应举止文雅，注意分寸和场合。恋人间的感情不一定要在大庭广众之下拥抱亲吻才能表达。

4. 受西方观念影响，性行为轻率

受西方性解放观念的影响，有些学生在恋爱中对性行为抱有不严肃的态度，认为这是个人的自由，可以不受干涉、随心所欲。恋爱中的大学生应增强责任感，把恋爱行为严格限制在社会规范之内。

（三）大学生恋爱时常见的心理困扰

1. 单相思

单相思简单地说是指异性关系中的一方倾心于另一方，却得不到对方回报的单方面的爱情。单相思一般有三种情况：一是向对方表示了自己的爱意，但被婉言拒绝，却仍一厢情愿地爱慕着对方；二是深爱着对方，又不敢去表白，也不知道对方的感情；三是曾经热恋过，但对方爱情不再，而自己仍难舍旧情，希望对方能回心转意。

无论哪种情形，对当事人而言都是一种挫折，是很痛苦的。因此，应尽早从单相思中解脱出来。一般可以采取如下方法：

（1）识别感情的性质，调整恋爱目标

无论哪种单相思情况都是恋爱目标选择错误造成的，因为爱情必须是以两情相悦为前提的。因此，陷入单相思的人需要冷静分析和辨别自己或对方的感情是不是爱情，了解自己及所爱人的情感意向，适时调整自己的恋爱目标，以期找到自己真正爱的也爱自己的人。

（2）主动了解对方的态度

陷入暗恋的人应该主动采取行动了解对方的一些重要情况以及对方对自己的态度或选择适当的时机勇敢地向对方表达自己的爱意。

（3）把爱深埋心底

爱别人的感觉虽然是美好的，但俗语说"强扭的瓜不甜"，发现对方不爱自己时也不能勉强，最明智的办法就是把爱封存在心底，并渐渐淡忘。

（4）转移自己的情感，及时释放郁积的能量

陷入单相思的大学生应该多参加一些课外活动，转移自己的情感注意力，把情感转移、上升到有建设性的活动中去，如转移到对知识和学业的追求中，倾注到对人生、对生活的热爱中去。

（5）不要盲目地再次恋爱

为了摆脱单相思的痛苦而急于开始另外一段感情，这似乎可以在短时间内使心灵得到抚慰，但这是一种对自己和他人感情极不负责任的表现，所带来的结果往往是使两个人都痛苦。

2. 三角恋

三角恋是指在寻求爱情的过程中，同时喜欢上两个人或者同时被两个人所喜欢，即三人参与的恋爱关系。陷入三角恋容易引起欲爱不能、欲罢不忍的内心矛盾与感情冲突。

在三角恋爱中极易产生嫉妒心理。嫉妒通俗地讲就是"吃醋"，是一种主体感到自己的爱情被第三者分享或夺取时所产生的痛苦情感和敌视情绪。嫉妒是恋爱中的一种普遍心理，合理的嫉妒可以促进爱情的发展，对恋爱起积极作用。但无理的嫉妒却是一种极具杀伤力的负面情绪，很多爱情都在无理的嫉妒中夭折了。

无论我们在三角恋关系中处于什么样的位置，都要及早地从这种感情纠葛中摆脱出来。三角恋多是由于大学生择偶标准不明确、择偶动机不良等问题引起的。因此，摆脱三角恋的困扰就要明确择偶标准、端正择偶动机。男女之间的恋爱应该是志同道合、互相帮助、忠贞专一、相互坦诚的。大学生应从理智和情感上摒弃三角恋，处理三角恋关系时要保持高度的冷静和理智，无论出现什么情况，都要尊重自己、尊重对方，还要尊重第三方。

3. 网恋

网络具有主体性、虚拟性、隐蔽性及便利性等特点，网恋也同时具有梦幻感、浪漫感、轻率速成、进退自由等特点。网恋已成为大学生群体中一种比较普遍的交往与恋爱方式。尽管也有些网恋顺利从网上走入现实生活，并最终获得美满结果。但总体而言，大多数网恋仅存活于网络中，当网恋走入现实生活时，往往会变得黯然失色、失去生机与活力，甚至可能会给大学生带来诸多危害。一是网恋很容易上瘾，且一旦上瘾就会沉迷于网络不能自拔，这不仅严重影响正常的学习，使大学生不愿意参加集体活动，而且容易减少与教师、同学之间的交流，使性格变得孤僻，严重的可能导致焦虑症或抑郁症。二是网络本身具有身份虚拟与隐藏等特点，网络犯罪率近年有明显升高的趋势，因网恋而引发的刑事案件也越来越多。例如，遭遇钱财欺诈勒索、被强暴甚至惨遭杀害等悲剧事件，都会给大学生带来身心的巨大伤害，导致大学生产生错误的恋爱观，对大学生的健康成长产生极大的负面影响。

为避免网恋给大学生情感健康发展带来不必要的困惑及负面影响，大学生应多参加丰富的课外文体活动，培养高尚的生活情趣，更多地与同学、朋友、教师交流，以缓解离开家人后的寂寞心情。同时，大学生要多向积极进取的朋友学习，明白当前的主要任务是顺利地完成学业，未来的就业压力是很大的，应抓紧宝贵的时间来充实自己。

4. 失恋

失恋就是恋爱的中断，是一方失去另一方的爱情。对任何人来说，失恋都是一种痛苦的情感体验，会不同程度地造成深刻而持久的心理创伤。失恋是大学生遭受的最严重的挫折之一，会引起一系列不良的心理反应，主要表现有以下四种：一是自卑心理，感到被抛弃的羞愧，陷入自卑、心灰意冷之中，有的人甚至因此而走上绝路；二是报复心理，有的失恋者失去理智，产生报复心理，结果可能造成两败俱伤的结局；三是渺茫心理，有的学生把爱情看得至高无上，一旦失恋便无所适从，对自己的未来充满了迷茫；四是恋旧心理，恋爱中的恋旧心理既是难以摆脱的情感印记，也是人们内心的一种自我束缚。过于沉溺于对过去的怀念，会使自己迈不开脚步、鼓不起勇气去寻觅新的幸福。

失恋的痛苦是可以理解的，要想尽快摆脱痛苦，达到心理平衡，必须克服上述心理障碍。一是要冷静分析失恋的原因，总结经验教训；二是要及时宣泄心中的郁闷，可以找教师、亲朋好友倾诉一番，甚至大哭一场；三是要学会精神自慰，用"酸葡萄"与"甜柠檬"的效应缓解失恋的痛苦；四是要转移注意力，设法把自己的注意力从失恋的情绪中转移到自己感兴趣的事情上。

二、常见恋爱心理问题的调适

（一）树立正确的恋爱观

恋爱观是指人们对恋爱问题所持的基本观点和态度。恋爱观是人生观的组成部分。正确的恋爱观是形成良好个性品质的推动力量，并对恋爱活动具有导向作用。

恋爱观的形成和发展是随着青春期的到来、生理的成熟和性心理的发展而逐步建立的，一般而言，它有如下三个阶段：

第一阶段是恋爱观的准备阶段，一般从中学时代开始。初中阶段经历从对恋爱问题的完全无意识向有一些零碎的知觉过渡，高中阶段恋爱问题进入了个体的意识领域，不但有恋爱的意向，而且有对恋爱的思考，开始探讨爱情的真谛。

第二阶段是恋爱观的充实发展阶段，一般从大学时代开始。大学生由于对生活、对感情体验的深化，心境开始从浮动的激情向稳定的理性发展，爱情逐渐由朦胧走向真实，表现为择偶标准系统化，开始明确意识到恋爱与社会责任等道德问题的关系，通过对恋爱的思考，明确意识到自己的价值。当从感性和理性方面完成恋爱观的准备时，个体就进入恋爱对象的理想选择期，在头脑中勾画出"理想化"的异性形象，在心目中形成择偶标准。

第三阶段是恋爱观的完善成熟阶段。此时恋爱观基本形成，开始在恋爱观指导下，由对恋爱问题的内心探索到恋爱的实践。当在恋爱实践中发现自己的恋爱观与现实有差距，就会重新审视原有的恋爱观。同时，根据社会现实的可能性和要求加以调节修正，不断完善，就形成了稳定的恋爱观。

恋爱观是一定社会条件下的经济关系和道德关系的产物。对于当代大学生而言，我们提倡树立科学的无产阶级恋爱观。具体来说，有以下几方面内容：

1. 提倡志同道合的爱情

在恋人的选择上最重要的条件应该是志同道合，思想品德、事业理想和生活情趣等大体一致。大学生作为新时代的栋梁，其恋爱观应该是理想、道德、义务、事业和性爱的有机结合。

2. 摆正爱情与事业的关系

爱情是人生的重要组成部分，但不是人生的全部，它应该服从于事业，促进事业的发展。大学生应该把事业放在首位，摆正爱情与事业的关系，不能把宝贵的时间都用于谈情说爱而放松学习。没有事业的爱情如同在沙漠中播种，缺乏坚实的根基和土壤，迟早会枯萎。只有爱情同事业的结合，才能使爱情有旺盛和持久的生命力。

3. 爱情是一种责任和奉献

在社会生活中，人具有两方面的责任：一是个人对社会应尽的责任；二是个人对亲情、友情和爱情的责任。第二方面的责任属于私人生活的性质，是社会干预最为微弱的生活领域，主要依靠道德的修养和自觉的责任感来维持。正因为如此，它反映了一个人的人格形象。大学生只有具有强烈的责任感和奉献精神，才能获得崇高的爱情。

（二）培养爱的能力

大学生恋爱能否成功、能否发挥其积极方面的作用，大学生能否克服恋爱中的各种困惑，除了受恋爱观正确与否的影响外，在很大程度上取决于是否具备爱的能力。爱的能力实际上是一种综合素质。

1. 表达爱的能力

恋爱未开始前和恋爱过程中，我们都需要学会表达爱。表达爱主要包括两个方面：一是表白，二是在恋爱中多表达自己的爱意。表白并不仅仅是随口一说，表白的内容、时间和场合都需要注意。合适的表白不仅能保持自己的尊严，也可以让对方感到被尊重。而不合适的表白则会让双方都很尴尬。在恋爱过程中，也要适时向对方表达爱意。虽然爱不是挂在嘴边的口号，爱的行动更重要，但适当的表达不仅是爱情的催化剂，也能化解误会和矛盾。

当爱上一个人时，是否敢于表达、能否用恰当的方式和语言向对方表达出来，就是表达爱的能力。表达爱需要勇气，需要信心，需要技巧。这种能力是许多大学生所缺乏的，主要表现在三个方面。一是爱的表达是盲目和冲动的。有些大学生当心目中有了喜爱的对象时，往往不能对其喜爱的对象做出客观的、全面的分析，容易出现以点代面、以偏概全的晕轮效应，不能把握对方的优点和缺点，分不清哪些方面是自己仰慕的，哪些方面是自己不认同的等。由于对这些问题考虑不清晰、不深刻，导致他们在表达爱情时往往是盲目和冲动的。二是缺乏表达爱的信心和勇气。尽管有些大学生对自己和对方的认识全面而深刻，认为双方是合适的，但缺乏表达的信心和勇气，因为怕遭到对方拒绝而受到伤害，因此，只好把感情埋在心底，陷入单相思的感情折磨中。三是缺乏表达爱的艺术和技巧。有些大学生并不缺乏表达爱的信心和勇气，缺乏的是表达方式、方法的艺术性。例如，有些大学生求爱的方式唐突鲁莽，有的表达过于直白或苍白无力，有的不善于把握时机等。这些不良的表达方式也许会使本来合适的双方失去发展爱的机会。其实，向爱慕的人表达爱情的方式是多种多样的，只要善于细心观察，总能找到恰如其分的时机和方法。

总之，向心上人表达爱情时，要把握好时机，掌握双方的情感意向，适时选择直抒胸臆、曲折含蓄、诙谐幽默或借物传情等方式，发扬大胆主动、锲而不舍的精神，就能拥有甜蜜的爱情。

2. 接受爱的能力

接受爱的能力包括两方面：接受爱的心态和行为，两者相辅相成。当爱情来临时，有些人内心欣喜，但他们并不敢接受这份爱情，即使接受了，也忐忑不安，总觉得自己不配、不值得。这样的心态主要来自不自信。他们不相信对方会爱自己很久，也觉得自己不能给对方幸福。坦然接受爱来自自信。大学生应该知道自己喜欢什么、需要什么、什么人适合自己，应该有健康积极的爱情观。一个人面对别人的示爱，能及时、准确地对爱做出判断，并做出接受、谢绝或再考虑观察的行为，这是一种非常重要的接受爱的能力。在培养自己表达爱的能力的同时，大学生还要学会如何接受他人给予的爱，这主要涉及两个方面：一是明确自己的择偶标准。大学生要对自己的爱情意向有明确的认识，应该能够清楚地知道自己的性格特点、优点缺点、期望对方有怎样的性格、什么是自己能接受的、什么是自己不能够接受的、自己希望和什么样的异性生活在一起等，只有对这些问题有了清醒的认识，当对方向自己表达爱意时，才能更好地判断对方是不是自己喜欢的类型，才能顺利地做出选择。二是判断异性的行为是不是在向自己表达爱。大学生对异性的行为要有一定的敏感性，如赠送爱情诗或其他任何能表示爱意的信物，主动约会、特别关注等都是一些常见的表达爱的行为。但是随着社会的发展，大学校园中人际交往很广泛，异性间的交往也很频繁，因此也不能对异性的行为过于敏感，误把友谊当爱情。

3. 拒绝爱的能力

拒绝爱的能力就是对不情愿的爱加以谢绝的能力。在大学生的生活中，可能会出现并不期待的爱情，有时还会遇到执着的人，影响自己正常的生活和学习，所以拒绝爱的能力有时候也非常重要。

拒绝爱的能力包括两个方面：一是态度明确坚决，敢于理智地拒绝不希望得到的爱情。在一份并不希望得到的爱情面前，一定要向对方明确表达自己的想法，态度暧昧、优柔寡断、模棱两可的回答只会给对方带来错觉或误解。同时，由于胆小怕事而屈从对方的做法更是错误的，会使自己和对方陷入无尽的苦恼中。因此，大学生应该用明确的言语或行动来表明自己的态度，这对双方来说都是有利的，也是负责任的表现。二是要掌握恰当的拒绝方式，尽力维护对方的尊严。爱一个人是一种权利，别人对你有爱意那是对你的肯定和欣赏，即使你不喜欢对方，拒绝别人时也要婉转，尽量不要伤害对方的自尊心，减少对方被拒绝后的内心挫折。例如，拒绝时不妨先对对方的人品和才华等加以赞许，然后说明你不能接受这份爱的理由，说出的理由要合乎情理，最好能同时站在对方的角度分析，让对方觉得不接受这份爱对大家都好，这样即使成不了恋人也许能成为朋友。对于那些心理比较脆弱的人来说，这种方法尤其适用，而且可以避免一些极端行为的发生。相反，过激的拒绝言行会伤害对方的情感和心灵，甚至会使对方产生仇视报复心理，最终也会使自己的身心受到极大的伤害。

4. 鉴别爱的能力

所谓鉴别爱，就是要分清孰是孰非，不要让自己导演一厢情愿的独角戏，也不要成为暧昧关系的主角。能够鉴别爱的人会自然地与异性交往，把握好分寸，能处理好异性朋友和恋人的关系。

鉴别爱的能力主要涉及两方面：一方面是指能较好地分清什么是喜欢、什么是爱情。借助鲁宾的爱情量表和喜欢量表，我们可以判断出对一个人的情感是喜欢成分多还是爱情成分多；另一方面是能判断对方是真诚的还是不怀好意的。大学生在谈恋爱的时候不要急于全身心付出，在双方没有深入了解之前，要适当控制自己的情感，如果对方是不合适的人，肯定会在时间面前露出马脚。培养鉴别爱的能力有助于自然地与异性交往，建立良好的人际关系。

5. 承受爱的挫折的能力

爱的挫折主要包括恋爱过程中的矛盾冲突及爱的中断给当事人带来的痛苦体验。承受爱的挫折的能力主要包括解决爱的冲突的能力和承受失恋打击的能力。

（1）解决爱的冲突的能力

恋爱过程中的冲突一方面来自日常生活中的观点不一致或不协调，另一方面可能来自性格的差异。相爱的人之间寻求的是和谐，既心灵相通又各自独立，这需要包容、理解、体谅。沟通是解决问题非常有效的方式。当两个人态度观点不一致时，最好通过充分沟通，了解问题的实质，弄清楚双方的思想、感受，然后再想对策，伤害性的争吵或者冷战都不利于问题的解决。如果是因为性格的差异带来的冲突，那双方应该充分了解各自的性格特点，任何类型的性格都有它的长处和不足，双方应本着求同存异的原则，充分发挥自身优势，扬长避短。同时应认同对方的性格特点，而不应要求其与自己完全一致。如果矛盾冲突非常频繁，甚至达到难以承受的程度，那就应该重新审视双方的恋爱关系了。

（2）承受失恋打击的能力

失恋是恋爱过程中遇到的很大的挫折，失恋是一种痛苦的体验，它会带来一系列的负面情绪。要从容地面对和顺利适应失恋的不适一方面应该正确认识失恋，另一方面要充分调节失恋的不良情绪。

1）正确认识失恋

第一，失恋只是一种选择的结果。爱是一种自由，不爱也是一种选择。失恋之后重要的不是自怨自艾或怨天尤人，而应积极地分析失恋的原因。恋爱失败的原因是多方面的，有的是由于两人性格不合适，有的是由于日常生活中矛盾升级等。总之，恋爱失败可以归结为恋爱对象选择的失误，失恋了并不代表自己做人的失败，更不代表自己一无是处，它只是恋爱过程中的一种放弃的选择。每个人都有优秀的一面，只是每个人欣赏的角度不同，所以失恋了也不应失志，而应充满自信地开始新的生活。

第二，把失恋作为一种人生的财富。失恋给人带来的强烈的情感挣扎与痛苦实为一笔人生财富，它丰富了人生的体验。人生本就是五味俱全的，而且人会在失恋中变得更加成熟。失恋的经验教训会教会我们如何在今后的恋爱中更加珍惜彼此。况且有的时候一次盲目爱情的结束恰恰为另一份成熟的爱情开启了一扇门。

2）调节失恋的不良情绪

第一，学会精神自慰。失恋后认真分析恋情失败的原因，多从对方的缺点、不足上分析，对方放弃自己是他（她）的重大损失，同时要相信塞翁失马焉知非福。结束一段不愉快的爱情可能会有更好的爱情等着自己。

第二，及时、适度宣泄。许多失恋后自残、自杀或杀人的悲剧后果都是由于悔恨、遗憾、焦虑、惆怅、失望、孤独等痛苦情绪被压抑、沉积到无法承受的程度时才爆发的，因而失恋者应该寻找合适的途径及时宣泄失恋的不理智情绪。失恋者可以找一个可以交心的对象一吐为快，以释放心理的负荷；也可以用书面文字，如写日记或书信等把自己的苦闷记录下来，这样也能释放自己的苦恼，并寻得心理安慰和寄托；还可以采取身体宣泄法如痛哭一场、到空旷处喊叫、打沙包等，帮助他们恢复理智。当然，宣泄要适度，不能影响他人的正常生活。

第三，转移注意力。转移法是摆脱失恋的有效途径，失恋者应该有意识地将自己的精力转移到其他人或事物上，如增加同性间的交往密度或开发个人新的兴趣爱好等；也可以为自己设定新的奋斗目标，全身心地投入工作学习中，使自己没有时间过多地沉溺于失恋的痛苦中。

6. 保持爱情长久的能力

爱情之河流只有不停地流动，爱情才能常新。要保持爱情的常新需要智慧、耐力、持之以恒并付出心血。大学生一旦涉足爱河，就要不断浇灌它、培养它、发展它，使它由浪漫走向现实、由肤浅走向深刻、由幼稚走向成熟。保持爱情长久的能力是前面讲的各种能力的综合和提升，提高保持爱情长久的能力需要从以下两方面努力。

（1）培养良好的恋爱行为

良好的恋爱行为能为恋爱关系的建立奠定基础，同时对维持爱情的持久意义重大。良好的恋爱行为包括多方面，一是言谈文雅、语言表达具有魅力。语言表达不应仅表现在恋爱初期，而应贯穿于恋爱、结婚乃至生活的全过程。二是平等相待、互相尊重。恋爱双方不仅是心有灵犀的共同体，也是拥有各自空间和自由的个体，因此，恋爱双方应尊重各自的自由，要尊重对方与其他异性正常交往的自由。三是注意加强心灵的沟通。恋爱是一个相互了解、加深认识和延续彼此选择的过程。在恋爱过程中，双方只有经常地沟通，如谈情趣、谈志向、谈理想、谈事业，才能摆脱低级趣味，使双方感情得以升华、使彼此性格更加和谐一致，使爱情更加高尚。四是行为端庄文明。大学生在恋爱过程中多会伴随牵手、接吻、拥抱、抚摸等边缘性行为，这些行为的表达要选择合适的场合或场所，以维护校园和谐的文化氛围与环境。五是彼此忠诚专一。男女双方一旦确立恋爱关系，在恋爱关系存续期间就应该坦诚相见、忠贞不贰，不搞三角恋甚至多角恋。无视爱情专一性的行为势必会给对方同时也给自己造成精神上的痛苦，甚至会酿成严重后果。

（2）统筹协调各种关系

爱情是两个人相爱的美妙情感，但爱情只是生活的一部分，大学生既要处理好恋爱双方之间的关系，同时还要处理好恋爱与学业的关系、恋爱与集体的关系、恋爱与友情的关系、恋爱与亲情的关系等，处理好这些关系有利于爱情在一个和谐的环境中健康成长。

1）恋爱与学业的关系

爱情是甜蜜的，但不是唯一的事情。对于大学生而言，比爱情更为重要的是在大学期间培养自己的创新创业能力，夯实学业的根基，为走上社会打下牢固的基础。因此，大学生应该树立长远志向，以学业为重，让爱情为学业服务，让爱情的力量成为学习的动力；而良好的学业成绩又会巩固和发展爱情，同时优异的学业成绩和良好的职业素养会帮助大学生找到理想的工作，而这又为继续发展爱情提供了必要的经济基础。

2）恋爱与集体的关系

陷入爱情的大学生往往不经意间就疏远了其他同性或异性朋友，把自己禁锢在两人世界当中，甚至脱离集体，不参加集体活动，限制了交际范围，这不利于优化自己的个性，也不利于提高自己的人际交往能力和社会适应能力。恋爱中的双方应坚持参加各种集体活动，在集体活动中提高自己的综合能力，并在集体活动中加深对恋爱对象的了解。有句话说得很有道理，评价自己的爱人不仅要看对方如何对待自己，还要看对方如何对待他人。

3）恋爱与友情、亲情的关系

人的情感需要是多方面的，爱情是其中非常重要的部分，同时友情、亲情也是人一生中应该珍惜的情感。俗话说"重色轻友""娶了媳妇忘了娘"，这是恋爱过程中忽视友情、亲情的经典总结，也是许多人常犯的错误。

对于大学生来说，爱情也许会改变，但同学之间的深厚友情却是自己一生的宝贵财富。恋爱过程中应保持与其他同学的正常交往，始终如一地关心自己的好友。况且，恋人间适当的距离有助于爱情的发展。当然，也不能因为恋爱了就忽视了默默支持你的父母，很多恋爱中的大学生只有缺钱的时候才想起父母，这是很不应该的。同时，当自己的恋爱行为得不到父母认可的时候，也应该充分考虑他们的意见。另外，对父母的孝敬也应该贯穿于自己的人生全过程，"子欲养而亲不待"是人生莫大的遗憾。

第三节　恋爱能力提升训练

恋爱能力提升训练的目的是帮助大学生提升自己的恋爱能力，学会如何表白和拒绝、如何经营爱情、如何解决爱情的冲突、何谓正确的性态度和合适的性行为。在恋爱辅导上，教师要引导他们做好爱的心理准备、了解爱的内涵和责任，并学会表达的艺术。

由于这个主题比较敏感，故教师在团体训练时要注意保护大家的隐私，可以多一些小组内部的分享。在分享时教师要告诉同学们，分享是自愿的，如果有些内容你担心说出来会给自己带来伤害，可以选择不说。不过，教师还是尽量鼓励大家多在小组内分享自己的疑问和看法，小组同学要保密。

一、训练设计

①喜欢还是爱；

②异性碰撞。

二、具体训练方法

（一）喜欢还是爱

人的交往常常由相识开始，相互产生好感，进行较密切的联系，之后根据交往的情况决定是否确定恋爱关系。但在产生好感后，密切交往前，常弄不清楚相互之间是爱还是喜欢，有可能将友谊视为爱情而产生误会。

【目的】

区分"喜欢"与"爱"，了解如何爱一个人。

【操作】

做以下测试，小组讨论喜欢与爱的区别以及应该如何爱。

表5 喜欢和爱的测试量表

喜欢与爱你分辨得出来吗？不管你是否恋爱，试着根据自己的情况或想法勾选下列符合自己目前感情状况或对爱情憧憬的项目。(可复选)
①他情绪低落的时候，我觉得很重要的职责就是使他快乐起来。
②在所有的事情上我都可以信赖他。
③我觉得要忽略他的过失是一件很容易的事。
④我愿意为他做所有的事情。
⑤对他，我有一点儿占有欲。
⑥若不能跟他在一起，我觉得非常不幸。
⑦我孤寂时，首先想到的就是要去找他。
⑧他幸福与否是我很关心的事。
⑨我愿意宽恕他所做的任何事。
⑩我觉得让他幸福是我的责任。
⑪当和他在一起时，我发现我什么事都不做，只是看着他。
⑫若我也能让他百分之百地信赖，我会觉得十分快乐。
⑬没有他，我觉得难以生活下去。
⑭当和他在一起时，我发觉好像两人都想做相同的事情。
⑮我认为他非常好。
⑯我愿意推荐他去做被人尊敬的事。
⑰依我看来，他特别成熟。
⑱我对他有高度的信心。
⑲我觉得任何人跟他相处都会对他有很好的印象。
⑳我觉得他跟我很相似。
㉑我愿意在班上或团体中做什么事都投他一票。
㉒我觉得他是许多人中容易让别人尊敬的一个人。

㉓我认为他是十二分聪明的。
㉔我觉得他在我所有认识的人中都是非常讨人喜欢的。
㉕他是我很想学的那种人。
㉖我觉得他非常容易赢得别人的好感。

结果分析：你勾选的项目若集中在1至13项，表示你对他(她)的感情以"爱情"成分居多；而若多集中在14至26项，表示你对他(她)的感情以"喜欢"成分居多。

（二）异性碰撞

【目的】

促进成员对异性的了解，共同了解男女双方的差异。

【操作】

填写表6。

表6 男女有别的测试量表

	男问	女答	女问	男答
语言表达	女生最喜欢听男朋友说什么话？		你最想听到女朋友跟你说什么话？	
情绪表达	男友在心烦的时候吼你，你会怎么办？		男生为何喜欢用暴力解决冲突？	
思维表达	①女生喜欢什么样的男生？②为什么女生一寂寞就容易移情别恋？		很多男生说喜欢爱情简单一些，请详细解释怎样的爱情叫简单？	
心理需要	女生喜欢什么样的男生？为什么女生那么现实？		男生喜欢什么样的女生？男生最在乎女生的哪些方面？	
其他	你认为现在是女生开放还是男生更开放？		如果你的女友拒绝婚前性行为，你怎么办？	

【讨论交流】

完成以上表格后，各成员回到自己的小组讨论以下问题：你对哪个问题印象最深刻？为什么？你最认同的回答、最不认同的回答是什么？男女生在哪些方面有很大的差别，该如何应对？

第十一章 心理危机教育与训练

心理危机也可以说是生命危机，是指由于突然遭受严重灾难或在生活中遇到重大生活事件或精神压力，生活状况发生明显变化，尤其是出现用现有生活条件和经验难以克服的困难时，个体陷于痛苦、不安、难以承受的一种心理状态。本章主要从心理危机概述、常见的心理危机问题及调适和心理危机教育训练三个方面进行了研究。

案例导入：吴某，男，十九岁，某大学二年级学生，家庭成员无精神病史及遗传病史，本人体检未见异常。他出身工人家庭，有一个弟弟。在生活上父母对他和弟弟管束较严，但在学习问题上对孩子们无过分要求。吴某上高中以前身心状况良好，性格开朗而倔强，好学上进，成绩优良，与同学关系融洽；进入高中后，由于班主任和同学的不公正对待，他受到长时间的精神刺激。

考入大学后，他依旧郁郁寡欢，对什么事情都提不起兴趣，时常心烦意乱，学习感到吃力，考试成绩处于中下水平。现在，他对未来的前景感到迷茫、毫无信心；与同学相处得也不好，整天忧心忡忡，不想与他人说话；时常感到疲劳乏力，有时还感到气短、心悸、胸闷，心情极为痛苦烦闷，有时还产生轻生的念头。他想尽快恢复正常的身心状态，却始终找不到正确有效的方法。这样的状态已持续三年多了。

分析：由于吴某长期受到不公正对待，精神创伤严重，心情十分压抑，形成了孤僻、多疑的病态人格和歪曲的自我意识，并有自杀倾向；同时，由于长期抵制外界压力和考大学付出了巨大体力和精力，以及对大学繁重的学习任务感到难以承担，吴某已患有一定程度的神经衰弱。这一切使他在适应大学集体生活的过程中遇到了障碍。

第一节　心理危机概述

一、心理危机的概念

（一）危机的概念

危机包含两层含义：一是这种危险是潜伏性，现阶段没有体现，是可能引起祸事的根源；二是起决定性作用的转折点或困难时机。"危机"一词经常出现在我们的生活当中，在现代社会中"危机"与其他的词汇一起使用，表现各种危难关头与潜在危险，如"生态危机""经济危机""信任危机"。格拉斯将危机定义为问题的困难性、重要性和立即进行处理所能利用资源的不均衡性。蔡哲等人认为，危机是个体运用寻常应付方式不能处理目前所遇到的内外部应激时所发生的一种反应。徐岫茹认为，危机是个体遇到的某些重大问题，既不能回避，又无法用通常解决问题的方法来解决时，其心理上产生的不平衡。

（二）心理危机的概念

国内外学者关于心理危机的研究很多，很多学者都为心理危机下过定义。国内外学者在研究心理危机时，大多采用著名心理学家卡普兰提出的心理危机的概念。卡普兰对于心理危机的定义是，当一个人面对困难情境，而他先前处理问题的方式及其惯常的支持系统不足以应对眼前的处境，即他必须面对的困难情境超过了他的能力时，这个人就会产生暂时的心理困扰，这种暂时性的心理失衡状态就是心理危机。

心理危机的定义包含四方面含义：第一，明确指出这种危机状况是由人的心理产生的；第二，这种状况是产生心理危机的个体无法面对和摆脱的；第三，也明确了是由于困难的情景产生了心理危机，而产生的心理危机并不是其他的困扰；第四，这种心理危机可能是暂时出现的，也可能会由于环境的改变进一步恶化。

（三）大学生心理危机的概念

我国对于大学生心理危机的概念首次以正式文件的形式出现在 2011 年教育部印发的《普通高等学校学生心理健康教育工作基本建设标准（试行）》。该标准指导人们主要从七个方面开展大学生心理健康工作和大学生心理危机干预工作，即大学生心理健康教育体制机制建设；大学生心理健康教育师资队伍建设；大学生心理健康教育教学体系建设；大学生心理健康教育活动体系建设；大学生心理咨询服务体系建设；大学生心理危机预防与干预体系建设；大学生心理健康教育工作条件建设。国内学者对于大学生心理危机的概念界定的文献资料较少，一般将心理危机定义为大学生受到一些突发事件的刺激或者较难克服的困难一时无法解决，产生的短暂的心理困惑，经过长期的心理失衡状态就演变成心理危机。在《大学生心理危机及干预机制的探究》一文中指出："大学生心理危机主要是指高校学生运用寻常应付方式不能处理，由于无法克服心理冲突或外部刺激而对所遇到的内外部应激事件所产生的一种反应。"

二、大学生心理危机的特点

（一）存在性

大学生的心理正处在形成阶段，很多抵御困难的能力还没有形成。由于在校大学生在进入大学之前已经成年，希望自己的父母、教师、同学把自己当成一个成年人来看待。但是，由于社会环境发展和自身发展产生的矛盾，导致大学生出现心理危机的可能性增大。

（二）潜在性

大学生心理危机的产生存在潜在性。由于在校大学生已经建立起属于自己的社会关系，且大学生已经拥有成年人的外表形态，但是抵御困难的能力并没有完全形成。大学生这个群体在承受压力时，有时候能将困难化解，但是如果遇到较大困难时就难以化解，而且随着时间的推移，遇到的困难没有解决反而更加严重。这就容易将隐藏的、潜在的心理危机激发，给学生的心理、社会关系、朋友、父母造成伤害。因此，对于大学生心理危机的潜在性，高校工作者应及时关注学生动态，如发现问题应及时进行心理疏导以免对大学生造成伤害。

第二节 常见的心理危机问题及调适

大学生作为处于青年期的特殊群体，他们对自己和社会都有较高的期望，对未来充满了美好的憧憬。但是，大学生自身的阅历较浅，世界观、人生观和价值观不成熟，给他们对理想的追求带来了较多的心理困惑。尤其是近几年来，一些大学生在学业和就业的双重压力下，逐渐产生了不同程度的心理危机，严重影响了他们的全面发展。

一、心理危机的主要表现

（一）心理的负性状态加重

存在心理危机的大学生常常被心理的负性状态所困扰，他们经常处于恐惧和担心状态，对学习和生活中的压力及未来的发展不知所措，害怕产生不良的结果，从而对身心造成极大的伤害。他们容易抑郁、情绪低落，具有自我封闭倾向，不愿与别人交往，时刻沉浸在自己失落的世界里。同时，做事缺乏自信，不敢正视现实，常把失败归因于自己的能力不足。此外，他们的反应能力降低，不能集中注意力思考、推理、判断问题，对周围事物反应较为迟钝，对生活毫无兴趣。这样一来，他们在学习、生活、交往各方面往往会处于劣势，把自己置于孤立无援之地。

（二）生理上的不适感强烈

长期处于负性心理状态下的大学生身体机能也会逐渐衰退，易出现不适感。他们常常入睡困难，并伴随难以熟睡和早醒的症状，而且常有噩梦体验，醒后有疲乏感。此外，他们的食欲也会减退，消化不良，肌肉紧张，头痛，心痛，有血压不稳、胸闷、心慌等症状，这些都会进一步加深心理负面情绪的作用和影响。

二、产生心理危机的原因

（一）自身生理和心理的矛盾

大学生在大学阶段生理发育基本成熟，但部分心理发展相对滞后。在进入大学之前，他们的生理为成熟高峰，身高甚至超过了教师、父母及身边的成年人，但心理上还没有摆脱童稚的"孩子气"，他们的成长离不开家长的呵护，独立性很差，很多事都是由家长代办的。而进入大学后，凡事要自己动手，家长想帮忙也是鞭长莫及。此时，需要他们照顾自己的吃穿住行，处理和改善自己的人际交往，去总结为人处世的经验教训。起初他们很难适应，一旦受挫便会无所适从，往往沉湎于网络，在虚拟世界里寻找满足，与现实生活脱离。此外，大学生的性生理已经基本成熟，性意识增强，对异性的友谊和爱情产生渴望。但因生活经验欠缺，常因感情等问题困扰而产生苦闷、惆怅、失望、悔恨与愤怒等情绪，给身心带来严重影响。

（二）学习环境及方式的不适

大学生对大学学习环境及方式、方法的不适应是他们产生心理危机的另一个重要原因。从小到大他们一直接受的是封闭式教育，学校约束力大，并且在学习的方式、方法和环境上专一性强。而大学则不然，在新的学习环境中，全都要靠自己，不再有教师从早跟到晚的情景，也没有了外界的约束。另外，大学教师只起指路的作用，至于学生走不走或走得怎样主要靠自己的主观性。这种巨大的差异让刚刚走进大学的"孩子们"一时还难以适应，认为大学教师讲课不如中学教师好,有不少学生对自己所学的专业不满意,从而影响了学习动机。

(三)社会环境急遽变化的影响

许多心理问题的产生都和当时的社会环境密切相关,社会环境的急遽变化也是当今大学生心理危机产生的一个重要原因。我国改革开放极大地激发了人们的商品意识、竞争观念和创新精神,这给社会注入发展动力的同时,也带来了许多社会问题,这些社会问题对心智尚未成熟并且好奇心强烈的大学生产生了巨大的冲击。此外,由于连年扩招,毕业的大学生人数有增无减,但是相应的工作岗位却没有增加,"毕业即失业"的现象更令他们忐忑不安。为了应对以上种种情况,他们除上专业课程外,还花费大量人力、物力、财力来学习一些所谓的热门实用课程。这种长期的紧张状态、高负荷的压力,以及迷茫的前途设想,让他们的心理脆弱不堪,一旦努力失败则带来严重的心理挫折和失败感。

三、常见心理危机问题的调适

(一)开展有针对性的心理教育及咨询

1. 重视大学生的心理卫生教育

开展心理卫生教育是预防学生心理疾病的有效方法,要把心理健康课程纳入大学生正常的教学计划之中,使其相关知识得到有效的推广,让他们掌握心理卫生知识,靠自我努力、自我有效调节和支配,进行积极的心理调适,防止心理危机发生。

2. 建立心理健康档案

在大学生心理普查基础上,掌握和了解每个大学生的心理情况,为之建立心理档案,按照其心理状况及其心理危机程度分级、分类,并实时进行更新,以此为育人管理和心理调适提供参考。

3. 开展个别心理咨询活动

教育机构和施教者要对心理危机严重的大学生施以重点帮助,对他们进行个别的心理咨询与辅导,使他们能够正确地认识和分析在学习、生活、感情等方面遇到的困惑,教会他们自我调节不良心理的方法,帮助他们克服心理障碍,保持良好的情绪以达到心理健康的目的。

(二)加强校园文化建设

大学生思想活跃,活动积极,要充分利用他们强烈参与的意识,活泼、好动、乐于展示自我的特点，开展丰富多彩的校园文化生活，为他们提供一个展现天赋和才华的机会，培养他们的自信心，缓解他们的学习压力，形成积极向上的校园文化。具体而言，可针对一些热点心理问题举办专题讲座，进行适宜的辅导；利用墙报、板报等形式组织栏目，进行心理保健宣传；开展丰富多彩的课外活动，用丰富多彩的活动充实学生的课余生活，给他们提供施展才能与合理竞争及表达的机会。如开展各种体育竞赛活动，开展各种形式的文化、艺术及智力活动，使他们能够发挥特长，在竞争中得到自尊与自信，从而提高心理承受力，增强适应社会的能力。

（三）运用有效的干预手段

精神支持、宣泄、有选择的倾听等干预策略是缓解心理压力的一种有效、科学的手段。通过精神支持，可以使大学生树立自信心，坚信自己有处理危机的能力，有助于疏导他们的愤怒、恐惧等负面情感。通过倾听可使处于危机中的大学生敞开心扉、消解压力。此外，还可以用劝告、直接建议和限制等方法，让他们理智地思考问题，以此化解危机。

第三节 心理危机教育训练

一、训练设计

①思考生命——生命倒计时；
②我的价值观；
③生命的意义；
④画出多彩生命；
⑤生活态度自测。

二、具体训练方法

（一）思考生命——生命倒计时

【活动目的】引导成员思考生命议题；引导成员认识生命的短暂和珍贵。
【准备】白纸、笔。
【活动过程】请每个小组分别迅速算出如果以 60 岁、70 岁、80 岁、90 岁作为生命的长度，你分别共有多少天？多少小时？把数字写在黑板上。请每位成员算出自己已经度过了多少天、多少小时，可能还剩下多少时间。
【引导讨论】你算完这些数字后有什么感受？这些数字对你有什么意义？

（二）我的价值观

【目的】澄清个人的价值观。

【准备】白纸和笔。

【活动过程】

①请所有学员用最放松的姿势在椅子上坐好，闭上眼睛，尽量地放松。

②教师发问：现在开始想想，在你的生命中，哪些是最宝贵的？

③间隔2分钟后，教师再次提问：如果列出五个的话，它们都是什么？

④引导学生将刚才想到的五个东西写下来。

⑤由教师提问：请再仔细地看看自己这最宝贵的五个东西，想想它们对你来说意味着什么？

⑥好，如果现在因为一些原因，你必须去掉一个，你会去掉什么？请把它划掉。

⑦现在，你只能保留三个，你会保留哪三个？

⑧现在，你不得不再去掉一个，只保留两个，你会去掉哪个？

⑨你只剩下两个最宝贵的东西了，你的心情如何？

⑩请你在最后这两个中再做一次痛苦的抉择，到底哪一个对你来说最宝贵？请把它留下。

【引导讨论】现在你手中的就是你认为对你来说最宝贵的，想想你为什么在舍弃了四个之后一定要把它留下？它对你来说真的那么重要吗？

如果它真的是你生命中最宝贵的东西，请你想想你为此做过什么？你是怎样去珍惜它的？

请大家在小组中分享自己的感受，从中你看到了什么？你最珍惜的是什么？为之奋斗的又是什么？

（三）生命的意义

【活动目的】促进学生认识生命的意义，做好人生规划。

【准备】白纸和笔。

【活动过程】指导者说引导语：死亡是一位特殊的客人，在我们每个人出生的那一刻起，这位客人就已经收到邀请函。现在，他正马不停蹄、日夜兼程，准备登门造访。而当有一天他叩开门的时候，我们总觉得这是位不速之客，但我们终究要面对他、接纳他。

假如你的生命只剩下6个月，你会如何安排？让我们一起做一个"6个月的生命计划"。

①你最想做的事是哪些？

②你最想见的人是谁？
③你最想说的话是什么？
④你最想送自己的一句话是什么？
⑤请小组代表与大家分享感受。

（四）画出多彩生命

【活动目的】了解生命观。

【准备】A4纸、彩笔和胶带等。

【活动过程】

①请每位成员以生命为主题画一幅画，画什么都可以，只要求表达自己对生命的理解。

②画完后请学生以小组为单位进行分享，可以为自己的画取个名字，谈谈自己画的内容是什么、你是怎么理解生命的。之后，每个小组选一名代表与大家分享感受。

③分享完毕后把所有的画贴在教室里，相互参观、交流。

（五）生活态度自测

【活动目的】测试自我的生活态度，以更好应对未来生活。

【生活态度自测】

表7　生活态度自测表

自测项目	选项		得分
	符合	不符合	
①我对未来充满希望和热情 ②当事情变糟时，我知道不会一直这样 ③我不能想象今后的十年中我的生活会是什么样子 ④我遇到我最关心的事情就能够成功 ⑤我运气不佳，也不相信会有好运 ⑥我过去的经历已经为我的将来打下了良好的基础 ⑦当我展望未来时，我预料会比现在幸福 ⑧我从未得到我想得到的东西 ⑨将来我不可能获得真正满意的生活 ⑩对我来说，前途渺茫，捉摸不定 ⑪我想将来好的时候会多于坏的时候 ⑫追求自己想要的东西是徒劳的，因为不太可能得到它 ⑬我对自己的职业发展有一个规划，并不断调整它 ⑭我对大学期间的学习和生活有大体规划			
总分			

【评分与评价】

第③⑤⑧⑨⑩⑫项选"符合"得1分，选"不符合"得0分；

第①②④⑥⑦⑪⑬⑭项选"符合"得0分，选"不符合"得1分。

得分≤6分，表明你对生活充满希望和信心；

得分为7~12分，表明你对生活有轻度无望感；

得分为13~20分，表明你对生活有重度无望感，建议立即寻求心理帮助。

第十二章 就业心理教育与训练

随着大学毕业生人数的逐年增多，大学生面临着越来越严峻的就业形势。由于心理上具有不成熟性和不稳定性的特点，在严峻的就业形势面前，在激烈的就业竞争中，不少大学生难免会产生诸如压力过大、焦虑之类的心理问题和心理障碍，从而直接影响顺利择业和就业。面对激烈的就业竞争，引导大学生排除不良心理干扰，促进大学生充分就业，具有十分重要的意义。本章主要从就业与就业指导概述、常见的就业心理问题及调适和求职就业心理训练三个方面进行了研究。

案例导入：王某，男，山东聊城人，山东某大学四年级学生，该生学习成绩中等，家庭经济情况一般。因目前学习状况和家庭经济状况，该生决定放弃继续深造，选择就业。该生在大三时，曾担任本学院学生会纪检部副部长。在找工作初期，认为以自己的实力至少要进国企，但大家都去应聘其他单位，他也要去试试。在应聘初期，他先后参加了多家单位的面试，除一家通过笔试外，其他均在笔试环节被淘汰。在参加面试过程中，因对公司情况不了解，而被淘汰。经历几次挫折后，他非常沮丧，一方面抱怨笔试题目太难、太偏，抱怨面试官过于刁难自己；另一方面又开始怀疑自己，是不是自己能力不行。在犹豫与蹉跎中，等来了心仪单位的招聘，在应聘过程中，他显得非常紧张，出现了答非所问的情况，因而没有被录取。

分析：该生在就业过程中的主要问题如下。

一、焦虑心理

王某既希望谋求到理想的职业，又担心被用人单位拒之门外，担心自己在择业上的失误会造成遗憾，并对未来的职业生活感到心中没底，因此，在应聘过程中存在一定焦虑情绪，行为上也表现得反应迟钝、手忙脚乱、无所适从，影响用人单位对其进行正确的评价。

二、急躁心理

王某在整个应聘期情绪始终处于亢奋状态,心急如焚,东奔西跑,四面出击。因此,在没有考虑成熟的情况下就参与面试,往往会打击自己的信心。

三、抑郁心理

该生在受挫后不能正确调整心态,表现为不思进取、情绪低落,甚至放弃求职,听天由命,漠然置之,不与外界交往,易导致抑郁症发生。

四、自负心理

一开始对自己的评价过高,认为自己各方面条件不错,理所当然地应该得到理想职位,缺乏客观的自我分析和自我评价。这正是他求职屡屡受挫的根源。

五、自卑心理

受挫后,又过低地评价自己。

六、偏执心理

偏执心理的根源是自恃过高,不能正确评价自己,这样会减少就业的机会。

七、从众心理

没有正确的自我定位,对自己所学专业缺乏深入了解,对社会需求分析不透,追随他人的脚步前进,使得择业事倍功半。

第一节 就业与就业指导概述

一、就业的基本内涵

(一)就业的含义

1. 就业的定义

从词义上讲,"就"即"从事","业"即"工作或职业"。所谓就业,指劳动者在法定的劳动年龄内,依法从事某种社会劳动并获取相应报酬或经济收入的社会劳动过程及其状态。这个定义表明,就业应具备以下四个基本条件:一是劳动者应达到法定劳动年龄,也就是年满16周岁的法定劳动年龄;

二是劳动者应具有劳动能力，包括劳动权利和劳动行为；三是劳动者所从事的劳动必须合法并得到社会的认可；四是该劳动要有报酬或经济收入。凡不具备上述四个条件的就不能算就业。

高校毕业生就业是指完成学业的高校毕业生根据国家的有关政策，按照一定的程序，在社会上获取正当工作岗位并取得相应劳动报酬或经济收入的活动。对于大学生来说，就业是对自己受教育过程的综合检验，也是自己服务社会、奉献社会、确立社会地位的开始。

2. 就业的要素

从就业的定义可知，劳动者要实现就业，必须从事某种社会劳动，即必须要同生产资料相结合。这表明，劳动者与生产资料是构成就业的两个基本要素。劳动者是具有一定劳动能力的人，是生产活动的主体，也是就业构成的主体。一般来说，劳动者主观能动性的发挥与就业的成功呈正相关，劳动者的内在能力及素质是取得就业成功的决定性因素。生产资料是劳动对象和劳动工具的统一，是生产活动中的物质因素，也是构成就业活动必不可少的物质条件。生产资料的供给与社会经济的发展有密切的联系，生产力越发达，生产资料的供给就越充足。

3. 就业的实质

简单说，就业的实质是劳动者与生产资料的恰当结合。劳动者在实现就业的过程中，必须找到适合自己的工作岗位，这个过程就是劳动者与生产资料相结合的过程。劳动者要成功地实现就业，就必须充分占有生产资料。生产资料的占有过程就是劳动者发挥主观能动性、积极寻找工作岗位并抓住机会占有工作岗位的过程。不同的工作岗位对劳动者的劳动能力有不同的要求。劳动者只有提高自身的劳动素质、具备一定的劳动能力，才能获得相应的工作岗位。生产资料是劳动者从事社会劳动的物质条件，是构成工作岗位所必须具备的物质基础。只有生产资料充足供应，才能为劳动者实现就业提供必要的岗位源头。

（二）就业的基本特征

1. 社会性和经济性

一般而言，就业过程中劳动者与生产资料，总是处于一定的生产关系之中。这种生产关系其实就是一种社会关系，因而就业要受到社会关系的推动和制约，同社会的政治经济状况和社会协调发展密切相关。高校毕业生就业是一项社会系统工程，直接影响社会的稳定和发展，是科教兴国与人才强国战略实施的基础工程。高校毕业生步入社会，走上工作岗位后，通过充分占有和使用生产资料，为社会创造出有价值的产品，使个体的社会性得到充分的体现。同时，社会的不断发展也为其就业提供了有利的条件。

2. 计划性和合理性

劳动者和生产资料的结合不是任意进行的，需要符合一定的计划和比例。其计划的方式取决于生产关系，结合的比例由生产力的发展水平决定。在社会主义市场经济条件下，计划分配和市场调节是实现这种合理比例的两种基本手段。劳动者的就业是在国家宏观政策的调控之下实现的，就业质量的高低受经济社会发展水平的影响。随着社会主义市场经济体制的不断完善，社会主义市场经济的统一体系在逐步形成，能够为社会提供的就业岗位在逐步增长，劳动者和生产资料的结合在总体上呈正态分布的趋势。充分就业是一种理想的就业状态，在现有的经济条件下不可能完全达到，但随着经济结构的调整、社会分工的逐步深化，劳动者的就业状态会朝这一方向发展。

3. 变动性和稳定性

随着生产力水平的提高、社会分工的不断细化以及市场经济体制和运行制度的不断完善，劳动者就业岗位的变动越来越频繁。这种变动是客观存在的，是经济社会发展规律的外在体现，是一定经济发展阶段的必然结果。特别是随着国家宏观经济结构的调整、产业结构的变化，部分工作岗位被合并重组，同时又有新的岗位类型出现，在这种情况下，劳动者的就业岗位和就业部门发生变动是在所难免的。另外，尽管社会的发展越来越快，科技进步也日新月异，劳动者的部门流动成为普遍现象，但不同劳动资料与劳动对象相结合的劳动就业岗位对劳动者的文化水平和能力素质有着不同的要求。要发挥两者相结合的最佳效益，创造出更多的物质财富，就要不断提高劳动者的个人素质，并尽可能使其稳定在某一岗位上，这就是就业变动性特征之外独特的相对稳定性。

二、就业指导的基本内容

（一）就业指导的含义

就业指导在国外也称为"职业指导"或"职业辅导"，是指对劳动者的求职择业和职业适应进行指导，帮助其获得和适应符合自己的职业的各种服务和指导。就业指导可分为狭义和广义两大类。狭义的就业指导是给要求就业的劳动者传递就业信息，做劳动者和用人单位沟通的桥梁。广义的就业指导则包括预测要求就业的劳动力资源，掌握社会需求量，汇集传递就业信息，培养劳动技能，组织劳动力市场以及推荐、介绍、组织招聘等与就业有关的综合性社会服务活动。在我国，就业指导还应包括就业政策导向，以及与之相应的思想政治教育工作。

（二）就业指导的功能

1. 管理功能

管理功能是就业指导工作的一项重要功能。在我国现有的社会经济发展条件下，就业指导机构和就业指导人员的管理和服务职能是彼此联系、互相促进的。无论是政府机构、企事业单位还是高等学校、社会中介，一方面承担着就业指导中的咨询服务职能，另一方面还具有对服务对象的监督管理职能。高等学校作为毕业生的培养单位基本上都建立了就业办公室或就业指导服务中心，负责全校毕业生的就业管理及服务工作，使广大毕业生能够有序合法地步入职场。高校的就业指导服务中心对外代表学校与政府、人才市场、企事业单位等进行沟通和联络，为毕业生的"自主选择、双向选择"搭建平台，提供政策指导；对内承担着高校毕业生就业程序的实施和管理工作，也承担着培训和管理就业指导工作队伍的职责，是高校毕业生办理就业派遣及户档关系转递等相关手续的主要职能部门。

2. 服务功能

服务功能是就业指导的核心功能。就业指导的根本目的就是为劳动者提供各项就业咨询服务，帮助其实现职业选择和职业发展。高校就业指导中心的主要服务对象是在校大学生，提供的服务项目主要有以下几个方面：一是职业特征的专业化测评、职业能力的系统化课程培训、职业选择和职业生涯规划的咨询和辅导；二是专业化职业市场的组织和创建、各种就业渠道的开拓和提供各类就业信息的发布与咨询；三是为高校毕业生办理就业派遣、档案转递等相关手续，创建就业服务网络平台为毕业生提供信息技术服务；四是培训就业指导专业化、职业化工作人员，实现大学生就业指导的全程化服务；五是为相关企业和社会求职人员提供信息服务，如为企业人力资源部门提供人才的招聘和选拔咨询，为社会求职者提供职业测评、培训和咨询指导，同时为政府就业部门提供就业生源、就业情况统计信息。

3. 教育功能

就业指导的教育功能直接影响劳动者的就业方向和就业动力，同时在高等教育体制改革、育人模式的转变方面起着举足轻重的作用。对大学生进行正确的就业观、成才观和就业形势政策的教育是高校就业指导部门义不容辞的职责，也是其必须坚守的首要原则。高校的就业教育是学生整体教育的一个重要方面，特别是在高校毕业生的职业理想、择业观念、职业道德教育方面都体现了很强的引导性,是落实大学生思想政治教育的一个有效途径。在高校毕业生面临国家需要和个人利益的矛盾选择时,就业指导人员应当鼓励和引导毕业生以国家利益为重,把个人理想抱负和国家兴旺、社会发展有机结合起来,在社会建设的大熔炉中实现自我的个人价值和社会价值。

4. 研究功能

就业指导要取得成效,必须要总结借鉴国内外的相关成熟经验,同时吸取各方面的教训。这就需要就业指导机构及就业指导人员善于调查研究,紧密跟踪调查各类劳动者的就业状况和社会对他们的评价与要求,同时及时了解和掌握职业市场的发展动态,用专业的软件分析预测就业市场的发展趋势和需求趋向。高校毕业生的就业质量是衡量高校就业指导工作的一个重要指标,只有深入各类企业对毕业生的就业情况进行反馈调查,同时通过听取各方面的意见,才能为高校就业指导方案的制定与实施提供有效建议,才能从根本上提升高校毕业生的专业素养和综合素质,促成高校毕业生就业工作发展的良性循环和崭新局面。另外,加强高校就业指导的研究有利于高校就业指导综合服务体系的形成,也有利于为国家就业政策的制定提供决策性建议。

第二节 常见的就业心理问题及调适

一、大学生就业常见的心理问题

由于大学生就业时自我定位比较高,成才期望强,社会对其要求也很高,他们不可避免地要面临很大的心理压力,同时也会产生择业心理误区,如焦虑急躁、自卑懦弱、冷漠逃避等。这些不良心理的产生主要是因为大学生对求职环境的应对不良引起的,只要引导得法,使大学生主动适应就业环境,不良心理便会随着时间的推移而逐渐消失,大多不会形成心理疾患。但如果这些心理误区不能得到及时的疏导宣泄,则可能发展成为影响择业的心理障碍,会严重困扰大学生的日常学习、生活乃至择业。

(一)自我认知失调

自我认知是指个体对自己的性格、气质、兴趣、能力等个性心理特征的全面认识和把握。自我认知失调包括如下三个方面:

1. 自我认知不完整

大学毕业生在择业前夕缺乏对自己性格、兴趣、特长进行深入的分析,对自己的优势与特长、劣势与不足没有全面认识,同时缺乏对与自己个性心理特征相符合的职业进行细致的分析,从而导致他们面对严峻的就业竞争时缺乏对自我能力、自我价值的准确判断,造成择业时期望值过高,缺乏承受挫折的心理准备。

2. 角色转换不充分

大学生往往把学校、家庭、亲友所给予的关心、呵护、尊重当成是社会的最终认可,有时会过分依赖家长、教师,不能客观、冷静地进入求职状态,不能及时转换自己的角色,即由一个"象牙塔"中的大学生向一个现实的社会求职者转变,从而缺乏主动进取和抓住机遇的心理准备。

3. 错误的就业观念

我国的高等教育已由"精英教育"转向"大众教育"。随着我国高等教育大众化进程的不断加快,毕业生的主体选择与社会实际需求之间的冲突使毕业生就业的矛盾日益显现,一方面是用人单位招人难,另一方面是毕业生有业不就,因此,毕业生能否顺利就业取决于他们的就业观念能否随着社会的不断发展而主动调整。大学生应树立正确的就业观,努力寻求社会需要与个人追求的结合点,以自己所长应社会所需,在正确的择业观的指导下顺利就业,实现职业理想。

(二)焦虑

焦虑是一种紧张不安并带有恐惧体验的情绪状态。面对复杂的就业现实、浩如烟海的就业信息以及残酷的择业竞争,绝大多数大学生由于心理承受能力和自控能力较差,或多或少地会出现焦虑状态,如忧虑自己能否找到理想的工作、自己的选择是否正确、将来工作能否带给自己预想的自我发展空间,甚至怀疑自己是否能够胜任将来的工作等。那些性格内向、冷门专业、成绩一般而又不善于包装自己或临近毕业不知何去何从的大学生表现得更为焦虑,如心理失衡、烦躁不安、难以自控,甚至表现出择业恐惧心理。焦虑不但干扰了大学生的正常生活和学习,还成为他们择业的绊脚石。

心理学家认为,焦虑是引起一个人行为中紧张状态的动力。适度的焦虑可以使人产生压力感,迫使人积极努力,从而增强进取心和激发奋斗的精神。没有适度的焦虑,人就像没有上紧弦的弓,根本没有前进的动力。但是,如果焦虑程度过深,或是长期得不到缓解,就有可能使人失去应有的判断力和自制能力,导致心理障碍或疾病,干扰人的正常生活。正如心理学大师弗洛伊德所说:"如果一个人不能适当地应付焦虑,那么焦虑就会变成一种创伤,使这个人退回到婴儿时期那种不能感觉自己无能,从而产生消极悲观的心理,以至于自暴自弃。"还有部分大学生过分强调职业选择对于未来人生的重要性，对未来职业利弊的权衡过于谨慎、过于挑剔，力求"一业定终身"，如果所求岗位和自己的期望有差距就会产生悲观失望的情绪，这将妨碍择业。

（三）消极冷漠

消极冷漠是遇到挫折后的一种消极的心理反应，是逃避现实、缺乏斗志的表现。当一些大学生因在择业中受到挫折而感到无能为力、失去信心时，会出现不思进取、情绪低落、情感淡漠、沮丧失落、意志麻木等反应。另外，有些大学毕业生自身条件很好，认为自己"满腹经纶""博古通今""学富五车"，可以大有作为，平时也不参加招聘会，期待着有单位会主动邀请。即使他对某单位很满意也不主动争取，或拖着不肯签约，总希望有更好的单位出现。

（四）问题行为

问题行为是指违背社会行为规范的适应不良行为，如对抗、报复、过度消费、嗜烟、嗜酒等。毕业前的大学生由于经常求职失败，加上缺乏自我心理调适能力，可能就会出现各种各样的问题行为，如迁怒于人、进行不良交往、损坏东西等。问题行为的存在不仅影响学生的择业，还可能导致违纪与违法。

（五）躯体化症状

躯体化症状指的是由于心理压力和生活方式而导致异常的生理反应，如头痛、头昏、背痛、口干、心慌、尿频、血压不正常、消化紊乱、肌肉酸痛、饮食障碍或睡眠障碍等。毕业前的大学生由于挫折体验多、心理压力大，容易出现这些躯体化症状。这些症状如果不能及时排除，则会危及他们的身心健康。

二、常见就业心理问题调适

大学毕业生要控制自己的心境、自觉地调整内在的不平衡心理、增强心理素质、保持乐观向上的情绪，就需要不断地对自己进行心理调适。下面介绍几种常用的心理调适方法。

（一）塑造良好就业心理的方法

1.自我激励法

自我激励法是指用生活中的哲理、榜样的事迹或明智的思想观念来激励自己，同各种不良情绪进行斗争，在评价自我时既不自卑也不自负，在面对各种矛盾和冲突时能冷静理智地思考自我、认识自我、评价自我，找到自我的确切位置。每当面试失败时，大学生要坚信未来是美好的，要尽可能地把不可以预料的事当成预料之中的，即使遇到意外事件或择业受挫，也要鼓励自己不要惊慌失措、冲动、急躁，而是开动脑筋、冷静思考、寻找对策。大学生一方面要认真思考自己的长处和优势，要相信自己的实力，通过自我激励，增强自信心，消除自卑感，保持良好的情绪和心态；另一方面要认真查找失败的原因，总结失败的教训，找到自己的不足和努力的方向，切忌自暴自弃、一蹶不振。

2. 注意转移法

人才市场的竞争是激烈的，也是无情的。大学生就业的双向选择为大学生就业提供了广阔的舞台，同时也给大学生就业提出了新的挑战。大学生在接受市场的选择时，遇到挫折甚至打击是难免的。这时大学生要学会运用注意转移法。注意转移法也叫自我转化法，即把注意力从消极情绪转移到积极情绪上，寻找一个新颖的刺激，激活新的兴奋中心以抵消或冲淡原来的兴奋中心，使不良情绪逐渐消失，如听音乐、参加体育活动、接受大自然的熏陶、参加有兴趣的活动等，让自己从挫折中走出来，转移自己的注意力，使自己没有时间沉浸在因各种原因引起的不良情绪反应中，从而慢慢平稳心理，重新梳理自己的思路，调整应对竞争的策略，并鼓足信心迎接下一次挑战。

3. 适度宣泄法

人的情绪是受外部环境和自我暗示影响的，当遇到困难、挫折和矛盾冲突引起的不良情绪时，大学生应尽早进行调整或适度宣泄，使不良情绪得到疏导，使压抑的心境得到缓解和改善。当大学生择业受挫时，比较行之有效的办法是进行适度的情感宣泄。当然，这种宣泄应注意场合、身份、气氛，注意适度，不能对他人和周围环境造成不良影响，不能有破坏性。大学生应当采取积极的方式来宣泄压力，如可以与同学、家人、朋友聊天，倾诉自己的忧愁、苦闷，通过进行心理沟通来宣泄自己的压抑情绪；也可以通过爬山、游泳、打球、跑步等运动量较大的体育运动来释放内心的压力和苦闷；也可以与同学、朋友一起组织唱歌、演讲、看电影等有意义的活动来消除压抑心理，恢复心理平衡。通过这些活动，大学生可以实现自我情绪的调节，获得更多的情感支持和理解，获得认识和解决问题的新思路，增强克服困难的信心，从而走出失败的阴影。

4. 自我安慰法

自我安慰法又称自我慰藉法，是指人在消极心态下找出各种理由为自己的行为辩解，以使内心得到平衡、精神得到安慰、情绪得到转化的方法。大学生择业不顺利时，要勇敢地面对，要给自己恰当的心理暗示，如这次失败是我日后取得成功的基础。大学生也可用"亡羊补牢，犹未为晚""塞翁失马，焉知非福"等话语来自我安慰，排解烦恼。同时，大学生要找出自己失败的原因，从失败中吸取教训，找准自己应该努力的方向，提升自己的能力和素质，以满腔热情迎接新的挑战。

5.合理情绪疗法

合理情绪疗法认为，人们的情绪困扰不是由于事件本身引起的，而是由不正确的认知即非理性信念所造成的，因此，通过纠正认知，以合理的思维方式代替不合理的思维方式，就可以最大限度地减少不合理信念给人们的情绪带来的不良影响。

例如，有的大学生择业不顺利就怨天尤人，其原因就在于他只从客观上找原因，一味强调外界因素，缺乏对自己本身的主观分析，认为"人才市场提供的岗位太少""用人单位要求太高"。他们认为"大学生择业应当是顺利的""社会应该为大学生提供充足的岗位"等才是求职成功的条件。正是由于这些不正确的认知，导致了他们的不良情绪。所以，只有改变这些不合理的认知信念，调整认知结构，才能克服不良情绪。

自我调适的方法还有很多，如环境调节法、自我静思法、广交朋友法、松弛练习法、幽默疗法等。当然，这些方法可以帮助我们提高自我调适的自觉性，增强心理承受能力，但最主要的是大学生要树立正确的择业观，要对自己充满信心，不要惧怕困难、挫折，要注意磨炼自己的意志，培养乐观豁达的态度，始终保持积极向上的良好心态。总之，在择业求职过程中，大学生应提高自我调适的自觉性，使自己保持良好的心态。同时，社会、学校和家庭也应为大学生提供热忱的关注和积极的引导，帮助大学生面对现实，排除心理困扰，缓解不必要的心理压力，促使他们尽快实现角色转换，顺利走向工作岗位。

（二）塑造良好就业心理的途径

1.充满自信

自信心是人格健全的人必须具备的心理素质，是择业的动力、就业成功的保证。大学生应该对自己有充分的认识，发挥自己的优势、展现自己的特点，把主观愿望和客观条件结合起来，强化自信心。在求职遇到挫折和困境时，大学生要相信自己能找到满意的工作。自信不是盲目的自负、自傲，而是一方面要对自己抱有合理而坚定的信心，保持适度的求职期望；另一方面要积蓄自信的资本，不断充实自己、完善自己、提高自己。只有具备了坚实的基础、良好的素质和雄厚的实力，才会对自己的选择充满信心。

自信永远是求职的第一步，针对毕业生求职时表现出的缺乏自信问题，就业指导专家指出，自信要先从言语表达开始。递交简历时，说话吞吞吐吐、结结巴巴，总带有"啊""这个"之类的赘词；在话语中间插入"就是说"这样的话，打断了语句的连贯性；说话像开机关枪，毫不停顿，这些都是自信心不足、心理紧张的表现。

在求职时，大学生要表现出自信、坦然，给对方留下良好印象。专家提出了几个解决方法：一是从言语表达中展现出自己的自信，如说话时把声调放低，这样听起来平稳、和谐，也更显得魅力十足；二是用腹腔呼吸，不要用胸腔来呼吸，这样声音才会有力；三是说话时配合一些手势，眼睛看着对方，并面带微笑，这样可以增强语言的感染力。只要做到这些，至少能保证与招聘人员交谈时不怯场，也能给对方留下自信成熟的印象，甚至能弥补简历内容的不足。

据报道，深圳某单位面试毕业生时，明确表示只要男生，很多女生闻讯后，心里愤愤不平，唯有一位女生平静地坐着等待。用人单位几次告诉她，不要再等了，她只是轻轻一笑。直到面试快结束时，用人单位终于把她请了进去。该同学不卑不亢、落落大方、对答如流，令面试者大为欣赏，竟成了第一个录用的人。

2. 正视社会现实

人的本质是社会关系的总和，人不能离开社会而生存与发展，每个人自我愿望的实现都离不开他所处的社会环境。择业作为人的一种社会活动，必然也会受到种种社会条件的制约，正视社会现实是大学生择业必备的健康心态之一。大学生择业心理的优化要建立在客观面对社会现实、确立恰当目标的基础上，而正视社会现实可从以下方面入手。

（1）客观分析就业形势

大学生就业体制的改革是市场在教育领域、劳动人事制度方面发生变化的必然结果，但同时也必须看到，我国目前的生产力还比较落后、供需形势不平衡、教育结构不合理，社会为大学生提供的工作岗位不可能令所有人满意。另外，我国的大学生就业市场还需要进一步完善，用人单位自主权扩大以后，对大学生的要求更加严格。

（2）客观评价自我

大学生要认真考虑所学的专业和方向，了解社会对该专业的需求，通过自我反省、心理测验、社会比较等方式，对自己的职业兴趣、专业特长、智商和情商以及组织管理、协调活动能力等方面做全面客观的分析，以确定择业目标。

总之，大学生要从实际出发，更新择业观念，一方面，对就业形势做出切合实际的评估,并能以积极主动的心态参与竞争,正视社会、适应社会,确立合理的择业目标,正确调整就业期望值,以便被社会承认和接受;另一方面,大学生还需认清社会需求,根据社会需要选择适合自己的工作,不要好高骛远、脱离实际。一味追求个人名利、从主观愿望出发的择业观是不可取的。同时,国家已采取了措施积极解决大学生的就业问题,国家将尽可能为大学生求职择业提供较好的环境,大学生职业选择的机会将大大增加,这为大学生施展自己的才能提供了广阔的天地,也有利于大学生自身的发展与成才。

3. 培养独立意识

独立意识也叫独立感,是指个体希望摆脱监督和管教的一种自我意识倾向。进入大学后,大学生强烈地要求摆脱依赖性和幼稚性,希望独立地安排自己的学习和生活,积极组织并参与各种社会活动。大学生已经可以对自己的行为负责任,社会也不再把大学生当作学生或未成熟的青年看待。因此,大学生在校期间有意识地培养自己的独立意识是十分必要的。

(1)培养自己独立生活的能力

大学生要从日常小事开始训练自己,发展各种生活技能和独立处理问题的能力,逐渐摆脱家庭的关怀呵护,慢慢成长,学会自立。

(2)培养自己独立学习和工作的能力

大学生要学会顺应环境,最大限度地发挥自己的主动性和创造性,而不是一味地等待别人的安排和指导。

(3)培养自己独立调适心理的能力

大学生要有自信心,保持乐观进取、积极健康的心态,无论是顺境还是逆境都能坦诚地对待自己,都相信自己的能力,做到自尊、自爱、自信、自强。对自己的奋斗目标,大学生要有独立的见解,适时调整自己,不断完善自己的思想体系。

4. 正确对待挫折

心理健康的人勇于向挫折挑战,知难而进、百折不挠;心理不健康的人易半途而废、知难而退,甚至精神崩溃、行为失常。自主择业给大学生提供了就业的自由及通过竞争获得理想职业的机会。但是,不少大学生在求职时只想成功,一旦求职失败就会像泄了气的皮球,一蹶不振,陷入苦闷、焦虑、失望的情绪之中不能自拔。究其原因是他们对求职中的挫折既缺乏估计也缺乏承受能力,不能很好地调节自己的心态,也不会通过总结求职中的经验教训来获得下一次的成功。大学生在求职中必须以正确的心态对待挫折。

就业过程也是重新认识自我、认识社会、适应社会的过程，大学生要通过求职活动来发展自己，促进自我成熟，增强自我心理调节与承受能力，这对大学生今后的职业生活都是非常必要的。

大学生要认识到在需求形势不佳、就业竞争激烈的条件下，出现求职失败是在所难免的，可能是因为自己的价值观与企业文化不相符，也有可能是其他一些偶然因素所致，不一定是自己的能力问题。失败后，大学生要以平静的心态及时总结，调整自己的求职策略，为下次求职成功做好充分准备。

第三节　求职就业心理训练

一、训练设计

①职业猜猜看；
②我的职业取向与领域定位；
③职业畅想发布会。

二、具体训练方法

（一）职业猜猜看

1. 职业推理王——职业猜谜

学员分组进行，不能看书。每个职业有三个提示，这三个提示是与职业相关的。如表8所示，在提示一就猜出答案的加3分，在提示二猜出答案的加2分，在提示三猜出答案的加1分。每组只能抢答一次，猜错则换其他组；都猜不出时，就换下一张提示。

表8　职业猜谜

序号	提示一	提示二	提示三	职业
①	博学多才	谆谆教诲	蜡炬成灰	
②	辩才无碍	思维敏捷	起死回生	
③	妙手回春	仁心仁术	救死扶伤	
④	一望无际	惊涛骇浪	满载而归	
⑤	抬头挺胸	出生入死	投笔从戎	
⑥	五颜六色	惟妙惟肖	栩栩如生	
⑦	秀色可餐	身材修长	流行前线	
⑧	水深火热	烟雾弥漫	出生入死	

续表

序号	提示一	提示二	提示三	职业
⑨	不辞劳苦	串街走巷	绿衣天使	
⑩	笑容可掬	热情周到	欢迎光临	
⑪	游山玩水	舟车劳顿	热情周到	
⑫	争先恐后	明察暗访	独家报道	
⑬	山珍海味	如法炮制	垂涎三尺	
⑭	尖端科技	日新月异	优胜劣汰	
⑮	一日千里	纵横天下	轻车熟路	
⑯	活灵活现	入木三分	最佳角色	
⑰	千变万化	未卜先知	谈天论地	
⑱	百发百中	一针见血	白衣天使	
⑲	无中生有	尘土飞扬	万丈高楼平地起	
⑳	斤斤计较	锱铢必较	年关报税	
㉑	体态轻盈	摇曳生姿	手舞足蹈	
㉒	轻歌曼舞	黄莺出谷	余音绕梁	
㉓	除暴安良	明察秋毫	人民护卫	
㉔	任劳任怨	堆积如山	一尘不染	

答案：①教师；②律师；③医生；④渔夫；⑤军人；⑥画家；⑦模特；⑧消防人员；⑨邮差；⑩服务员；⑪导演；⑫记者；⑬厨师；⑭IT从业人员；⑮司机；⑯演员；⑰气象播报员；⑱护士；⑲建筑工人；⑳会计师；㉑舞蹈家；㉒歌星；㉓警察；㉔清洁工。

2. 模拟面试

让学员熟悉模拟面试的题目并组成模拟面试团队和主考官。

参考题目如下：

①我们为什么要聘用你？

②为什么你想到这里来工作？

③这个职位最吸引你的是什么？

④你是否愿意去公司派你去的某个地方？

⑤谁曾经给你的影响最大？

⑥你将在这家公司待多久？

⑦什么是你最大的成就？你能提供一些参考证明吗？

⑧从现在开始算,未来的五年你想自己成为什么样子?
⑨你有和这份工作相关的训练或品质吗?
⑩导致你成功的因素是什么?
⑪你最低的薪金要求是多少?
⑫你还有什么问题吗?

3. 我思我想

你希望从事什么职业?这些职业又有什么特点呢?

4. 分享交流

结合模拟面试的问题,讨论如何使自己符合职业所需?

(二)我的职业取向与领域地位

1. 职业能力倾向测试

测试方法:以下前十题为 A 组,后十题为 B 组,每组各题你认为"是"的打 1 分,认为"不是"的打 0 分,然后比较两组答案的分值。

①当你正在看一本有关谋杀案的小说时,你是否常常能在作者未交代结果之前知道作品中哪个人物是罪犯?
②你是否很少写错别字?
③你是否宁可参加音乐会而不愿待在家里闲聊?
④墙上的画挂歪了,你是否想去扶正?
⑤你是否常论及自己看过或听过的事物?
⑥你宁可读一些散文和小品也不愿看小说?
⑦你是否愿意少做几件事而一定要做好,而不想多做几件事而马马虎虎?
⑧你是否喜欢打牌或下棋?
⑨你是否对自己的消费预算有控制?
⑩你是否喜欢探索能使钟表、开关、马达发生效用的原因?
⑪你是否很想改变日常生活中的一些惯例,使自己有一些充裕时间?
⑫闲暇时,你是否比较喜欢参加一些运动而不愿意看书?
⑬你是否认为数学不难?
⑭你是否喜欢与比你年轻的人在一起?
⑮你能列出五个你自己认为是朋友的人吗?
⑯对于你能办到的事情别人来求你时,你是乐于助人还是怕麻烦?
⑰你是否不喜欢太琐碎的工作?
⑱你看书是否很快?
⑲你是否相信"小心谨慎,稳扎稳打"是至理名言?

⑳你是否喜欢新朋友、新地方和新东西？

2. 计分与解释

若 A 组分值比 B 组高，则表明你是个精深的人，适合从事需要耐心、谨慎和研究等的琐碎工作，如医生、律师、科学家、机械师、修理人员、编辑、哲学家、工程师等。

若 B 组分值高于 A 组，则表明你是广博的人，最大的长处是能成功地与人交往，你喜欢有人来实现你的想法。你适合做人事、顾问、运动教练、服务员、演员、广告宣传员、推销员等工作。

若 A、B 两组分值大体相等，则表明你不但能处理琐碎的事，也能维持良好的人际关系。你适合的工作有护士、教师、秘书、商人、美容师、艺术家、图书管理员、政治家等。

（三）职业畅想发布会

1. 游戏目的

①引导组员初步思考自己的职业生涯。

②引导组员树立职业生涯规划的意识。

2. 游戏导入

给大家播放一段音乐，请大家在音乐中畅想一下你的未来。音乐响起，请闭上眼睛，你看到20年后的自己了吗？会是什么样子呢？穿着什么样的衣服？正在做什么样的事情？你身边会有什么样的朋友？

然后请大家在小组中讨论如下两个问题：

①你的理想与现实契合吗？

②怎样做才能实现你的理想生活？

3. 人员与场地

30 人左右，平均分成 4~5 组。

4. 游戏道具

音乐：《追梦人》。

5. 规则与程序

①将组员分成两组，选择一个共同关心的主题，如想想 20 年后要达到畅想中的自己，你该怎么做？20 年后你将处在人生的什么位置？你的事业发展到什么程度？你是怎样达到这个程度的？假如你畅想的是 20 年后的自己已经成为某集团的 CEO，那么，你需要具备哪些个人素质和外部条件？你是怎样一步步成为 CEO 的？

②同一小组的组员不但要收集你所畅想的内容与信息，还要集思广益，设想出"记者"可能会提出的问题，以便做好准备，接受"记者团"的提问。

③每组针对其他组的主题设想3~5个问题，并挑选出3个问题作为对其他组发言的提问。

④每组挑选一名学员作为"新闻发言人"，两名学员作为"记者"。"新闻发言人"根据本小组的畅想情况，用5分钟时间来阐述"20年后的畅想"内容，然后用5分钟时间接受"记者"的提问，并回答"记者"的提问。"记者"负责收集本小组成员对其他小组的发言提出的问题，然后根据"新闻发言人"的主题提问。

参考文献

[1] 罗萍，殷永松，曹杏田.心理学[M].天津：南开大学出版社，2014.

[2] 张义明，黄存良，袁书卷.大学生心理健康教育[M].成都：西南交通大学出版社，2014.

[3] 郑永生.心理素质训练[M].西安：陕西旅游出版社，2000.

[4] 樊富珉.大学生心理健康教育研究[M].北京：清华大学出版社，2002.

[5] 张玲.心理健康研究与指导[M].北京：教育科学出版社，2001.

[6] 刘翔平.当代积极心理学[M].北京：中国轻工业出版社，2010.

[7] 马建青.大学生心理健康教程[M].2版.杭州：浙江大学出版社，2015.

[8] 樊春，范启标.大学生职业生涯规划与发展[M].杭州：浙江大学出版社，2013.

[9] 郭常亮.心理健康教育[M].北京：北京邮电大学出版社，2012.

[10] 叶琳琳.大学生心理健康教育与心理素质训练[M].北京：北京师范大学出版社，2016.

[11] 周莉.大学生心理健康教育[M].北京：中国人民大学出版社，2010.

[12] 朱小根.大学生心理健康教育[M].北京：清华大学出版社，2010.

[13] 赵力非.谈谈高校心理危机干预问题[J].现代教育科学，2009（7）.

[14] 刘应君，杨美新.大学生心理素质堪忧的原因及对策思考[J].西北工业大学学报（社会科学版），2001（4）.

[15] 钟向阳，邓基泽，刘红斌，等.高校新生心理档案与危机干预模式研究[J].中国健康心理学杂志，2005（6）.

[16] 吴颖新.建立大学生危机干预体系的意义及措施[J].辽宁科技学院学报，2007（3）.

[17] 王丽霞.高校学生心理危机干预及其对策研究[J].中国电力教育，2008（17）.